청소년복지론

3판

구혜영 지음

신정

머리말

2013년 〈청소년복지론 1판〉을 처음 집필한 후 7년이 지난 2020년에 〈청소년복지론 2판〉을, 다시 2025년에 〈청소년복지론 3판〉을 발간하게 되었다. '7차 청소년정책기본계획'이 수립되고, 사회 변화에 따른 다양한 청소년정책들, 특히 법과 제도 등이 추가되면서 수정해야 할 것들이 많아졌기 때문이다. 그리고 새로운 미래세대 출현에 대한 사회적 관심이 뜨거워지면서 청소년의 개념이 단순히 '교육과 보호'의 대상을 넘어 '권리와 참여'의 대상으로 변화되었기 때문이기도 하다.

그럼에도 불구하고 우리 청소년들은 여전히 상급학교 진학에 많은 시간과 열정을 보내고 있고, 다양한 사회문제에 노출되어 있는 상황이다. 청소년들에게 그 어느 때보다도 많은 사랑과 관심이 필요한 시점인 것은 분명하다. 이러한 관점에서 최근의 청소년 현안들과 청소년정책을 업데이트하고, 청소년기에 대한 심층적 이해를 도모하려는 노력은 계속되어야 할 것이다.

이번 〈청소년복지론 3판〉도 13장으로 구성하였다. 1장에서는 청소년의 이해를 돕기 위한 개념과 관점, 환경을 다루었고, 2장에서는 청소년기의 발달특성과 이론, 청소년기의 문제들을 총괄적으로 기술하였다. 3장에서는 청소년복지의 개념과 발달과정, 4장에서는 개인 및 집단상담, 수련활동, 자원봉사활동, 학교사회복지 등 청소년복지의 실천적 접근방법을 고찰하였다. 5장에서는 청소년복지정책을 법적인 측면과 행정조직적 측면으로 나누어서 살펴보았고, 6장에서는 청소년복지 실천현장과 전문인력을 유형별로 분석하였다.

이후 7장부터 12장까지는 구체적인 청소년들의 문제를 중심으로 그 원인과 현황, 복지서비스와 문제점, 대책을 모색하는 내용으로 구성하였다. 구체적으로 7장에서는 학교와 일과 관련된 영역에서의 청소년문제를 다루었고, 8장에서는 성과 관련된 문제를, 9장에서는 정신건강과 관련된 문제를 기술하였다. 10장에서는 위기가정 유형에 따른 청소년 문제, 11장에서는 비행문제, 12장에서는 청소년문화와 관련된 문제를 다루었다. 마지막으로 13장에서는 청소년복지의 전망과 과제 그리고 발전방향에 대해 기술하였다.

그동안 청소년복지론을 집필하는 과정은 나의 청소년기를 되돌아볼 수 있는 시간이 되어서 참 좋았다. 어렵고 힘든 시간이기도 했지만 추억과 낭만이 가득했던 시기였기 때문이다. 나의 청소년기가 다른 사람들의 청소년기와 어떤 차이가 있었을까? 나의 문제들이 다른 사람에게도 동일하게 느껴지는 문제들이었을까? 그리고 지금의 청소년들은 어떤 고민을 하고 지낼까? 등 다양한 생각이 머무른 시간이었다. 이번 〈청소년복지론 3판〉에서도 그러했다. 다행히 여성가족부의 청소년정책평가위원이자 청소년활동진흥원 사업평가위원으로 활동하면서 얻은 좋은 자료를 책자에 담을 수 있었다.

언제나 그렇듯 이번에도 여전히 만족스러운 책이라고 단언하기는 어렵다. 부족하지만, 그래도 늘 감사한 마음은 가득하다. 변함없이 나의 책들을 맡아주고 있는 신정출판사에도 진심으로 감사드린다.

그런데 〈청소년복지론 4판〉은 나올 수 있을까? 나온다면, 어제쯤 나오게 될까? 늘 책임감과 기대 속에 살아간다.

2025년 2월

행당동 연구실에서

차례

CHAPTER 03

청소년복지의 개념과 발달과정 51

CHAPTER 04

청소년복지의 실천적 접근방법 71

CHAPTER 05

청소년복지정책 111

CHAPTER 09

청소년과 정신건강 225

CHAPTER 10

청소년과 가정 257

CHAPTER 11

청소년과 비행 283

chapter

01

청소년의 이해

contents

학습목표

- 청소년의 개념과 어원에 대해 이해한다.
- 청소년을 구분하는 기준에 대해 고찰한다.
- 우리나라 청소년인구의 추이와 특성에 대해 고찰한다.
- 청소년기에 영향을 주는 환경체계에 대해 고찰한다.
- 본인의 청소년기에 대해 생각하고 이해해 본다.

1. 청소년의 개념

대부분 청소년이란 용어는 청소년이 속한 곳의 사회, 문화, 시대적 맥락에 따라 다르게 정의되고 다양한 의미로 사용되고 있지만, 인간의 발달단계 중 청소년기에 위치하고 있는 사람을 지칭하는 용어로 사용되고 있다. 일반적으로 청소년기는 사춘기 혹은 성적 성숙의 시작에서 출발하여 성인의 책임을 맡을 때까지로 정의된다. 즉, 청소년기는 책임 있고 성숙한 성인이 되기 위해 반드시 건너야 하는 아동기와 성인기 사이에 놓여 있는 다리에 비유할 수 있다(Sprinthall & Collins, 1995).

그러나 청소년기의 시작이 사춘기의 출현으로 시작된다는 점에는 대체로 공감하지만 청소년기가 정확히 언제 시작하여 언제 끝나는가에 대해서는 의견이 분분하다. 그 이유는 아동기에서 성인기로의 전환이 점진적으로 이루어져 그 단계가 정확하게 구분되지 않으며, 그 기간도 개개인에 따라 다르게 나타나기 때문이다(천정웅, 2012). 그리고 청소년기의 시작과 끝을 논의할 때도 신체적 성숙뿐만 아니라 사회환경 등이 함께 고려되어야 하기 때문이다. 그러므로 청소년기는 단일한 속성을 가진 집단이 아니고, 매우 다양한 속성을 가진 집단들의 집합체로 보아야 할 것이다.

> **관점에 따른 청소년기의 정의**
>
> - 청소년기는 생식기관과 성 특징들이 나타날 때 시작하여 생식체계의 완전한 성숙과 함께 끝난다는 생리학적 정의
> - 추상적 사고와 논리적 추리가 나타나기 시작하고 상위 인지능력을 갖기 시작할 때 청소년기가 시작되고 생활의 모든 영역에서 그것들을 사용할 수 있을 때 끝난다는 인지적 정의
> - 사춘기의 출현으로 청소년기가 시작되어 사회적 요구에 대한 일관성 있는 대처양식이 확립되므로 사회가 그들의 성인됨을 인정할 때 종결된다는 사회학적 정의
> - 10세부터 19세까지를 청소년기로 보는 연령에 따른 람세이(Ramsey)의 정의로 우리나라의 청소년기본법에서는 연령적으로는 9세에서 24세까지를 청소년으로 규정
> - 사회적 자유가 허용될 때 청소년기가 시작되어 대다수의 청소년들 연령이 법적, 경제적, 도덕적 책임을 질 수 있을 때 종결된다는 짐링(Zimrimg)의 정의

2. 청소년의 어원

청소년(adolescence, Youth)이란 용어는 라틴어 adolescere에서 유래된 것으로, 성장한다(to grow up) 또는 성숙에 이른다(to come to maturity)란 의미로 쓰인다.

또한 과도기(transitional period), 질풍노도기(a time of storm and stress)라는 표현을 쓰기도 하는데, 이 시기가 신체적, 심리적, 사회적 성장이 급속하게 진행된다는 전환기적 의미를 암시한다. 이밖에도 심리적 이유기(psychological weaning period), 주변인(marginal man), 제2의 탄생기 등으로도 표현된다.

3. 청소년의 구분

청소년의 개념을 정의하기 위해서는 청소년기를 어떻게 구분하는가가 선결되어야 한다. 청소년기의 구분 기준은 신체적 특성에 의한 구분과 연령에 따른 구분으로 볼 수 있다.

1) 신체적 특성에 의한 청소년의 구분

청소년에 나타나는 신체적 특성, 예를 들어 여자청소년의 경우 월경과 남자청소년의 경우 사정의 시작부터 청소년을 구분하는 것이 신체적 특성에 의한 청소년의 구분이다. 이것은 청소년을 구분하는 가장 일반적 방법이다. 그러나 신체적 특성이 나타나는 시기는 개인마다 다르기 때문에 보편적이거나 평균적인 기준을 제시하기는 어렵다. 또한 신체적 특성이 나타나는 시점부터 청소년이 시작된다고 볼 수 있겠지만 청소년이 끝나는 시점을 언제로 볼 수 있는가는 신체적 특성만으로 명확히 구분하는 것도 어렵다.

2) 연령에 의한 청소년의 구분

학술적으로는 청소년에 대한 정확한 연령 구분이 이루어지지 않고 있는데, 뷸러(Buhler)는 청소년과 초기 성인을 한데 묶은 15~25세를 청소년이라고 하였고, 레빈슨(Levinson)은 17~24세의 단계를 사춘기로 지정하면서 가족을 떠나고 독립하는 것이 특징이라고 하였다(홍봉선, 2010). 또한 1958년 UN에서 공식적으로 규정한 국제연합아동기금에서는 청소년의 개념을 15세부터 24세 사이의 집단이라고 하였다.

우리나라의 경우, 법의 성격에 따라 청소년기를 보는 연령이 다르다. 청소년기본법은 청소년의 연령을 9세에서 24세까지로 규정하고 있다. 청소년의 시작

연령을 9세로 설정한 것은 한국에서 청소년단체의 단원이 되기 위해서는 초등학교 3~4학년 이상이 되어야 하는데, 취학 연령을 고려할 때 9세가 가장 낮은 연령이 되기 때문이다. 그리고 청소년의 종료 연령을 24세로 설정한 것은 국제연합(UN)의 청소년 연령이 15세에서 24세까지이기 때문에 그 규정을 준수한 것으로 볼 수 있다.

아동복지법상 아동과 청소년기본법에 의한 청소년은 상당한 시기가 중복되고, 19세 이상을 성인으로 규정한 민법과도 중복되는 연령대가 있다. 즉, 아동복지법은 18세 미만을 아동으로 규정하고 있는데, 이것은 국제사회의 일반적 기준이라고 볼 수 있는 '아동의 권리에 관한 국제협약'의 정의와도 일치한다. 이처럼 현행법에서 9세에서 18세 미만의 인구집단은 아동이면서 동시에 청소년이라는 공통 연령을 갖고 있다.

청소년의 어떤 측면을 강조하느냐에 따라서 그 규정에서 설정한 연령이 다르게 된다. 예를 들어 청소년을 유해한 환경으로부터 보호하는 것을 주된 목적으로 한 법에서는 청소년의 연령을 '19세 미만'으로 규정하고 있다. 한편, 근로현장에서 근로시간, 유해환경에서의 작업금지 등 각종 근로조건에서 보호대상으로 삼는 청소년은 '15세 미만'으로 규정되어 있고, 범죄를 저질렀더라도 성인과 달리 형사처벌보다는 보호처분을 해야 한다는 것을 규정한 소년법은 '19세 미만'을 보호청소년으로 규정하고 있다. 각종 선거에서 투표권은 만 18세 이상이 되어야 부여한다.

이와 같이 청소년의 연령은 법령에 따라서 상당히 달리 규정되고 있는데, 이는 입법의 취지가 다르기 때문에 다소 불가피한 일이다. 대체로 볼 때, 청소년의 성장을 장려하는 법률은 청소년의 연령을 성인 이후까지 연장해서 인식하고, 청소년을 유해한 환경으로부터 보호하려는 법률은 청소년의 연령을 고등학교 학령기 이전으로 제한하는 경향이 있다.

〈표 1-1〉 청소년기의 연령적 구분

구분	청소년 연령	비고
법률적 측면	19세 미만	청소년보호법
	9세 이상~ 24세 이하	청소년기본법, 청소년활동진흥법, 청소년복지지원법, 학교 밖 청소년지원에 관한 법률
	19세 미만 미성년자	민법
	19세 미만	소년법, 청소년보호법, 아동 · 청소년의 성보호에 관한 법률
	18세 미만	아동복지법, 아동학대범죄의 처벌 등에 관한 특례법
	18세 미만	영화진흥법, 게임 · 음악산업법
	15세 미만 고용금지	근로기준법
	만 18세 이상	선거법
	만 14세 미만 형사미성년자	형법
	24세 이하의 청소년한부모	한부모가족지원법
	19세 이상~34세 이하 청년	청년기본법
심리학적 측면	청년: 14, 15~22, 23세 소년: 초등학교까지의 연령	
	12~20세까지	베르기우스(Bergius), 로스(Roth)
생물학적 측면	14, 15~20, 22세	남자
	12, 13~18, 20세	여자
사회학적 측면	14~25세	셸스키(Schelsky)
교육학적 측면	성취인이 되어가는 과정	푀겔러(Poggeler)

4. 우리나라의 청소년인구

청소년인구는 9~24세의 인구로 초 · 중 · 고 · 대학생의 인구가 포함되어 있어 미래의 노동력을 담당하게 된다는 점에서 향후 우리나라의 경쟁력을 좌우할 수 있는 중요한 인구계층이다.

현재 우리나라 9~24세 청소년인구는 7,854,207명으로 전체 인구의 15.3%이다

(통계청, 2024). 그러나 향후 청소년인구의 비중은 출산율 감소와 평균수명의 증가 등에 의해서 더욱 감소될 것이다. 청소년인구는 1968년 1,033만4천 명으로 1,000만 명을 돌파한 후 줄곧 증가세를 유지해 오다가 1982년 1,420만9천 명으로 정점을 찍은 뒤 1983년부터 감소하기 시작하였다. 실제로 1980년에 청소년인구는 전체 인구의 36.8%이었지만, 1990년에는 31.6%, 1995년에는 28.3%로 감소되었으며, 2005년에는 22.6%, 2011년에는 21.6%, 2019년에는 17.3%, 2024년에는 15.3%로 감소하였다(통계청, 2024).

한국에서 청소년은 대부분 학교에 재학 중이고, 15세 이상 인구 중에서 일부만 경제활동에 종사하고 있다. 또한 통계청에 따르면, 현재 9~24세의 인구 중에서 대부분의 청소년은 학교에 재학 중이거나 고등학교와 대학교를 졸업한 사람이다.

5. 청소년기와 환경

청소년기는 학업성취 문제, 생활태도, 건강증진, 생활습관 문제 등 다양한 환경에서 정신적인 불안정을 야기하는 각종 스트레스를 경험한다. 스트레스 경험은 생리적 변화를 가져올 뿐만 아니라 심리적으로도 큰 변화를 가져오는데, 청소년 개인이 그 스트레스 원인(stressor)을 어떻게 지각하느냐가 중요하다. 구체적으로 청소년기에 영향을 주는 환경체계로는 가정, 학교, 지역사회, 대중매체 등의 환경을 들 수 있다(김완래 외, 2010). 이와 같이 청소년들은 자신이 속해 있는 다양한 환경 속에서 성장하고, 자신을 둘러싼 환경과 쉽게 영향을 주고받으며 지내게 된다.

가장 큰 영향을 미치는 환경은 가정환경이다. 청소년에게 있어 가정환경은 안정성의 기반, 청소년의 능력 계발 및 발달, 사회적 인격의 기반 형성, 인간관계 학습, 가족과의 상호작용을 통한 언어와 같은 교육수단 학습, 광범위한 사회생활에 대한 준비, 사회생활에 필요한 습관, 예의, 태도 등의 사회화 학습을 하는 장을 마련한다. 이러한 가정환경의 기능이 제대로 작동되지 않아 부정적인 사건이 많을수록 청소년들은 우울, 불안, 행동상의 문제들을 경험하게 된다.

두 번째는 학교환경을 들 수 있다. 현재 우리나라의 학교환경은 입시 중심의 주입식 교육, 성적 중심의 경쟁으로 인한 이기주의 사고의 팽배로 청소년들로 하여금 부정적 자아개념을 형성하게 하여 비행 가능성과 각종 청소년문제를 야기하고 있다. 특히, 교사와의 부정적인 상호관계는 자신감의 상실, 우울, 학교폭력 문제까지로 악화되고 있다. 또한 학교환경에서의 친구관계도 청소년에게 중요한 역할을 담당하는데, 친구는 정서적 지지를 제공하고, 다양한 정보 제공과 지식 및 기술 습득의 기회를 제공하며, 물리적 지원, 준거틀 및 소속감 제공 등의 기능을 담당한다. 이러한 친구관계를 맺는 청소년 사이에서 따돌림이나 폭력과 같은 문제가 발생하여 청소년이 자살까지 하게 되는 현실을 볼 때 친구관계를 위한 교육과 청소년프로그램이 진행되어야 한다.

그리고 청소년을 보호대상으로만 여겨온 우리 사회의 편협한 인식으로 인해 사회적 주체로서의 권리가 지나치게 제한되어 왔다. 이제 입시 위주의 교육에서 벗어나 청소년을 학생이기 이전에 하나의 인격체로서 존중해야 하며, 사회의 전반적 활동에 주체적으로 참여하면서 성장해 갈 권리가 있는 시민으로 인정해야 한다.

세 번째는 지역사회환경이다. 청소년들의 구체적인 생활의 원천적 거점인 지역사회는 청소년문제와 밀접한 관계를 갖고 있어 중요하다. 지역사회는 청소년 교육의 장이며 관습과 태도, 가치의식을 길러주는 교사의 역할을 담당한다. 또한 지역사회 내에는 청소년에게 유용하게 쓰일 자원들이 잠재되어 있고, 그 자원들을 동원해 청소년복지서비스의 효과를 높일 수 있다.

또한 청소년은 보호와 선도의 대상이 아니라 참여의 주체일 때 성장이 가능하므로, 지역사회에서는 청소년들에게 인권과 시민권을 동시에 부여하면서 그

지역사회와 함께 성숙해 가는 방법을 모색할 필요가 있다. 청소년을 중요한 지역사회의 구성원으로서, 무한한 잠재력을 가진 인류 발전의 동반자로서 그 위상을 새롭게 인정하고 이들의 창조적 활동을 적극 장려해야 한다.

네 번째, 청소년에게 중요한 환경은 인터넷 혹은 대중매체 환경이다. 극단적인 상업주의에 의한 선정적인 자극, 범죄적 · 폭력적 내용은 감수성이 예민한 청소년에게 부정적인 영향을 미치고 있다. 이러한 유해환경을 조장하는 업체 및 매체에 대한 과감한 단속과 청소년에 대한 보호정책이 필요하다.

연구문제

01. 청소년기를 가장 일반적인 구분인 신체적 특징으로 구분한다면, 그 특징을 다섯 가지 이상 나열하시오.

02. 청소년기를 구분하는 법적인 연령을 다섯 가지 이상 나열하시오.

03. 현재 우리나라 청소년 인구현황의 특성 세 가지를 열거하시오.

04. 청소년기에 영향을 주는 환경을 네 가지 이상 나열하고, 그 특성을 설명하시오.

05. 청소년을 나타내는 비슷한 용어 다섯 가지 이상을 나열하고, 본인의 청소년기를 대변하는 용어와 그 이유를 설명하시오.

chapter

02

청소년기의 발달특성과 발달과업

contents

학습목표

- 청소년의 발달특성을 이해한다.
- 청소년기의 발달과업을 고찰한다.
- 청소년의 발달에 대한 제이론을 고찰한다.
- 청소년기의 주요 문제를 이해한다.
- 청소년문제를 보는 이론들을 고찰한다.

1. 청소년기의 발달특성[1)]

청소년기는 급속한 신체적 변화와 인지적 발달을 경험하며 아동기와 성인기를 연결하는 다리의 역할을 함으로써 자아정체감 확립과 더불어 성인생활 준비를 위한 여러 과제에 집중하는 시기이다(류종훈, 2005).

1) 신체적 발달

(1) 체격의 변화

청소년기에 신장과 체중이 급격히 늘어나는 성장급등현상을 보인다. 성장급등현상은 신장과 체중뿐만 아니라 근육, 골격, 신경, 얼굴, 내장, 생식기관 등에도 나타난다. 간장, 폐활량, 소화기능 등이 현저하게 발달하고, 특히 내분비선의 발달이 특징적이다. 성호르몬의 분비로 남자청소년은 어깨가 벌어지고 각진 외모를 갖게 되며, 여자청소년은 골반 부위가 발달이 되고 체지방이 증가하여 전

1) 구혜영 (2022).

체적으로 외모가 둥글어진다.

남자와 여자의 성장급등에 격차가 있어서, 여자청소년의 성장급등이 먼저 시작된다. 11~13세경에는 여자가 남자보다 키가 더 크고 힘도 세지만, 성장이 멈출 무렵에는 남자가 여자보다 더 크다. 여자는 약 17세에 자신의 최고 신장에 다다르며, 남자는 약 21세까지 성장한다. 급속한 성장이 신체의 모든 부분에서 균등하게 일어나지 않으므로 초기에는 다소 어색하고 불균형한 상태가 되어 자신의 자부심에 부정적인 영향을 미치기도 한다.

(2) 성적 변화

청소년기에는 내분비선 자체의 성장이 활발하여 뇌하수체와 성선이 발달하게 된다. 뇌하수체는 다른 내분비선의 활동을 자극하거나 억제하여 여러 호르몬을 분비하게 하고, 남성호르몬인 안드로겐과 여성호르몬인 에스트로겐을 분비시켜 여러 가지 신체적, 성적 특징의 변화를 가져온다.

이 호르몬에 의해 생식기관이 발달하여 남자의 경우는 음모가 나고 음경이 확대되며 전립선이 발달하여 사정하는 능력이 생기는데 이때의 연령은 10~15세 전후이며, 개인차가 있다. 여자는 음모가 나고 유방이 커지며 월경이 시작되는데 이때의 연령은 12~13세 전후이다. 여자청소년에게는 월경 개시, 음모 발생, 유방의 융기, 골반 확대, 피하지방의 증가 등이 나타난다.

남자청소년들은 몽정을 하게 되는데, 이때 몽정이란 수면 중에 사정하는 현상으로 성적인 긴장을 이완하기 위한 자연적인 수단이다. 청소년들은 성적 쾌감을 얻기 위해 자신의 성기를 자극하는 자위행위를 하게 되는데, 미국의 경우 19세의 모든 남성과 대부분의 여성이 자위 경험을 갖고 있다. 이 시기 청소년은 자위행위에 대해 죄책감이나 수치심을 가지기 쉽지만 비정상적이거나 해로운 행위가 아니라 성적 긴장을 해소하는 정상적인 수단이라고 할 수 있다.

또한 이 시기에는 변성이 이루어지는데 보통 사춘기 말기에 남자청소년의 음성이 두드러지게 낮아진다. 이외에도 피부의 변화로 피지선의 활동이 증가하여 땀구멍이 커지고 여드름이 생긴다. 이 여드름은 외모에 대한 스트레스와 자신감 상실의 원인이 되기도 한다.

남자청소년, 여자청소년 모두 자신의 성적 성숙에 대한 불안과 기대감을 동시에 가지게 된다. 성적 성숙을 동반하는 청소년기의 급격한 신체적 발달은 매우 자연스러운 현상이지만, 청소년들에게는 이전에 겪어보지 못하였던 새로운 경험이므로 당황하고 불안과 긴장감에 휩싸이게 된다. 또한 청소년기 신체적 발달 양상과 속도는 개인차가 상당히 크고, 그렇기 때문에 청소년은 자신을 다른 사람과 비교평가하여 자신이 다른 사람과 같이 정상적인지를 항상 확인하고 인정받고 싶어한다. 청소년들은 신체적 경험과 함께 자신의 신체에 대한 평가에 따라 자신에 대한 관심과 자아의식을 형성하게 된다.

(3) 뇌의 발달

청소년기에는 뇌가 아주 많이 변화하는 것으로 알려져 있다. 뇌구조와 뇌기능의 변화는 청소년기 인지능력의 급격한 발달, 동기, 주의력, 정서적 측면의 변화와 관련되어 있다. 특히 전두엽이 관여한다고 알려져 있는 실행기능인 논리 전개나 동기부여, 그리고 사리분별과 같은 더 복잡한 고도의 기능들은 청소년기에 지속적으로 발달하고 성인기까지도 그 발달과정이 지속된다.

또한 뇌의 발달은 감정과도 밀접한 연관이 있다. 이때, 건전한 이성친구를 사귀며 남성과 여성의 차이에 대해 인식하고 서로의 장점을 배우는 경험을 한 경우, 봉사활동을 하며 자신과는 다른 환경에서 살고 있는 사람들이 있다는 것을 깨닫는 경우, 급격히 발달하는 지적 능력, 추상적 사고, 인지적 관심을 이용하여 친구들과 스터디 그룹을 만들거나 자신만의 분야를 파고들면서 청소년기를 지낸 경우에는 뇌의 정서적 발달이 좀더 폭 넓고 깊이 있게 이루어지게 된다.

(4) 운동기관의 발달

청소년기에는 근육조직과 근력의 증가도 함께 이루어지는데 대체로 남자청소년의 근육발달이 여자청소년보다 앞서게 되므로, 여자청소년의 운동능력 또는 운동에 대한 흥미는 상대적으로 낮다. 이러한 운동발달에 있어서 성에 따른 차이는 남녀의 근육발달의 차이와 심장, 폐 등 내부기관의 발달의 차이뿐만 아니라 여자청소년의 월경에 수반되는 정신적 변화와 사회적 관습의 제약 그리고 신체적 미에 대한 개념 차이 등에 의해서 고착화된다.

(5) 신체적 발달과 심리적 반응

청소년기에서 이러한 급격한 신체변화에 대한 심리적 반응은 다음과 같다(김애순, 2005).

첫째, 청소년들은 사정능력의 발달과 체모의 발달로 인한 남성다움, 가슴 발육과 생리 시작으로 여성으로서의 성숙 등으로 성인이 된다는 만족감을 느끼게 된다. 둘째, 성역할에 대한 동일시를 강화한다. 즉, 청소년기의 신체적 변화는 남자는 좀더 남자로서, 여자는 좀더 여자로서 자신을 받아들이도록 한다. 셋째, 신체적 변화 중에서도 특히 성적 성숙에 따라 일어나는 현상은 몽정 불안이나 여드름 등으로 인하여 좌절감을 경험하거나 불편함과 당혹감을 갖게 함으로써 청소년들로 하여금 양면적인 감정으로 반응하게 한다. 청소년들은 월경과 사정 등 생리적 변화에 대하여 성적인 성숙에 대한 만족과 불안을 동시에 느끼게 되는 것이다. 넷째, 이와 같은 급속한 자신의 신체적 변화에 관심이 집중되어 청소년들은 자기도취적인 상태에 빠지는 경향이 있다. 다섯째, 자신의 신체 이미지를 충족하기 위해 여자청소년의 경우에는 무리한 식이요법을 하거나 남자청소년의 경우는 근육 만들기 등에 신경을 쓰게 된다.

이 신체적 변화의 성숙 속도의 차이에 따라 또래보다 일찍 성숙한 남자청소년은 적응력, 자존감, 공격성, 이성 간의 사랑 등에서 앞서고 긍정적 자아개념을 형성한다. 하지만 좀더 나이 많은 남학생들과 어울리게 됨으로써 반항적이고 비행적인 행동을 하게 될 가능성도 있다. 여학생의 경우는 일찍 성숙하는 것이 오히려 자신감을 떨어뜨리고 우울증, 불안, 식이장애 등의 장애와 적응의 어려움과 부정적인 자아개념을 형성하기도 한다. 일찍 성관계를 가지게 되는 등 위험한 행동에 노출될 확률도 높아진다(김도환, 2002). 그러나 실제로 청소년기에는 신체상의 매력에 대한 지각과 자신감 사이에 높은 상관이 있으며 여자청소년이 남자청소년보다 외모에 대한 불만이 높다는 연구결과들이 있다. 외모에 대한 욕구충족을 위한 부정적 증상인 거식증, 폭식증 등 섭식장애를 겪는 대다수는 여성이며 대부분 청소년기에 시작된다.

사춘기가 또래보다 일찍 오는 것과 늦게 오는 것이 정신사회적으로는 어떤 영향을 미치는가에 대해 연구가 많이 되었는데 남학생의 경우는 일찍 성숙하는 것이 인기도, 자신감, 인지적 능력 등의 측면에서 좋은 영향을 미친다고 한다.

청소년기 운동발달은 성격발달과도 밀접하다. 신체적 성장이 빠른 경우는 지도력의 발휘가 용이하고, 학교생활이 안정적이며 인지능력과 사회적 대처기술의 발달이 빨리 이루어짐에 따라 긍정적인 교우관계를 갖지만, 신체적 성장이 느린 경우는 부정적 자아개념과 계속적인 의존욕구를 가지며, 자율성에 대한 반항적 태도와 구속으로부터의 자유를 추구로 인해, 공격적 행동을 하게 된다. 조숙한 경우는 성인기가 되었을 때 문제해결능력이 상대적으로 높고, 성숙이 늦은 경우는 신체발달에 좌절감, 부정적 자아개념을 형성, 의존적 욕구가 강화되어 심리적 발달이 지연된다. 이와 같이 청소년기의 급격한 신체적 발달은 자신과 타인에 대한 지각의 변화를 일으키고 심리사회적 발달에 많은 영향을 미친다.

청소년기의 급속한 신체발달은 운동능력에서도 나타난다. 운동능력의 발달은 인간의 구체적인 생활과 활동의 기초가 되므로 사회적 적응에 중대한 역할을 하게 된다. 신체발달의 차이에서 오는 운동능력의 차이는 여러 면에서 중대한 영향을 미치게 되는데, 운동능력의 발달이 빠른 사람은 자신을 가지고 활동할 수 있어 성취감을 갖게 되고 사회적으로 높은 평가를 받게 된다. 따라서 청소년기에는 에너지가 왕성해지고 자신감을 갖게 된다. 그로 인해 능력을 인정받게 되면 정서적으로 안정감을 갖게 되고 명랑한 정서를 가지면서 건전한 성격발달에도 영향을 준다. 반면에 운동능력의 발달이 늦은 사람은 자연적으로 사회적 부적응에 빠지게 되며 그것이 다른 발달에도 영향을 주어 발달이 늦어지고 열등감이 형성되는 악순환이 될 수 있다.

2) 인지적 발달

청소년기는 피아제(Jean Piaget)가 말한 형식적 조작기에 해당하는 사고가 이루어지기 시작하는 시기로서, 새로운 지식을 습득할 뿐만 아니라 그러한 지식을 이해하고 이용하는 방법이 달라진다. 추상적이고 가설적인 가능성에 대해 논리적으로 사고하고 추리를 하는 능력과 연역귀납적인 문제해결능력이 발달하고 모든 가능성을 체계적으로 검증할 수 있는 종합적 분석이 가능해지며, 확률에 대한 이해를 하게 된다. 청소년기의 인지적 특성은 복잡성이 증가하고 가능성에 대해 생각하게 되며 정보처리의 속도와 효율성이 증가한다는 것이다.

이러한 인지발달적 변화를 통하여 청소년들은 이전과는 다른 청소년기 특유의 독특한 사고와 행동특성을 보이게 된다. 청소년기 인지발달의 특징은 두 범주 이상의 변수를 실제로 조작하지 않은 채 정신적으로 다룰 수 있게 된다는 것이다. 또한 사건이나 관계가 미래에 변화한다는 것을 사고에 고려해 넣을 수 있다는 것과 일어날 수 있는 사건들의 연속에 관해 가설을 세울 수 있다는 점이 특징이다. 청소년은 자신의 행동결과를 예측할 수 있다. 일련의 진술이나 문장에서 논리적 일관성의 유무를 구분한다. 자신과 자신이 속한 세계에 대해서 상대론적 입장에서 생각할 수 있게 된다. 즉 자신의 가치관이나 행동양식은 자기가 속한 사회의 규범 때문이라는 것을 이해함으로써 다른 사회에 속한 사람은 그 사회의 규범에 따라 자신과 다른 방식으로 행동할 수 있다고 기대한다. 따라서 다른 사람에 대한 이해와 포용력이 증가한다.

이때 청소년은 사회적 관점에서의 조망이 가능해지고 동시에 자기중심성이 줄어들게 된다. 이러한 인지의 발달은 청소년에게 있어서 자신의 사고를 비판적으로 검토할 수 있게 하고, 자신과 세계에 대해 상대론적 관점에서 이해하도록 하지만, 미래에 일어나게 될 일에 대한 지나친 염려로 과도한 불안감을 경험하게 하기도 한다. 형식적 사고의 발달은 청소년에게 부정적 영향을 미치기도 한다. 청소년의 자기성찰과 비판적 성향이 지나칠 경우 열등의식이 강화될 우려가 있다. 형식적 사고능력의 발달로 인한 부정적 영향을 감소시키고, 형식적 사고의 질적 발달을 도모하기 위해서는 다양한 역할수행이 요구되는 상황에 직면해 두 개 이상의 변인을 정신적으로 조절하는 능력을 갖추어야 한다. 그리고 이질적 성원으로 구성된 동년배집단에 참여하여 다양한 경험을 하는 것이 필요하며, 학교수업을 통해 논리적 사고능력을 키워나가야 한다.

또한 청소년기에는 시간에 대해 좀더 성숙한 이해를 하게 되고 죽음의 불가역성에 대해 좀더 명확히 깨닫고, 도덕적 판단의 다양성 및 상대성에 대해 인식하게 된다. 도덕적 추론의 발달은 청소년으로 하여금 대인관계에서의 판단, 사회체계의 유지, 사회적 계약과 일반적인 권리, 보편적인 윤리적 원칙을 이해할 수 있게 한다. 이러한 인식의 확대는 철학, 정치, 종교에 대한 관심으로 확대되기도 하며 이러한 것은 청소년의 사고를 깊게 해주기도 하지만, 지나치게 자신만의 생각에 빠져 들게 하기도 한다(장휘숙, 2004).

3) 자아정체감의 발달

청소년기는 자아인식이 보다 다양해지는 시기이며, 자신을 발견하는 시기다. 에릭슨(Erik Erikson)은 처음으로 자아정체감이라는 용어를 사용하면서 객관적인 자아정체감과 주관적인 자아정체감으로 구분하여 설명하였다. 객관적 자아정체감은 집단정체감이나 국가정체감으로 불리는 것으로, 어떤 집단의 역사, 전통 및 가치관 등에 자기 자신을 포함시켜 귀속감이나 소속감을 통해 자기 자신을 느끼는 것을 말한다. 주관적 정체감은 개별적 정체감으로 불리는 것으로 개인적 정체감(personal identity)과 자아정체감(ego-identity)으로 다시 나뉜다.

개인적 정체감은 어떤 개인에게 놓인 상황이나 시대에 따라 개인이 다소 다른 모습으로 존재할지라도 그와 관계없이 여전히 나라고 인식하고 있는 측면으로 자기 자신의 동질성과 지속성에 대한 느낌이라고 할 수 있다. 자아정체감이란 개인적 정체감보다 더 넓은 의미를 포함하는 것으로 대인관계, 역할, 목표, 가치 및 이념 등에 있어서 자기가 지니는 고유성, 즉 자기다움에 대한 자각과 이에 부합되는 자기통합성과 일관성을 견지해 나가려는 의식 혹은 무의식적인 노력이라고 할 수 있다.

에릭슨은 청소년기를 정체성 대 역할혼미의 시기로 설명하면서 자신이 수행하는 다양한 역할을 검토하고 그것들을 하나의 자기 인식으로 통합하여 자기 정체성을 확립해야 함을 강조하였다. 이를 위해서는 나는 누구이며 왜 존재하고 있는지, 그리고 앞으로 무엇을 하고 어떻게 살아가야 하는지와 같은 자신의 신념과 가치관에 대한 고통스러운 의문 제시를 통해 일종의 위기를 경험해야 하며, 이러한 과정을 거쳐 스스로 판단하고 결정을 내릴 수 있는 상황을 맞게 된다.

확고한 자아정체감은 개별성, 통합성, 지속성 등의 특징을 지닌다. 개별성은 가치나 동기, 관심을 타인과 공유하더라도 자신을 타인과 구별되는 고유한 존재로 인식하는 것이며, 통합성은 자신의 욕구, 태도, 동기, 행동양식 등이 전체적으로 통합되어 있다는 느낌이며, 지속성은 과거, 현재, 미래로 시간이 경과하여도 자신은 동일한 사람이라는 인식이다.

자아정체감 형성이 청년기에 중요한 과업으로 등장하는 이유는 급격한 신체적 변화와 성적 성숙이 이루어짐에 따라 스스로 통제, 억제할 수 없는 내적 충동이 증폭되면서 자신의 존재에 대한 의문을 갖게 되기 때문이다. 또한 아동기에서 성인기로 옮아가는 과도기적 단계에서 나타나는 불확실한 지위로 인하여 역할의 변화와 그에 따른 적응의 문제가 발생한다. 그리고 진학, 전공 선택, 이성문제, 교우관계, 진로와 직업선택 등과 관련된 선택과 결정의 중요한 시기이기 때문이기도 하다. 특히 청소년기에는 현저한 인지발달이 이루어지기 때문에 자기의 주관적인 세계 속에서 보다 추상적이며 내재적인 자아를 탐색하게 된다.

청소년기에는 이론 전개와 개념적 사고를 중시하여 철학, 과학, 예술에 대한 높은 흥미를 가지고, 토론과 비판을 좋아하며 수준 높은 서적을 즐겨 읽는 등 지적인 세계를 추구한다. 또한 미래에 대한 계획을 세워서 야망을 펼치려고 하는 등 창의적이고 적극적인 행동과 사고를 하지만, 그것들은 지식이나 경험을 바탕으로 한 구체적인 것이라기보다는 추상적이고 관념적인 것이 대부분이다. 그리고 현실 비판적인 성향이 강해지면서 전통적 권위에 반항하고 사회의 부조리를 제거하려는 시도를 보이기도 한다. 그러나 현실이 자신의 이상과 일치하지 않을 때는 좌절과 분노와 함께 가치관 갈등을 겪으면서 반항, 저항, 일탈행위까지 나타나게 된다. 청소년기에는 자아의식이 높아짐에 따라 자아의식의 발달로 외톨이처럼 혼자 생각하거나 혼자 있고 싶어 하며 자신과 타인을 비교하여 타인 앞에서 위축되는 느낌을 강하게 느껴 심한 열등감에 휩싸이기도 한다.

이러한 자아정체감을 확립하기 위해서는 자신의 장단점을 방어기제 개입 없이 그대로 인정하는 자기객관화, 자신을 있는 그대로 받아들이는 자기수용, 이상실현을 위한 경험 기회의 확대, 지혜와 용기를 통한 성취의 경험, 남에게 조언을 구할 수 있는 열린 마음 등이 필요하다(류종훈, 2005).

4) 정서적 발달

청소년기에는 2차적 성적 특징의 발달과 그로 인한 성적 충동으로 인해 성적 색채가 강한 정서를 보이며, 극단적 정서경험과 변화를 수반하기 때문에 청소년기를 질풍노도의 시기라고도 한다. 여러 측면에서 급격히 일어나는 변화와 발달에 대처할 수 있는 충분한 지식이나 기술을 아직 갖추고 있지 못하여 항상 불안과 혼란 속에서 끊임없이 긴장하고 갈등하게 된다(김경희, 2004).

자신의 능력에 대한 확신 부족, 신체 이미지에 대한 자신 부족, 장래에 대한 확신 부족으로 정서적인 불안정을 경험하게 되고 이상과 현실 사이의 괴리를 목격하고 실존적 공허감에 빠지기도 한다. 정서의 특징은 이상주의와 낭만주의, 감상주의적 경향이 짙으며, 청소년기 후기에 이르면 이성을 통해 정화된 조용하고 고상한 정서가 표현되어 나타난다. 청소년들은 감수성이 대단히 예민하여 쉽게 흥분하고 동요되며 다른 사람의 비판이나 훈계, 간섭 등에 지나치게 민감하다. 또한 지나치게 남을 의식하고 남들 앞에서 부끄러움을 많이 느끼며 자신을 남과 비교하여 평가하기도 한다.

청소년의 정서적 불안 상태는 감정의 양면성에서 가장 잘 나타난다. 극과 극을 달리는 자기 갈등적이고 모순된 감정을 보임으로써 혼란과 갈등에 휩싸여 있다. 의존과 독립, 무관심과 열성, 순종과 반항, 환희와 우울, 기대와 실망, 우월감과 열등감, 희망과 절망, 자기애와 자기혐오, 이기주의와 이타주의 등 양극의 감정이 동시에 나타나거나 단시간 내에 격렬한 변화를 자아낸다. 이러한 감정의 양면성은 심신의 불균형을 조장하기 때문에 모든 행동에 있어서 일관성이 없고 다소 무책임하게 보이기도 한다.

그 결과 친구의 희로애락에는 온갖 관심을 쏟으면서 부모의 노고는 무시하거나 부모나 기성세대의 몰지각한 행동을 신랄하게 비판하면서 부모나 어른에게 인사를 하지 않고 자신의 일을 다른 사람에게 미루는 등 생각과 의지, 행동 간에 일관성이 결여되어 있다. 이러한 정서적 부적응은 우울증, 정서장애, 정체성장애, 약물남용, 자살, 가출, 도벽, 폭력 등과 같은 다양한 정신장애와 비행 그리고 범죄행위로까지 발전되어 개인뿐만 아니라 사회에 바람직하지 못한 결과를 초래하기도 한다.

5) 사회심리적 발달

(1) 가족관계

청소년기의 특징적인 사회적 발달 중 하나는 부모나 가족으로부터 분리되어 친구나 자기 자신에게 의존하려는 경향이 높아진다는 점이다. 부모에 대한 종속적이고 의존적인 관계에서 벗어나 자율적인 사고와 행동을 할 수 있는 독립적인 성인으로서 성장 발달하기 위해 부모나 다른 성인으로부터 정서적으로 독립하려는 심리적 이유(怡愉)가 일어난다. 청소년이 심리적 이유를 추구하는 과정에서 부모에게 반항하는 행동적 특성 때문에 청소년기를 제2의 반항기라고 부른다. 그러나 부모는 자녀가 독립된 인격체로 성장하기를 원하지만 그들이 스스로 판단하고 결정하기에는 아직 경험이나 지식이 부족하다고 생각한다. 이렇게 어린아이 취급을 하려는 부모에게 자신의 정신적 자주성을 강하게 주장하면서 반발하거나 비판적인 태도를 취한다.

(2) 친구관계

독립을 요구하는 청소년기에는 자유롭고 상호 대등한 수평적인 횡적 인간관계를 원칙으로 하는 친구관계가 중요시된다. 즉 서로 뜻이 같고 자신의 요구나 고민을 이해하고 격려해 주면서 깊이 사귈 수 있는 친구를 요구한다. 청소년기의 사회적 발달에 큰 영향을 주는 요소는 또래집단이다. 또래집단은 강한 집단의식과 유대관계, 사회적 기술, 사회적 통찰력 등을 기르는 계기를 마련한다. 또한 그 집단 내 자신의 지위와 역할을 예측하고 평가하게 해주며, 또래집단 내의 개인에게 심리적인 안정감과 소속감을 주면서 동시에 자아정체감을 형성시키고 사회적 적응과 정신건강에도 도움을 준다.

여학생들은 서로 얘기를 하는 것이 친밀감을 높여주며, 남학생들은 스포츠 등의 활동을 같이 하는 것이 우정을 견고하게 해준다. 청소년기 동안에 우정의 의미와 질은 끊임없이 변화한다. 자기 또래의 친구들로부터 소외당하지 않을까

하는 불안 속에서 가능한 그들의 행동 기준에 동조하여 그들과 똑같이 생각하고 행동하려고 노력한다.

또한 청소년기에는 성역할 정체감이 형성되고, 이성관계를 맺는다. 동성 친구와의 경험, 신체적 변화, 성인 남녀에게 주어지는 성역할 행동에 대한 사회적 기대 등을 의식하면서 확고한 성 정체감을 형성하게 된다. 청소년기 전기에는 이성 친구에 대한 관심이 높아지지만, 실제로는 동성의 친구들을 더 많이 사귀며, 가장 친한 친구 역시 동성의 친구인 경우가 많다. 점차 청소년기 후기에 이르면 이성 간의 친밀한 관계가 이루어진다.

(3) 컴퓨터 및 모바일폰과 가상공간

오늘날의 청소년들에게 컴퓨터나 모바일폰은 의사소통과 정보수집의 장이자 게임이나 SNS 등 취미나 여가생활의 공간으로 자리 잡아가고 있다. 하지만, 오프라인의 대인관계를 통해 청소년이 자기에 대한 정체성을 확립해 가야 하는 중요한 시기에, 컴퓨터나 모바일폰의 적극적 활용은 가상의 공간에서 가상의 인물과의 접촉만을 중시하게 하여, 자기중심의 세계에 몰입하게 하는 등의 부정적인 측면이 있다. 이와 같은 맥락에서, 단순히 스트레스 해소의 공간을 넘어 중독 증상으로 나타나는 컴퓨터의 몰입은 최근 청소년들에게 커다란 문제로 대두되고 있다.

6) 문화적 발달

청소년들은 다음과 같은 문화적 발달의 특성을 갖는다. 첫째, 소비지향성 문화적 특성을 갖는다. 특별한 생산 능력이 없는 그들의 문화는 다분히 소비지향적인 문화인 것이다. 존경하는 사람이 없는 아이들에게 모델이 되는 것은 연예인이다. 두 번째는 느낌의 문화를 강조하는 특성이다. 그로 인해 청소년들은 즉흥적이다. 셋째, 모방의 문화 특성을 갖는다. 청소년들은 아직 자신의 정체성이 확립되어 있지 않기 때문에 주위에 있는 많은 캐릭터들을 모방해 봄으로써 자기 자신에게 맞는 모습을 찾으려는 시도를 하게 된다. 자신의 외모에 대한 열등감이나 공부에 대한 열등감을 어떤 스타에게 투사시킴으로써 대리만족을 하려는 성향을 갖고 있으므로, 이러한 성향이 자아정체성을 찾으려는 노력으로 발전하도록 지원해야 한다. 넷째, 청소년들은 자기 자신과 공동체와의 건전한 관계성, 개인과의 상호작용 등에 대한 원리를 인식하는 사회적 문화의 특성을 갖고 있다. 자신이라는 존재를 사회적 관계 속에 우리 감정의 공동체적 차원으로 자각하고, 사회의 존재는 너와 나의 일부로서 협력체적 구성임을 인식하려는 노력이다.

2. 청소년기의 발달과업

1) 청소년기 발달과업의 개념

발달과업이란 매 발달단계에서 개인이 환경에 적응하기 위하여 요구되는 기술이나 능력으로, 만약 한 단계에서 발달과업의 성취가 만족스럽지 못하면 다음 단계의 발달은 지장을 받게 된다.

청소년은 신체적 · 성적 성장을 인식하고, 일상생활에 필요한 지적 능력을 체득하며, 자신의 발달단계에 맞는 발달과업을 수행하면서 다음 시기인 성인기를 맞이해야 한다. 에릭슨은 청소년의 발달과업을 자아정체감 형성, 자아존중감 향상, 성역할 정체감 형성으로 설정하였다. 즉, 청소년이 성인기로 진입하는 데 가장 결정적인 통로는 직업의 선택과 경제적 독립이다(한상철, 2008).

하비거스트(Havighurst)가 설정한 청소년기의 발달과업

- 자기의 체격을 인정하고 자신의 성역할을 수용한다.
- 동성이나 이성의 친구와 새로운 관계를 형성한다.
- 부모와 다른 성인들로부터 정서적으로 독립한다.
- 경제적 독립의 필요성을 느낀다.
- 직업을 선택하고 준비한다.
- 유능한 시민으로서 갖춰야 할 지적 기능과 개념을 획득한다.
- 사회적으로 책임 있는 행동을 원하고 이를 실천한다.
- 결혼과 가정생활을 준비한다.
- 적절한 과학적 세계관에 맞추어 가치체계를 형성한다.

2) 우리나라 청소년의 발달과업의 특성

한국 사회에서 청소년과 그 부모는 청소년기의 발달과업 중에서 학습과 대학교 입학준비를 과도하게 인식하고, 다른 발달과업을 상대적으로 경시하기 때문에 청소년이 발달과업을 조화롭게 이행하기 어렵다. 특히, 대학입시 위주의 교육은 청소년의 지적 성장을 왜곡시킬 뿐만 아니라, 청소년기에 마땅히 이행해야 할 친구관계의 형성, 직업의 탐색과 경제적 자립의 모색, 건전한 가치관의 형성과 시민의식 함양 등을 경시하는 풍토를 조성한다. 청소년의 성의식은 점차 개방적으로 변화되고 이성 간의 성행동이 활발해지기 때문에 임신과 낙태 등 성문제가 심각해지고 있다.

현대사회에서는 학업기간이 연장되기 때문에 대체로 취업과 경제적 자립은 연기된다. 그런데 청소년의 소비욕구가 늘어나는 것에 비교하여 가족(부모)의 소득은 완만히 증가되어 청소년이 아르바이트 등을 통해서 용돈을 벌려는 욕구가 강해진다.

한국 사회가 직면한 수많은 청소년문제는 청소년이 마땅히 수행해야 할 청소년기의 발달과업을 제대로 수행하지 못하는 것, 그리고 이를 부추기는 사회적 환경과 밀접히 관련되어 있다. 청소년이 자신에게 주어진 발달과업을 효과적으로 이행하기 위해서는 스스로 자신의 상황을 통찰하고 능력을 키울 뿐만 아니라, 가정, 학교, 지역사회, 정부 등이 청소년의 바른 성장을 합리적으로 지원해야 할 것이다.

3. 청소년의 발달에 대한 제이론

1) 인간발달이론

인간은 유전적 요인과 환경적 요인의 상호작용에 의해서 발달하는데, 이 이론에서는 인간이 신체적, 성적, 인지적, 사회적 등 다양한 방면에서 광범위하게 발달이 일어나는 존재라는 것을 강조한다. 특히 아동기와 청소년기의 발달은 다른 어떤 시기보다 뚜렷하게 나타나기 때문에 사회는 개인의 유전적 잠재력이 최대한으로 발휘될 수 있는 최적의 환경적 조건과 상황을 마련하도록 노력해야 함에 초점을 둔다(정옥분, 2007).

2) 생물학적 이론

청소년의 생물학적인 진화과정을 발달로 이해하는 이론이다. 다윈(Dawin)은 인간의 모든 발달은 생물학적인 유전적 요인에서 출발한다고 보았고 청소년기에 깊은 관심을 보인 스탠리 홀(Stanley Hall)에 의해서 비로소 체계화되었다. 그래서 생물학적인 인간의 발달과정을 유아기, 아동기, 전청소년기, 청소년기의 4단계로 구분하였다.

3) 정신분석이론

정신분석이론은 인간의 발달이란 무의식적인 것이며, 우리의 행동은 단지 표면상의 특성일 뿐이라고 정의하고 있다. 대표적인 학자인 프로이트(Freud)는 인간발달에서 특히 성욕을 중시하고, 성적 본능의 에너지를 리비도라 하며 리비도가 집중되는 부위에 따라서 발달단계를 구강기, 항문기, 남근기, 잠복기, 생식기 등 5단계로 구분하였다.

4) 심리사회적 이론

발달과정에서의 심리적 적응과 사회적 맥락과의 관계를 중요시하는 이론이다. 정신분석이론에서 주로 다룬 심리성적 발달이나 무의식의 세계보다도 개인이 성장하는 심리역사적 환경과 사회문화적 요인에 중요성을 부여하는 것이다. 즉, 프로이트 이론이 비정상적 심리를 연구하고 비정상적인 발달의 원인이 어디에 있는가를 밝혀내는 데 초점이 있다면, 사회심리학이론의 학자인 에릭슨은 인간이란 정상적인 심리를 유지할 수 있는 유기체이며, 사회적인 환경에 의해 발달되는 존재로 본 것이다.

에릭슨의 8단계 발달이론에서 볼 수 있듯이, 인간의 성장과 발달을 아동과 청소년기에 초점을 맞추었던 프로이트와 설리반(Sullivan) 등과는 달리 전 생애에 걸친 발달이론을 제안했다는 점에서 의의가 있다. 특별히 에릭슨은 청소년기의 중요성을 강조하였는데, 청소년기가 정체감 형성의 결정적인 시기라고 보았기 때문이다. 즉, 청소년기의 정체감 형성은 이전 단계의 성공과 좌절에 의해서 영향을 받고, 다시 청소년기에 정체감을 형성하느냐 혹은 혼미하느냐에 따라서 향후 발달이 영향을 받는다는 종합적인 시각을 제공하였다(김현호, 2005).

5) 인지발달이론

인지발달이론은 청소년의 의식적인 합리적 사고과정을 강조한다. 피아제는 인지발달이 뇌와 신경계의 성숙과 환경 간 상호작용의 결과라고 믿었다. 인간은 감각운동기, 전조작기, 구체적 조작기, 형식적 조작기의 단계를 거치면서 발달해 간다고 보았다.

6) 학습이론

학습이론에 의하면 청소년 행동변화는 강화, 벌, 모방에 의해 조정된다고 보았다. 즉, 스키너(Skinner)는 청소년의 어떤 행동이 강화를 받게 되면 그 행동을 계속할 확률이 높고, 어떤 행동이 처벌을 받게 되면 그 행동을 다시 할 확률이 줄어든다고 강조한 것이다. 이것이 학습이론의 기본이 되는 행동수정이론이고, 행동수정의 과정은 기본적으로 청소년의 문제행동을 바람직한 행동으로 대체하는 데 있다.

또한 반두라(Bandura)는 학습이 행동과 환경뿐만 아니라 인지도 발달에 있어 중요한 요인이라는 점을 강조한다. 인간은 이성적으로 사고하고 상상하며, 계획하고 해석 · 비교하여, 다른 사람의 행동을 관찰함으로써 그들의 행동, 사고, 감정을 습득한다고 믿는다. 즉, 청소년의 발달은 생물학적 영향과 사회적 영향의 상호작용에 의해서 이루어진다고 보았다(노용호, 2005).

7) 인본주의이론

학습이론과 반대되는 입장으로 인본주의이론에서는 인간이 환경을 능동적으로 창조할 수 있다고 보는 관점이다. 로저스(Rogers)는 청소년은 자기 이해에 대한 놀라울 정도의 잠재력을 갖고 있다고 믿는다. 이 잠재력은 적절한 심리적 환경이 제공되면 드러나게 되는데, 이때 자신이 지각하는 자아와 다른 사람이 자신을 보는 자아 간의 일치가 중요하다.

또한 로저스는 아동기 때 의미 있는 타자와의 경험이 청소년기 때의 개인의 자기 지각에 영향을 미친다고 한다. 자기 지각과 다른 사람의 자신에 대한 평가 간에 상위가 크면 클수록 청소년이 불안하게 되고, 방어적이 되어 다른 사람들에게 적개심을 갖게 된다. 따라서 청소년에 대한 선입견을 버리고, 무조건 긍정적인 피드백을 줌으로써 청소년을 격려하고, 청소년이 자신을 가치 있게 여기도록 하는 것이 중요하다고 하였다(오영재, 2004).

그리고 인간의 욕구를 기본적으로 생리적 욕구, 안전의 욕구, 애정과 소속에 대한 욕구, 자존감의 욕구 그리고 자아실현의 욕구로 구분한 매슬로(Maslow)는 욕구위계에 따른 욕구충족에 따라 인간의 행동이 결정된다고 보았다.

8) 생태학적 이론

청소년의 발달은 가족, 이웃, 국가, 대중매체나 자신이 속한 문화뿐만 아니라 다양한 사건에 의해 영향을 받아 만들어진 환경과 사회적 영향의 산물로 보아야 한다는 관점이다. 인간은 미시체계, 중간체계, 외부체계, 거시체계, 시간체계의 환경체계의 영향을 받는다고 보고 있다.

4. 청소년기의 주요 문제[2)]

청소년기는 개인적으로 행복하고 사회적으로 인정받을 수 있는 책임 있고 유능한 성인으로 성장할 수 있도록 올바른 이해를 바탕으로 한 각별한 지도와 배려가 필요한 시기이다. 그러나 대개 청소년문제로 일컬어지는 것은 청소년이

2) 구혜영 (2022)

발달과업을 효과적으로 수행하지 못하는 문제 상황이거나 청소년의 바른 성장과 발달을 저해하는 사회문제일 수 있다.

그러므로 사회복지현장에서는 청소년기를 갈등과 방황, 혼동, 반항 등의 침체 시기의 부정적 존재로 평가하지 말고, 청소년들을 사회의 다른 구성원들과 마찬가지로 그들 나름대로 독특한 개성을 가지고 있는 개인으로 인정하고 그들이 성숙한 성인으로서 성장하도록 도와주는 것이 중요하다.

1) 비행문제

청소년기에 가장 많은 문제로 분류되는 것이 청소년 비행문제이다. 청소년에 의해 저질러지는 범죄뿐만 아니라 무단결석, 가출, 음주, 유흥업소 출입 등 신분에 어긋나거나 규범을 위반하는 행동도 포함한다. 비행의 원인으로는 하위계층의 일탈적 일상, 거주지역의 문제로서 주로 우범지역에 거주하는 청소년의 문제, 기회의 불평등에 따른 대체 수단으로의 활용, 유년기의 불행한 경험에서 초래된 성격장애, 불충분한 인지발달 등을 들고 있다.

과거 5년 동안 청소년의 폭력범죄가 증가 추세에 있다. 특히 15~25세 사이의 사망원인 중 살인이 제2위이다. 폭력성과 연관된 가장 강력한 요소는 아버지나 아버지를 대신할 사람이 없는 환경에서 성장한 경우이다. 이러한 비행문제를 해결하기 위해서는 가족복지정책의 확대를 통해 가정을 강화하고, 학교교육을 통해 인간성을 회복시키며, 경제적 불평등 완화와 같은 사회구조적 개선을 통하여 청소년 비행의 발생을 사전에 예방해야 한다. 처벌 위주보다는 성격과 행동의 교정과 사회복귀에 초점을 둔 사회복지적 개입이 필요하다. 일반 사회복지기관에서는 청소년의 비행을 사전에 예방하기 위하여, 청소년 가족상담 및 치료를 실시함과 아울러 인근 학교와 연계하여 활발한 학교사회복지사업을 실시하여야 한다.

2) 청소년의 자살

최근 들어 청소년의 자살문제도 매우 심각하다. 자살은 청소년 사망 원인의 2~3위를 차지하고 있으며, 청소년의 약 60% 이상이 자살을 생각해 본 적이 있다고 응답하였다. 청소년 자살의 원인은 학업, 임신, 부모의 이혼, 실연, 과잉 성취욕 등과 같은 문제에서 유발되는 과도한 스트레스와 부모의 정신질환, 학대, 의사소통 부재로 인한 가족문제, 우울증, 낮은 자존감 등의 심리적 문제, 충동 등을 들 수 있다.

청소년 자살의 경향성을 보면 남자청소년보다 여자청소년의 자살 기도율이 높으나 성공률은 남자청소년이 높다. 청소년 자살은 대부분 충동적이어서 자살 기도 실패 후 1~2년 이내에 정상으로 복귀되는 경우가 많으므로, 자살예방과 신속한 전문적 위기개입이 필요하다. 자살동기의 탐색, 자살시도의 심각성 평가, 의사소통과 개방, 균형유지 등의 기술이 필요하다(권중돈, 2005).

3) 성문제

청소년기는 성적인 충동이나 성적 행동도 비약적으로 증가하는 시기이기 때문에 청소년들의 혼전성교 및 임신도 문제가 되고 있다. 최근 성교를 하는 10대 비율이 증가하고 첫 성경험 나이가 어려지는 경향을 보이고 있다. 비행청소년을 포함한 초 · 중등학생의 17%가 성경험이 있고, 사랑하면 성관계가 가능하다는 응답은 45.7%로 나타났다. 청소년 성문제의 원인은 생리적 성적 충동, 성교육 부재, 향락 문화의 영향뿐만 아니라 매춘 등의 경제적 요인도 포함된다.

특히 십대 미혼모 문제가 대두되고 있는데, 점차 증가하는 추세(미혼모의 약 50%가 10대)를 보이고 있다. 십대 미혼모는 사회경제적 수준이 낮은 가정이나 가정갈등과 이혼한 부모를 둔 경우에 더 흔하다. 십대 미혼모의 75%가 학업을 중단하게 되고, 약 90%가 혼자 낳은 아이를 입양시키며, 나머지 10% 정도만이 미혼모의 가족 내에서 낳은 아이를 양육하는 것으로 나타났다. 십대 임신의 문제는 인공유산의 위험에 놓이게 된다는 점이다. 그리고 산전관리가 제대로 이루어지지 못해 출산 시 산모와 아이 모두에게 신체적 위험이 높다. 또한 학업중단에 따른 직업의 불안정과 빈곤, 아동학대, 자녀의 정서적 · 지적인 문제, 학업부진, 우울감과 자신감 없음과 같은 장기적으로 부정적인 영향을 주는 요인이 되고 있다. 십대 임신이 미혼모로 이어지지 않고, 산모가 아이의 아빠와 결혼하는 경우에도 대개 이혼으로 끝난다.

또한 원조교제 혹은 미성년 성매매에 참여하는 청소년들이 늘고 있는데, 이 청소년들은 붕괴 가족, 아동학대, 강간 피해자에서 많이 나타나며, 많은 수가 약물 남용과 함께 이뤄진다. 사회복지기관에서는 청소년을 대상으로 성에 대한 올바른 이해와 가치관 형성을 위한 프로그램을 실시할 필요가 있다. 청소년기의 대표적인 성문제라고 할 수 있는 십대 임신과 미혼부모문제, 성폭력에 대한 개입도 필요하다(엄신자, 2007).

4) 외모지상주의

청소년기에는 키가 커지고 가슴이 나오고 체모, 초경, 발기, 변성기, 여드름 등 여러 신체적 변화를 겪게 되는데, 청소년들은 이러한 변화를 끊임없이 또래들과 비교하며 자신의 부족한 점에 대해 생각하고, 자신이 완벽하지 못하다고 생각한다. 남학생들은 자신의 키, 체중 및 근육의 양, 성기의 크기 등에 민감해지며, 여학생들은 체중에 지나치게 신경을 쓰고 정상 체중임에도 불구하고 자신이 뚱뚱하다고 생각한다.

이러한 청소년들의 외모지상주의 열풍은 그들이 다이어트에 집착하면서 섭식장애의 문제로 드러나게 된다. 거식증은 자발적인 단식으로 지나치게 날씬함을 추구하여 과소 체중(표준 체중의 85% 이하)을 유지하는 경우를 말한다. 체중 증가에 대한 심한 두려움, 스스로를 과체중이라고 보는 왜곡된 신체상을 갖게 되며 월경불순도 경험하게 된다. 이 거식증 환자의 95%가 여성이며, 대개 청소년기에 나타나기 시작한다(김남순, 2006).

섭식장애의 하나인 폭식증은 과도한 음식물 섭취 후 자발적인 구토와 설사제 등 약물 복용, 단식, 과도한 운동 등 부적당한 보상 행위를 반복하는 것을 말한다. 만성적 구토와 약물복용으로 인한 근육피로, 허약, 마비, 불규칙한 심장박동, 신장 손상, 위경련, 위궤양 등의 증상을 호소하게 된다. 대개 정상체중 범위에 있기 때문에 수년간 가족이나 친구가 모르는 경우가 많다. 청소년 후기나 청년기에 시작된다.

또 다른 섭식장애는 강박적 과식이다. 이것은 스트레스나 고통을 일시적으로 회피하기 위해 과도하게 음식을 취하는 경우가 이에 해당한다. 표준 체중을 20% 이상 초과할 경우 개입이 필요하다. 고혈압, 당뇨 등을 유발하며, 자신의 식이 유형과 과체중에 대해 수치심과 당혹감을 느끼며, 우울증에 걸리기 쉽고 자존감이 낮은 상황을 보인다.

이를 위하여 사회복지사는 청소년기의 부정적 신체이미지로 인하여 야기될 수 있는 여러 가지 심리적 문제나 증상을 다루어야 한다. 사회복지기관에서는 의료기관 등과 연계하여 청소년기의 신체변화에 대한 이해를 위한 교육 프로그램, 식이요법 지도, 몸매관리 프로그램 등을 개발 · 실시함으로써, 청소년들의 건전한 신체발달을 지원할 필요가 있다.

5) 부모-자녀 간의 부정적 관계

청소년기는 자율성에 대한 욕구와 보호받고 싶은 욕구 사이에서 양가감정을 느끼는 시기이다. 의존심이 강해질 때 부모에 대한 반항, 무관심, 언쟁 등이 더 심해지기도 하며, 부모와 부딪히는 사소한 문제들로 갈등 및 언쟁을 하기도 한다. 부모들은 청소년기의 이런 발달학적인 특성을 이해해야 한다. 자녀에게 항상 관심을 가져야 하지만, 지나친 간섭은 피하는 것이 좋다. 청소년기의 반항은 대부분 일시적인 현상이며, 시간이 지나면 저절로 해결되는 것이므로 지나치게 걱정할 필요가 없다. 부모의 지나친 간섭은 역효과를 가져오기도 하기 때문에 어느 정도까지는 자녀의 반항을 눈감아 주는 편이 좋다. 후기 청소년기에 가면 대부분 새로운 평형상태에 이르며 분쟁은 줄어들고 청소년은 좀더 자율성을 획득하게 되고 가정의 의사결정에 참여하게 된다.

또한 청소년기는 비밀이 많은 시기이고 부모도 노화가 시작되는 시기이기 때문에 자녀에 대한 자신의 반응이 혹시 지나친 것은 아닌가를 심각하게 자문해 보아야 하며, 보다 여유 있고 너그러운 태도로 자녀를 대할 수 있도록 노력해야 한다. 청소년들의 부모에 대한 평가는 때로는 왜곡되어 있기도 하고 때로는 냉정할 정도로 정확하기도 하다. 이 시기에 부모가 자식의 분리, 즉 개별화를 이루지 못하면 청소년의 부모로부터의 분리 혹은 독립을 방해하거나 지연시킬 수 있다.

하지만 이와 함께 자녀에 대한 계속적이고도 충분한 관심은 잃지 말아야 한다. 평소 자녀와 함께 자연스럽게 이야기를 나눌 수 있는 분위기를 조성하여 자녀의 친구관계와 이성문제, 장래의 계획 등에 대해 진지한 대화를 나누도록 한다. 이 시기의 청소년들은 사실, 부모의 도움을 절실히 필요로 하고 있으므로 부모는 대화를 통해 관심과 사랑을 충분히 표현해야 한다. 따라서 부모의 경험을 이야기해 주고, 자녀들의 생각을 들어줌으로써 자녀가 이 시기의 발달과제들을 제대로 성취할 수 있도록 도와주어야 한다. 여기서 중요한 점은 부모들이 서로 일치된 견해와 일정한 원칙을 갖고 자녀를 대해야 한다는 점이다.

또한 이 시기는 사랑과 관심의 중요성이 부각되는 때인데, 평소 부모의 사랑과 관심이 충분했던 가정의 자녀들은 대체로 이 시기에 이르러서도 부모의 말을 잘 받아들이게 된다. 그러나 그렇지 않은 경우, 자녀들은 부모를 진지한 의논의 상대로 생각하지 않는 경향이 있으며, 이에 따라 문제의 해결과정 또한 어려워진다. 더구나 자녀들을 자신만의 인생을 가진 별개의 개체로 보지 않고 무리하게 부모의 뜻을 강요한다면 문제는 더욱 복잡해진다.

또한 사회복지기관에서는 청소년과 그 가족을 대상으로 한 가족관계 강화프로그램을 개발하여 실시하고, 가족상담이나 가족치료를 보다 강화해 나가야 할 것이다. 그리고 바람직한 이성관과 성관념 형성을 지원하고, 원만한 이성관계의 유지를 지도할 수 있는 개인 및 집단상담 프로그램들을 실시하는 것이 바람직할 것이다.

6) 부정적인 친구들과의 관계

친구관계는 서로 사회적인 행동을 북돋우고 학업성취를 촉진하는 긍정적인 영향을 주는 경우도 있고 비행행동이나 술, 담배 등을 시작하게 하는 부정적인 영향을 주기도 한다. 부모와의 관계가 서로 소원하고 응집력이 떨어지는 가족의 경우에는 부모보다 친구의 영향을 받기 쉽다. 자신의 길을 찾고 가치 체계를 확립해 나가는 데 있어 부모보다 친구에게 의지하는 경우에는, 특히 친구가 비행행동을 하거나 반사회적인 태도를 가지고 있는 경우에는 여러 문제행동의 위험요인이 될 수 있다. 그러므로 사회복지실천에서는 청소년들의 건전한 친구관계를 형성할 수 있는 집단프로그램과 비행 또래집단의 의미 있는 타인의 탐색을 통한 개별상담 등이 병행되어야 한다.

7) 정체성 위기

마르시아(Marcia)는 정체성에 문제가 있는 유형을 다음의 정체성 유실, 유예, 혼란으로 구분하였는데, 정체성 유실은 부모나 사회의 가치관을 그대로 채택하며 독립적인 의사결정도 없고 위기를 경험하지도 않는 상태를 말한다(김애순, 2005). 정체성 유예는 정체성의 확립을 위해 능동적으로 노력하나 항상 의사결정과정에 있으며 위기상태에 처해 있는 상태이다. 정체성 혼란은 정체감 확립을 위한 노력도 없고 기존의 가치관에 대한 의문도 제기하지 않은 채 의사결정을 하지도 않고 위기상태에 있지도 않는 상태이다. 이러한 현상이 발생하는 이유는 자신감의 저하로 자신이 무엇을 좋아하고 잘하는지 판단을 할 수 없게 된 경우, 이상과 현실에 큰 차이가 있는 경우, 부모가 특정 역할을 강요하여 자신의 진짜 모습이 어떤 것인지 잃어버린 경우, 부모와의 갈등으로 모델로 삼을 수 있는 성인상이 없는 경우 등이다.

또한 특수한 경우로 부정적 정체감을 갖는 경우도 문제의 상황으로 거론될 수 있는데, 개인적 성공에 대한 부모나 사회적 지원을 받지 못한 결과로서 형성된 사회적 가치관과 정반대가 되는 자아개념을 말한다. 예를 들어 비행청소년, 건달 혹은 깡패들이 갖고 있는 정체감이다.

이러한 정체성 위기에 처한 경우는 친구들과 얘기를 나누고, 부모님, 학교 선생님 혹은 전문가와 상담을 하고 다양한 경험을 하며 고민을 하는 것이 도움이 될 수 있다. 사회복지현장에서는 이러한 청소년에게 올바른 자아정체감 형성을 위하여 자아발견, 자아성장, 자기주장훈련, 인간관계 수련 등과 같은 청소년의 자아발견과 원만한 대인관계 형성을 지원할 수 있는 집단상담 프로그램을 개발하여 실시해야 한다.

그리고 진로지도, 청소년 자원봉사활동 프로그램 등과 같은 다양한 수련 프로그램을 실시하여 청소년들이 다양한 사회경험을 통해 자신의 개성과 자질을 발견할 수 있도록 원조하여야 한다. 사회복지기관에서는 여가 및 인성개발 프로그램을 개발하여 청소년의 전인적 성장을 지원하여야 할 것이다.

8) 지나친 인지적 발달의 강조

우리나라의 경우 청소년기의 지원이 대학 진학이라는 최대 목표에만 국한되어 전인적 성장이 무시되고 있는데, 이를 위해 사회복지기관은 다양한 체육활동, 문화예술활동, 자원봉사활동 등과 같은 프로그램, 여가 및 수련 프로그램을 개발하여 실시함으로써 청소년기의 신체 · 정서 · 사회성 전반의 올바른 성장을 도모해야 할 것이다.

9) 우울증

청소년 우울증의 치료는 아동이나 청소년뿐만 아니라 가족 및 학교가 모두 참여하는 대규모적 접근을 통해야만 최선의 결과를 얻을 수 있다. 치료 시에는 우울한 청소년뿐만 아니라 우울증에 걸린 아이의 부모에게도 신경을 써야 한다. 그리고 청소년과 연관성이 있는 가족과 학교를 참여시켜 청소년에게 효율적인 대인 스트레스 대처요령을 가르치는 것도 중요하다.

10) 도덕성 내면화의 부재

청소년기에서는 복잡한 문제에 대해 도덕적 판단을 해야 한다. 청소년들은 도덕적 상황에서 요구되는 정의의 개념과 공정한 원칙을 이해해야 하며 다양한 조망을 고려할 수 있어야 한다. 이에 영향을 줄 수 있는 요인으로 부모, 친구, 대중매체, 학교 등이 있다. 청소년기 이후 도덕성 발달은 그들이 다양한 참조집단과의 상호작용을 통하여, 도덕적 규칙에 대한 하위문화적 상대성을 점차적으로 인식함으로써 이루어진다.

5. 청소년문제를 보는 이론들

1) 사회해체이론

사회해체이론은 문제행동의 원인을 개인 내부에서 찾는 생물학적, 심리학적 이론들과 달리 비행 발생의 가능성을 환경이나 사회조직 등 외부적 요인에 초점을 두고 찾는 사회학적 이론 중 하나이다. 즉, 사회해체, 산업화, 인구이동, 거주지역의 변화, 높은 이동성, 고인구밀도, 슬럼화 등과 같은 고빈도 비행지역 환경의 특징이 또 다른 범죄를 유발한다고 주장한다.

2) 긴장이론

긴장이론은 사회계층으로 인한 빈곤이나 사회적 기회의 제약으로 인한 개인의 심리적 긴장이나 좌절이 비행을 초래한다는 이론으로 아노미이론이 이에 속한다. 이 이론에서는 뒤르켕(Emile Durkheim)이 사회해체로 인한 무규범 혹은 규칙붕괴의 상태를 아노미(anomie)라 지칭하며, 규범을 벗어난 행동을 통제할 장치가 와해되는 아노미 현상에서 청소년문제가 비롯된다고 주장하였다.

3) 사회학습이론

청소년문제의 원인을 규명함에 있어 청소년들이 학습한 가치와 태도에 주목하게 하는 이론이다. 이를테면 TV나 동영상, 게임 같은 매체나 부모, 교사, 또래집단을 통해 학습한 것에서 문제행동의 원인을 찾는다. 이러한 점에서 사회화과정 이론의 하나로 분류되기도 한다.

4) 사회통제이론

사회통제이론은 청소년들의 비행을 통제하는 요인이 무엇인가에 관심을 갖고 사람들이 규범을 준수하는 이유를 찾아내고자 하는 데서 출발한다. 그중 개인의 내적 통제요인을 강조한 것이 봉쇄이론이며, 가족이나 학교, 친구 등 사회화 기관에 의한 통제를 강조하는 것이 사회유대이론이다. 결국 내외적 통제요인이 약화되거나 끊어졌을 때 비행을 유발하게 된다는 이론이 사회통제이론이다.

5) 사회심리학적 이론

여기서는 사회구조보다는 사회환경으로 인한 심리적인 결과에 초점을 둔다. 즉, 사회학적 요인과 심리학적 요인이 결합하여 청소년문제를 일으킨다고 보는 것이다. 부정적 자아개념이 비행을 조장하기도 하고, 어떤 비행은 청소년의 무력감(lack of power)에서 나오며, 혹은 권력을 가지려는 욕망에서 발생한다고도 본다(Wells & Marwell, 1976).

또한 문제행위를 일으킨 청소년에게 '문제청소년', '비행청소년'과 같은 호칭을 부여하면 이것이 문제행동을 재발시키는 원인이 된다는 관점으로 낙인이론도 여기에 포함된다. 어떤 비행으로 인해 주변에서 낙인이 찍히면 주변의 기대에 따라 스스로 비행행동을 수행한다는 논리이다.

연구문제

01. 청소년기의 신체발달이 청소년의 성격발달에 영향을 주는 이유를 설명하고, 실제로 본인의 신체 중 어떠한 부분이 성격발달에 영향을 미쳤는지 설명하시오.

02. 청소년기에 자아정체감 형성이 중요한 이유를 설명하고, 이 시기에 본인의 자아정체감은 어떻게 형성되었는지 그 과정을 설명하시오.

03. 청소년기에 친구관계의 중요성에 대해 설명하고, 당시 본인의 친구관계는 어떠했는지 설명하시오.

04. 청소년기에 나타날 수 있는 문제를 다섯 가지 이상 나열하고, 당시 본인의 문제 하나를 선택하여 그 이유와 대처방안에 대해 논하시오.

05. 청소년기의 발달과업의 개념과 그 내용을 기술하시오.

chapter

03

청소년복지의 개념과 발달과정

contents

학습목표

- 청소년복지의 개념을 이해한다.
- 청소년복지의 필요성 및 당위성을 이해한다.
- 청소년복지의 속성과 원칙을 분석한다.
- 청소년권리의 발달을 고찰한다.
- 청소년복지의 역사를 이해한다.

1. 청소년복지의 개념과 관점

1) 정의

청소년복지의 개념에 대한 합의된 정의는 찾아보기 어렵다. 그러나 대체적으로 사회복지가 인간의 행복을 실천적으로 추구하는 활동이라는 점에서 볼 때, 청소년복지는 청소년이 행복하게 잘 살아갈 수 있도록 돕는 제도와 실천적 기술이라고 정의할 수 있다. 구체적으로 청소년기본법에는 청소년복지란 청소년이 정상적인 삶을 영위할 수 있는 기본적인 여건을 조성하고 조화롭게 성장 발달할 수 있도록 제공되는 사회적 · 경제적 지원을 말한다고 규정하고 있다.

이러한 규정은 청소년복지가 청소년의 기본적인 욕구를 충족케 하고, 정신적, 정서적, 신체적으로 최상의 발달을 기하기 위해 청소년 자신들에게 직접적으로 또는 가정이나 사회를 통해 간접적으로 제공되는 모든 사회제도적, 전문적 활동을 의미하는 것이다(천정웅, 2012).

2) 청소년복지를 보는 관점

청소년복지를 보는 측면에 따라 소극적 관점(잔여적 모형)과 적극적 관점(보편적 모형)으로 정리해 볼 수 있다. 즉, 소극적 청소년복지는 사회적으로 소외되거나 적응에 실패한 청소년에게 사회복지정책과 개별 서비스의 전달을 통해 사회 구성원으로서 정당하게 생활하고 나아가 신체적 · 심리적 · 사회적 자립능력을 갖도록 돕는 것을 의미한다. 반면 적극적 청소년복지는 성과 능력, 신체 및 정신과 사회적 조건에 관계없이 모든 청소년이 인간답게 생활하는 데 필요한 권리와 책임을 갖게 하여 청소년으로서의 삶을 풍요롭게 누릴 수 있고 잠재적 능력을 개발하도록 돕는 것을 의미한다(노혁, 2010).

이처럼, 청소년복지에 대한 정의는 청소년을 보는 관점, 한 사회가 가지고 있는 청소년복지의 실천 여건 등에 따라서 달라질 수 있다. 또한 청소년복지의 이념적 기초가 되고 있는 청소년의 권리에 대한 각성과 청소년의 권리를 실현하기 위한 구체적인 실천방법 및 제도화, 그리고 청소년복지의 역사와 밀접히 관련되어 있다. 대체로 볼 때 한국 사회에서 청소년복지는 잔여적 모형 혹은 소극적 측면에서의 청소년복지에 가깝지만, 최근에는 보편적 모형 혹은 적극적 측면에서의 청소년복지를 지향하고 있다고 볼 수 있다(홍봉선, 2010).

2. 청소년복지의 필요성 및 당위성

1) 청소년복지의 필요성

청소년복지는 국가나 사회가 청소년에 대한 책임을 인식하고 청소년의 복지증진에 적극적이고 주도적으로 개입함으로써 청소년들이 가정적 · 사회적 위험요소로부터 보호받으며 자신들의 과업이나 문제를 원만하게 해결할 수 있도록 돕는 것이라 할 수 있다. 또한 청소년들의 잠재능력을 최대한 발휘하여 자아실현은 물론 책임 있고 건강한 사회 구성원으로 기능할 수 있도록 돕는 데 청소년복지의 의의가 있다.

(1) 개인적 근거

청소년들은 개인적으로 건강하게 태어나서 정상적인 가정에서 성장하고 능력에 따라 교육을 받으며, 가정과 사회의 충분한 보살핌 속에서 생활할 수 있어야 한다. 이를 위해서는 청소년 개개인의 발달과정에서 겪는 다양한 욕구결핍과 문제 상황을 극복하고 정상적이고 조화로운 성장을 할 수 있도록 지원하는 복지서비스가 필요하다.

현대사회에서 개인적으로 청소년복지가 요청되는 요인은 크게 세 가지로 나뉜다. 첫째, 양육비의 증가와 부모의 결손 등으로 청소년이 자라기에 가족의 양육환경이 적절하지 못한 경우, 둘째, 청소년이 고민이 있거나 문제행동을 하는 경우, 셋째, 연령차별과 유해환경과 같이 사회환경에 의한 문제 등이 발생할 경우이다(임상록 외, 2010).

(2) 법률적 근거

우리나라 헌법에는 '국가는 노인과 청소년의 복지 향상을 위한 정책을 실시할 의무를 진다'라고 규정되어 있다. 그러므로 국가 및 지방자치단체는 청소년복지정책을 수립하고 시행하는 책무가 헌법상 부여된 고유의무이다.

(3) 사회적 근거

우리나라에서 청소년에 대한 사회적 책임이 인식되어 청소년복지가 국가적 차원에서 정책적으로 다루어지게 된 것이 1990년 이후이다. 그 이유는 첫째, 인구학적 측면에서 청소년인구가 한국 사회 구성원의 약 1/4 정도를 점하고 있으며, 청소년들이 중요한 사회적 영향력을 갖게 됨에 따라 이들에 대한 정책적 배려가 필요하기 때문이다. 둘째는 인적자원 개발의 측면으로 인적자원 개발이 국가경쟁력을 결정하는 핵심적 요소로 부각됨에 따라, 미래의 국가경쟁력 확보를 위해 청소년에 대한 관심이 증대되기 때문이다. 셋째는 인생주기의 측면에서 현대사회의 삶의 조건은 과거 그 어느 때보다도 청소년기를 연장시키고 있으며, 이들의 관심과 이해, 요구가 사회와 직간접적으로 결부되어 있기 때문이다(조성연 외, 2008).

2) 청소년복지의 주요 기능

(1) 가족양육기능의 보완

청소년기는 부모의 보호를 받으면서 살아가는 시기이기 때문에, 가족양육의 기능이 절실히 요구되는 시기이다. 그러나 부모가 없거나 한쪽 부모밖에 없는 경우 결손가족이 된다. 결손가족은 대체로 소득이 낮아 경제적인 문제가 나타난다. 각종 사고나 재해로 인한 사망자 수의 증가와 함께 과거에 비해 가정불화로 이혼이나 · 별거하는 부부가 크게 늘고 있어 한부모가정 수도 늘어나고 있다. 한부모가족이 되는 과정에서 청소년은 경제적 손실과 정서적 손상을 받으며 성장하게 된다(성윤숙 외, 2011).

그동안 청소년복지사업은 아동복지의 하나인 아동양육시설을 중심으로 이루어졌다. 가정에서 이탈된 요보호아동은 아동상담소를 거쳐서 아동양육시설에 입소하고, 아동양육시설에서 퇴소한 아동은 바로 혹은 자립 지원시설을 거쳐서 사회에 진출하게 되었다. 이후 1985년부터 소년소녀가장지원사업이 도입되어 요보호아동과 청소년에 대한 거택보호가 새롭게 인식되었고, 요보호아동을 시설에 입소시키기보다는 가능한 한 기존의 가정에서 보호하는 방안을 장려하게 되었다. 이와 같이 가족지원사업과 시설보호사업은 가족양육기능을 보완 대체하는 기능을 하고 있는 것이다.

(2) 청소년문제의 예방과 치료

청소년기는 신체적 · 정신적으로 성장하는 시기이기에 자신의 몸과 마음의 변화에 대해서 민감하고, 자신의 욕구를 충족시키고자 노력하지만, 적절한 자원을 찾지 못한 경우가 많다. 정부는 청소년상담을 체계화하기 위하여 시 · 도 단위에 청소년상담복지센터를 설치하고, 이를 지원하기 위하여 중앙에 한국청소년상담복지개발원을 설립하였다. 이러한 상담기관에서는 전화상담과 면접을 통하여 청소년에게 다양한 상담을 실시하고, 부모교육 등을 통해서 청소년에 대한 이해와 관심을 촉구하고 있다. 최근 중 · 고등학교에서 집단따돌림, 학교폭력 등이 심각하게 인식되면서, 청소년문제를 예방하거나 조기에 치료할 수 있도록 학교사회복지가 실시되고 있다.

청소년문제에 대한 사회적 관심은 주로 청소년문제의 유형과 그 추세에 집중되어 있다. 지속적으로 청소년 범죄자의 수가 늘어나고, 연령은 낮아지며, 폭력화되는 경향이 있다. 청소년 비행과 문제행동을 줄이기 위해서는 청소년복지서비스가 필요하며, 단순한 수용보호보다는 치료형 보호시설이 추가적으로 필요하다.

(3) 유해환경의 변화

청소년의 성장과 발전을 해치는 유해한 환경을 바꾸지 않고는 청소년의 복지를 실현시킬 수 없다. 공격성을 자극하고 성적 수치심과 성충동을 조장하는 폭력적이고 음란한 대중매체, 청소년에게 음주, 흡연, 성행위를 부추기는 유흥업소가 가정과 학교 근처에 산재해 있다. 정부는 학교보건법, 풍속영업에 관한 규제 법률 그리고 청소년보호법 등에 의거해서 유해한 업소의 출입, 유해매체 이용 등의 시책을 통해 청소년을 보호해야 한다.

(4) 청소년 불이익 구조의 변화

청소년복지를 모색할 때, 가장 근본적인 쟁점 중 하나는 연령차별이다. 전통사회는 청소년을 미성년자로 보고, 사회적 합의에 청소년의 입장을 배제시켜 왔다. 그러나 청소년을 하나의 인격체로 보자는 인식 변화에 따라 1989년에 유엔총회는 '아동의 권리에 관한 국제협약'을 채택하고 청소년의 최선의 이익을 보장하기 위해서 청소년의 의견을 존중하고, 청소년의 참여를 보장할 것을 천명하였다.

아동과 청소년의 인권을 향상시키기 위해 아동 · 청소년의 부모면접권을 보장하며, 부모의 이혼 시 양육과 친권에 관한 15세 이상 아동 · 청소년의 의사표시권을 보장하고 있다. 입양 시 13세 미만 아동 · 청소년의 의사결정권을 보장할 것 등과 같은 불합리한 연령차별을 법과 제도 내에서 철폐하고, 청소년의 이익을 최대한 보장하고 있다.

한편, 아르바이트란 이름으로 일하는 15세 이상 18세 미만의 근로청소년들은 근로기준법이 사실상 미치지 않는 영세사업장에서 일하게 되면서 근로시간, 임금 등 근로조건에서 법적 보호를 받지 못하고 있다. 청소년은 1일 7시간, 1주일에 35시간 이하로 근무가 가능하다(합의 경우 1일 8시간, 주 40시간이 가능하다). 18세 미만의 청소년은 술을 파는 일과 심야노동(22시~6시) 및 휴일근로가 법으로 금지되어 있지만, 일부의 청소년이 단란주점 등에서 밤늦게까지 술을 팔고, 매매춘에 관여하기도 한다. 그러므로 청소년의 노동력을 착취하거나 청소년에게 성적 서비스를 강요하는 유흥업소 혹은 변태업소에서 청소년을 고용하는 것을 엄격히 규제하고, 청소년의 심야노동에 대한 근로감독을 강화하며, 청소년의 능력과 흥미에 맞는 일거리를 많이 개발해서 소개하는 직업알선과 창업 등의 복지서비스가 필요하다. 이러한 역할이 바로 청소년복지정책의 중요한 기능이다.

3) 청소년복지의 당위성

청소년복지의 당위성은 UN아동권리협약의 4대 기본권을 통해서도 확인할 수 있다.

> **UN아동권리협약의 4대 기본권**
>
> - 생존권(survival rights): 적절한 생활수준을 누릴 권리, 안전한 주거지에서 살아갈 권리, 충분한 영양을 섭취하고 기본적인 보건서비스를 받을 권리 등 기본적인 삶을 누리는 데 필요한 권리
> - 보호권(protection Rights): 모든 형태의 학대와 방임, 차별, 폭력, 고문, 징집, 부당한 형사처벌, 과도한 노동, 약물과 성폭력 등 청소년에게 유해한 것으로부터 보호받을 권리
> - 발달권(development Rights): 잠재능력을 최대한 발휘하는 데 필요한 권리로, 교육받을 권리, 여가를 즐길 권리, 문화생활을 하고 정보를 받을 권리, 생각과 양심/종교의 자유를 누릴 권리
> - 참여권(participation rights): 자신의 나라와 지역사회 활동에 적극적으로 참가할 수 있는 권리로 자신의 의견을 표현하고, 자신의 삶에 영향을 주는 문제들에 대해 발언권을 지니며, 단체에 가입하거나 평화적인 집회에 참여할 권리

3. 청소년복지의 속성과 원칙

청소년복지에 포함되어야 할 속성은 다음과 같다(천정웅, 2012). 첫째, 가정이나 사회로부터 버려지거나 적응하지 못하는 청소년뿐만 아니라 모든 청소년들의 복지에 관심을 두어야 한다는 것이다. 둘째, 청소년들의 기본적인 욕구충족과 전인적인 성장 및 발달을 목적으로 해야 한다는 것이며, 셋째, 청소년들의 생활에 직접적인 영향을 주는 환경 이외에도 청소년의 삶의 질에 간접적인 영향을 주는 환경까지 포함해야 한다는 것이다. 넷째, 청소년들에 대한 직접적인

서비스뿐만 아니라 간접적으로 제공되는 모든 정책과 제도들도 포함되어야 한다는 것이다.

또한 청소년복지서비스를 제공함에 있어 지켜져야 할 청소년복지 원칙은 다음과 같다(한상철, 2008). 첫째, 청소년은 독립적이고 통합된 인격체로서 존중되어야 한다는 것이다. 둘째, 청소년은 성장과정 중에 있기 때문에 청소년복지에서의 접근은 신속하고 지속적이며, 전체적 관점에서 체계적으로 접근해야 한다는 것이다. 셋째, 청소년복지는 사회정책과 밀접한 관련 속에서 통합적으로 이루어져야 한다는 것이다.

넷째, 청소년복지가 본래의 이념과 목적을 달성하기 위해서는 청소년 개인의 변화와 환경의 변화도 함께 수반해야 한다는 것이다. 다섯째, 청소년복지는 문제가 있는 청소년에서부터 일반 청소년에 이르기까지 모든 청소년을 대상으로 해야 하며, 치료나 재활뿐 아니라 예방적 차원에서의 다양한 서비스가 행해져야 한다는 것이다.

4. 청소년권리의 발달

1) 아동의 권리선언

국제사회에서 청소년의 권리만을 따로 규정한 협약은 아직 없고 청소년의 권리는 아동의 권리 속에서 논의되어 왔다. 국제사회에서 일반적으로 통용되는 아동은 18세 미만인데, 여기에는 사회통념상 청소년이 대부분 포함된다. 1959년 유엔에서 채택된 아동의 권리선언은 아동과 청소년의 권리신장에 획기적으로 기여한 국제문서이다. 아동의 권리선언은 유엔헌장과 세계인권선언(1948년)의 원칙과 정신에 입각해서 작성되었다.

기본 정신은 성장기에 있는 아동, 즉 사회적 약자의 입장에 있는 사람에 대하여, 그 인권의 보장과 실현을 가능하게 하기 위해 특별한 조치와 배려를 해야 할 필요성을 선언하는 데 있다. 따라서 이 선언이 아동을 단순히 구제나 보호의 대상으로서뿐 아니라 인권이나 자유의 주체로서 파악하려고 하는 자세를 보인 점은 주목할 만하다(이용교 외, 2003).

아동의 권리를 선언에서 협약으로 바꾼 '아동의 권리에 관한 국제협약(약칭 아동권리협약)'은 오랫동안 논쟁을 거쳐서 유엔총회에서 채택되었다. 국제인권규약이 발효된 1976년, 유엔총회에서는 아동의 권리선언 20주년인 1979년을 '국제아동의 해'로 결정하였다. 이 국제아동의 해는 아동의 인권실현을 촉진할 목적으로 결정되었고, 아동의 권리협약의 채택에 결정적인 계기가 되었다. 아동권리협약은 그 심의과정에서 '아동관'에 획기적인 변화를 가져왔다. 즉, 인권위원회가 협약의 초안을 심의할 때 처음에는 전문과 가족관계 조항을 심의하였고, 1984년 심의 때는 아동을 권리 향유의 주체로 파악하는 아동관에서 권리행사의 주체로 인식하는 아동관으로 변화를 강조하였다.

1989년 '전 세계 아동의 마그나카르타'라고 불리는 아동권리협약이 국제연합총회에서 만장일치로 채택되었다. 1990년 9월 2일부터 국제법으로 발효되었다.

2) 청소년권리선언

국제사회에서 청소년의 권리는 1985년 '세계청소년의 해'를 계기로 활발히 논의되기 시작하였다(이용교 외, 2003). 유엔이 정한 세계청소년의 해는 청소년의 권리에 대한 인식을 새롭게 하였다. 1985년에 열린 세계청소년회의는 청소년의 적극적인 참여를 통한 발전과 평화에 기여를 강조하였다. 특히, 청소년의 시민적 · 정치적 권리, 경제적 · 문화적 · 사회적 권리가 충분히 인식되고 행사됨으로써 청소년이 정치적 상황에 더욱 강력한 영향력을 수행할 수 있음을 역설하였다. 같은 해에 열린 '세계청소년의 해' 국제연합총회에서도 청소년이 인류의 미래를 형성하는 데 직접 참여하고, 사회의 모든 분야에서 기여하는 데 자신의 견해를 표명하는 것이 중요함을 강조하였다(이소희 외, 2005).

국제사회에서 청소년인권이 핵심의제로 다루어지기 시작한 것은 1993년 세계인권회의였다. 비정부단체가 주관한 이 회의의 제2분과에서 아동과 청소년인권이 논의되었다. 1994년 세계청소년 비정부단체 포럼은 청소년이 미래의 주인공이면서 오늘의 변화의 동인임을 강조하였다.

이와 같이 국제사회에서 이루어지는 청소년의 권리에 대한 논의는 세계인권선언과 아동권리협약에서 천명된, 한 인격체로서 청소년의 권리가 구체적으로 실현되어야 함과 청소년의 완전한 참여에 의해서만 그 권리가 실현될 수 있음을 강조하였다. 이를 위해서는 청소년권리에 대한 체계적인 교육이 학교 내외에서 이루어져야 하고, 청소년 관련 비정부단체가 여론 형성에 앞장서야 한다고 제안하였다.

그러나 보편적 인권이 청소년에게 보장되지 않는 상황을 개혁할 수 있는 구체적인 협약 내용이나 학생, 근로청소년, 범죄소년, 여자청소년 등 권리침해를 받고 있는 청소년의 인권을 현실적으로 어떻게 옹호할 것인지에 대한 구체성은 논의되지 않고 있다(조선화 외, 2005).

3) 한국에서 아동/청소년권리의 발달

한국에서 처음 아동의 권리를 선언한 것은 제네바선언(1924년)보다 한 해 앞선 1923년이었다. 당시 우리는 주권을 일본에게 빼앗긴 가운데에서도 민족의 새싹인 어린이를 사랑하고 씩씩하게 키우기 위하여 '어린이날'을 제정하였다. 그해 5월 1일 어린이날 기념식장에서 소년운동협회가 소년운동선언 중 '아동의 권리 공약 3장'을 선포하였다. 이것은 이후 어린이헌장(1957년)으로 이어졌다. 그러나 어린이헌장은 선언적 의미가 강하고, 법적 강제력이 없다는 한계가 있었다.

한편, 한국은 아동권리협약이 국제연합총회에서 채택되자 1990년에 서명하고 1991년 11월 20일에 비준하였다. 한국 정부는 비준과정에서 국내법과 일치하지 않은 부모와의 면접교섭 유지권, 입양 허가, 상소권 보장 등 3개 조항을 유보하였지만, 국제조약은 헌법에 의해서 국내법과 동일한 효과가 있다고 볼 때 아동권리협약은 국내법과 동일한 법적 구속력이 있다고 해석해야 할 것이다(이용교 외, 2003).

국제사회에서 청소년의 권리가 다소 추상적으로 논의되었다면, 최근 한국사회에 청소년의 권리에 대한 논의는 구체성을 띠고 있다는 점이 특징이다. 1990년 청소년헌장이 제정될 때만 해도, 청소년은 미래의 주인공이고 보호의 대상이라는 관점을 크게 벗어나지 못했다. 즉, 헌장의 전문에서 '국가는 청소년을 사랑하고, 이들을 위한 정책에 최대의 노력을 기울인다. 배움터와 일터를 고루 갖추고, 도움을 필요로 하는 청소년 개개인을 각별히 보호하여 적응하고 자립하도록 이끈다'라고 표현되어 국가와 청소년의 관계가 마치 부모와 자녀의 관계처럼 규정되어 있지만, 청소년이 국가의 주인이라는 시각은 찾아보기 어려웠다.

그 이후 1998년에 새로이 제정된 청소년헌장은 청소년관이 획기적으로 변화되었음을 보여주었다. 청소년은 오늘의 삶의 주인으로서 마땅히 권리를 누리고 책임을 져야 함을 역설하였다. 즉, 헌장의 전문은 '청소년은 자기 삶의 주인이다. 청소년은 인격체로서 존중받을 권리와 시민으로서 미래를 열어갈 권리를 가진다. 청소년을 스스로 선택하며 활동하는 삶의 주체로서 자율과 참여의 기회를 누린다. 청소년은 생명의 가치를 존중하며 정의로운 공동체의 성원으로 책임 있는 삶을 살아간다. 가정, 학교, 사회 그리고 국가는 위의 정신에 따라 청소년의 인간다운 삶을 보장하고 청소년 스스로 행복을 가꾸며 살아갈 수 있도록 여건과 환경을 조성한다'고 규정하였다(노혁, 2010).

5. 청소년복지의 역사

1) 서구 청소년복지의 역사

역사적 시각에서 볼 때, 청소년복지는 '청소년'을 독립된 세대로 인식하게 된 시대적 상황과 밀접한 관계가 있다(이용교 외, 2003). 서구에서는 19세기 중반부터 의무교육이 도입되면서 노동자의 어린 자녀들이 거리에서 사라졌다. 국가는 그들에게 새로운 기술을 가르쳐서 장래성 있는 노동자로 키우려고 하였다. 이 시기 청소년복지의 핵심은 의무적인 초등교육과 비행청소년에 대한 보호와 통제였다.

제2차 세계대전 이후 중등교육이 보편적으로 실현되고, 청소년을 대상으로 한 종합적인 여가오락시설이 출현하면서 청소년기는 제도화되었다. 중등교육의 연장으로 의존의 시기는 증가되고, 학령기에 있는 세대들이 그들만의 청소년문화를 형성했다. 이들은 부모에게 의존적인 아동에서 완전한 법적 책임을 지는 성인의 중간세대로 인식되었다. 따라서, 이 시기에 서구사회에서는 청소년을 위한 여가정책이 발달했다(이복희 외, 2005).

1973년 오일쇼크 이후에 세계 경제의 불황과 청소년실업의 증가로 서구사회에서 청소년정책은 청소년실업에 대한 대책으로 그 초점이 전환되었다. 학교에서 일터로, 부모의 집에서 독립된 거처로, 독신에서 동거로의 전환이 경제위기로 심각하게 균열되자 국가의 관심은 고용정책을 통해서 이를 재건하고자 하였다.

요약해 보면, 청소년복지는 사회적 변화와 더불어 다양한 요인에 의해 그 모습을 구축해 갔다고 볼 수 있다. 우선 핵가족화 및 여성의 취업, 이혼 등 가족구조의 변화와 산업화 및 도시화 등의 사회적 변동 자체가 청소년복지정책의 필요성을 강화하였다는 것이고, 둘째, 학교교육의 연장과 그 역기능 속에서 청소년복지의 필요성이 다루어지게 되었다는 것이다. 셋째, 청소년복지를 위한 정부와 민간의 협력이 강조되었다는 점이다. 청소년집단을 위해서 소득, 보건, 교육, 주택, 여가서비스 등을 단일한 방식으로 제공하기보다는 국가와 지방자치단체, 그리고 민간이 다양한 방식으로 접근하게 되었다는 것이다. 넷째, 청소년을 복지의 대상으로만 인식하지 않고 사회 변동의 주체로 인식하는 경향이 높아지게 되었다는 것이다. 청소년의 권리가 강조되면서 청소년과 관련된 정책의 의사결정에 청소년의 참여와 관여가 증대되었기 때문으로 볼 수 있다.

2) 한국 청소년복지의 역사

한국의 청소년복지는 아동복지와 미분화된 상태에서 발달되어 왔다. 역사적 시각에서 볼 때, 한국 청소년복지는 해방 후 상당 기간까지 아동복지의 연장선에서 다루어지다가 미성년자보호법의 제정(1961)과 중앙청소년보호대책위원회의 설치(1964)로 아동과 다른 청소년 영역이 설정되고, 세계청소년의 해(1985)를 계기로 하여 청소년육성법이 제정(1987)되면서 청소년 영역이 확립되었다.

(1) 청소년복지의 맹아기

해방 후부터 아동복리법과 미성년자보호법이 제정된 1961년까지는 청소년복지가 조선구호령과 몇 개의 미군정 법령 및 그 처무준칙에 따라서 실시되었다. 이 시기에 청소년복지는 아동복지와 그 영역이 구분되지 않고, 아동복지도 다른 사회복지의 영역과 별다른 구분 없이 긴급구호를 하는 수준이었다(최원석 외, 2012).

이 시기의 보호대상은 일차적으로 요보호아동이었지만, 그 대상에 따라서 연령이 약간씩 차이가 있음을 알 수 있다. 즉, 시설보호의 대상은 조선구호령에 의해서 13세 이하였지만, 근로아동의 보호연령은 18세 미만이었고, 20세 미만 비행소년은 소년법에 의해서 형사처분 대신에 보호처분을 받을 수 있었다. 생계욕구에 대한 복지서비스는 아동에 한정시켰지만, 노동과 인권의 옹호에서는 그 대상을 청소년까지 확장시킨 것이다. 당시의 보호수준은 매우 열악하였고, 서비스의 질에 대한 국가 책임의 한계도 명확하지 않았다(천정웅 외, 2012).

(2) 청소년복지의 도입기

한국에서 청소년복지가 도입되기 시작한 것은 미성년자보호법과 아동복리법(1961)의 제정에서 찾을 수 있다. 아동복리법의 제정 이전에도 '보호시설에 있는 고아의 후견직무에 관한 법률'(1961), '고아입양특례법'(1961)이 제정되었지만 그 이름에서 볼 수 있는 바와 같이 아동의 극히 일부인 '고아'에 대한 보호가 입법 목적이었다.

아동복리법은 요보호아동의 연령을 기존의 13세 이하에서 18세 미만으로 상향시키고, 아동복지에 대한 국가의 책임을 명시했다는 점에서 그 의의가 크다. 보호대상을 18세 미만의 아동으로 확장시킨 것은 비록 아동이란 용어를 사용하고 있지만 청소년까지 포함한 것으로 볼 수 있는 것이다. 또한 보호의 대상인 요보호아동에 대한 정의를 명확히 하고, 이들에 대한 국가의 책임을 명시하였다. 즉, 아동이 그 보호자로부터 유실, 유기 또는 이탈되었을 경우, 아동의 건전한 출생을 기할 수 없는 경우, 그리고 기타의 경우에 아동이 건전하고 행복하게 육성될 수 있도록 하였다. 아동복리법의 체제는 전면개정되어 아동복지법(1981)이 제정되면서 보호의 대상이 요보호아동에서 전체 아동으로 크게 바뀌었다. 이는 아동복지의 대상을 일부로 인식하지 않고 전체로 본다는 점에서 큰 변화이었다.

또한 청소년복지의 시각에서 볼 때, 이 시기에는 미성년자보호법이 제정되어서 청소년의 보호와 선도를 위한 법적 장치가 마련되었다. 미성년자보호법은 미성년자(만 20세 미만)의 흡연, 음주, 기타 선량한 풍속을 해하는 행위를 금지하고, 미성년자의 보호에 필요한 사항을 규정함으로써 미성년자의 건강보호와 선도를 도모하고자 하였다.

이 시기에 청소년복지의 도입은 비행의 우려가 있는 미성년자의 보호와 근로 청소년의 복지, 그리고 장애청소년의 복지에 초점이 맞추어졌다. 특히 산업화, 도시화와 함께 근로청소년에 대한 관심이 증가되었다. 일반학교에 부설된 야간 특별학급과 산업체 부설학교의 개설(1977)은 중고등학교에 취학할 기회를 박탈당한 근로청소년에게 중등교육의 기회를 제공하였다. 이 사업은 산업체에게는 고용안정을 주고 근로청소년에게는 일하면서 공부할 수 있는 기회를 주는 이중적 목적을 가졌지만, 배움을 갈망하는 근로청소년에게 매우 의의 있는 사업이었다. 근로청소년의 건전한 여가생활을 도모하기 위하여 주요 공단지역에 근로청소년회관을 건립하고, 미혼 여성근로자의 주거욕구를 충족시키기 위해서 근로청소년 임대아파트를 건립하기 시작하였다.

일반 청소년에 대한 복지는 포괄적인 욕구의 충족과 문제의 해결보다는 선도와 보호에 한정되었다. 이 시기에 정부가 명시적으로 청소년을 정책의 대상으로 설정한 것은 중앙청소년보호대책위원회(1964)의 설치였다. 이 위원회의 설치와 운영은 이 시기 청소년복지의 위상을 가늠할 수 있다. 즉, 청소년은 보호의 대상으로 인식되고, 국가의 책임은 행정적인 대책을 세우는 것이며, 그 책임은 위원회로 분산되었다는 것이다. 매년 청소년보호대책위원회가 열렸지만, 청소년복지의 제도화 등 획기적인 정책은 수립되지 않았다. 이 위원회는 후에 청소년대책위원회(1977)로 개칭되고 위원장의 위상이 내무부장관에서 국무총리로 바뀌었지만 그 역할은 크게 달라지지 않았다. 청소년정책에 기본이 되는 법을 제정하고, 이에 대한 행정체계를 갖춘 것은 청소년육성법이 제정될 때까지 유보되었다.

(3) 청소년복지의 전개기

우리나라에서 아동복지와 구분되는 청소년복지의 영역이 될 수 있었던 것은 청소년육성법(1987)의 제정에서 찾을 수 있다. 이 법의 어느 조항에도 청소년복지 혹은 복지란 낱말은 없지만, 이 법이 청소년복지에 미친 영향은 청소년정책의 영역을 설정하고 이를 담당할 수 있는 행정체계가 확립되었다는 점에서 그 의의를 찾을 수 있다. 정부는 체육청소년부에 청소년국을 설치하고(1988) 시 · 도에 가정복지국 청소년과를 설치하였으며, 매년 청소년의 육성 등을 위한 가정 · 학교 · 사회 각 영역에 걸친 종합계획을 수립 · 시행하도록 하였다.

청소년육성법은 청소년단체의 지원과 청소년시설의 설치 · 운영을 핵심적인 내용으로 담았다. 그중 청소년시설은 청소년 전용시설과 청소년 이용시설로 구분되었다. 청소년기본법(1991)에서 청소년시설은 청소년수련시설로 바뀌면서 생활권 수련시설, 자연권 수련시설, 유스호스텔로 정리되었다. 그런데 양 법에서 모두 청소년수련시설이 아닌 청소년복지시설은 매우 소홀히 다루어졌다. 다만, 청소년기본법에서 한국청소년상담원, 시 · 도 청소년종합상담실, 시 · 군 · 구 청소년상담실에 관한 사항을 상세히 규정하고, 청소년기본법의 개정을 통해서 청소년자원봉사센터, 청소년쉼터 등에 대한 규정을 포함한 것은 큰 진전이라고 할 수 있다(이용교, 2012).

또한 1997년에 청소년보호법이 제정되어 청소년에 유해한 매체, 유해한 시설, 유해한 약물 그리고 유해한 행위에 대한 규제가 강조되고, 유해한 환경으로부터 청소년을 보호하려는 적극적인 시책이 강구되었다.

이 시기에 빈곤청소년에게 가장 도움을 준 복지는 생활보호법의 개정과 그 후속조치에서 찾을 수 있다. 생활보호법의 개정(1982)으로 보호의 종류를 기존의 네 가지 보호(생계보호, 의료보호, 해산보호, 장제보호)에 교육보호와 자활보호를 첨가한 것은 청소년복지에 획기적으로 기여하였다. 특히, 교육보호는 그 보호대상자가 중고등학생이기 때문에 생활보호를 받는 빈곤청소년들이 실질적인 혜택을 받았다.

1987년에 처음 실시될 때에는 보호대상자가 생활보호대상자의 일부로 제한되었지만 점차 저소득층 자녀를 포함하여 중학교와 고등학교의 입학금과 수업료를 면제하였다. 청소년기의 가장 큰 욕구가 교육욕구라고 할 때 이 교육보호는 빈곤청소년을 위한 가장 필요한 복지사업라고 할 수 있다. 생활보호법은 1999년 국민기초생활보장법으로 전면개정되었고, 교육보호는 교육급여로 바뀌어서 계속 시행되고 있다.

당시 청소년복지사업의 가장 큰 문제점은 사회복지사업과 연계성이 별로 없이 이루어졌다는 점이다. 청소년기본법과 청소년보호법은 사회복지사업의 수행에 기본이 되는 사회복지사업법과 연계가 없는 상태였기 때문이었다. 그래서, 청소년복지의 수행을 위해서 불가피하게 필요한 사회복지법인의 등록, 사회복지사의 채용, 사회복지시설에 대한 국가의 책임 등이 모두 배제되었다. 청소년사업의 하나로 청소년복지가 논의되기는 했지만, 한국 청소년복지사업은 사회복지사업체계에서 누락되어 있기 때문에 일부 청소년복지시설은 법적 · 행정적 지원을 받지 못하였다.

1991년의 청소년기본법은 청소년의 활동, 보호, 복지를 규정하고, 청소년 대상을 명확화하는 데 기여하였다. 즉 청소년복지가 국가 책임이라는 것을 분명히 하여 정책적 차원에서 다루게 된 것이다. 그 책임을 수행할 법적, 제도적 장치와 재원을 마련하는 책임을 국가와 지방자치단체에게 부여했기 때문이다. 그리고 청소년청책 수행 조직과 기구를 정비하였고, 청소년헌장을 통해 청소년의 권리와 책임을 규정하였지만, 의무사항이 아닌 선언적 의미를 담는 것이었다. 그러나 청소년복지를 청소년정책의 한 분야로 인정함으로써 청소년 수련활동, 청소년 교류활동, 청소년복지, 청소년문화, 청소년 비행선도, 청소년 상담 등이 제도화되는 계기가 되었다.

(4) 청소년복지의 확대기

2004년 청소년복지지원법이 제정되면서 청소년의 인권보장 및 자치권 확대, 청소년 우대 및 청소년증 발급, 청소년 건강증진, 특별청소년의 지원, 청소년의 교육적 선도 등에 대한 지원이 가능하게 되었다.

청소년 관련 업무는 문화관광부 청소년정책실과 청소년보호위원회에서 운영되던 것을 국무총리 산하 청소년위원회(2005)를 발족하여 관할하였고, 이후 국가청소년위원회(2006)로 개칭하여 관할한 후, 이를 다시 보건복지부 아동청소년정책실(2008)로 이관하였다가 2010년 여성가족부 청소년가족정책실에서 최근까지 담당하고 있다.

연구문제

01. 청소년복지의 개념과 청소년복지를 보는 관점 두 가지를 설명하시오.

02. 청소년복지가 필요한 근거 세 가지를 기술하고, 그 근거에 대해 설명하시오.

03. 청소년복지의 주요 기능을 세 가지 이상 간략히 설명하고, 본인이 생각하기에 가장 중요하다고 생각되는 기능을 선택하여 그 이유를 설명하시오.

04. 국제사회에서 아동 및 청소년권리선언의 중요성을 설명하고, 실제로 이러한 선언이 우리 생활에 어떠한 영향을 미치고 있는지 설명하시오.

05. 우리나라 청소년복지의 발달과정을 간략히 설명하고, 본인 혹은 본인 가족이 청소년복지서비스를 받거나 이용한 경험을 서술하시오.

chapter

04

청소년복지의 실천적 접근방법

contents

학습목표

- 청소년상담의 개념과 특성, 유형과 진행과정 등을 이해한다.
- 청소년활동의 개념과 특성, 유형과 진행과정 등을 이해한다.
- 청소년 자원봉사활동의 개념과 특성을 이해한다.
- 청소년 사례관리의 개념을 고찰한다.
- 유해환경 정화활동 및 청소년보호의 내용을 분석한다.
- 학교사회복지의 개념과 내용을 이해한다.

1. 청소년상담

1) 상담의 개념

상담은 도움을 필요로 하는 사람(클라이언트)이 전문적인 훈련을 받은 사람(상담자)과의 대면관계를 통해 생활과제를 해결하고, 사고·행동 및 감정 측면의 역기능을 제거하여 개인의 성장을 성취해 가는 학습과정으로 정의 내릴 수 있다(오윤선, 2006).

구체적으로 상담의 특징을 살펴보면 다음과 같다(이복희 외, 2009). 첫째, 전문상담자에 의해 제공되는 전문적인 활동이라는 점이다. 상담관계는 일상적인 관계가 아니다. 상담관계는 상담자가 클라이언트를 긍정적인 방향으로 변화시킬 책임을 가지고 수행되는 전문적인 관계이다. 따라서 상담자는 일상적인 관계에서 발견할 수 없는 전문적인 기술과 지식을 갖추어야 한다.

둘째, 상담은 상담자와 클라이언트의 관계에 기초를 둔 과정이라 할 수 있다. 상담에 있어서 상담자와 클라이언트가 맺는 상담관계의 질은 상담이 얼마나 성공적으로 진행되느냐를 결정하는 필수적인 요인이다. 상담자와 클라이언트의 관계를 양질의 관계로 유지하기 위해서 상담자는 전문가로서의 상담자의 모습과 인간으로서의 상담자의 모습을 함께 다져 나가야 한다.

셋째, 상담은 의사결정과 문제해결에 관여한다. 상담자의 임무는 클라이언트로 하여금 자신의 구습에서 벗어나 의사결정을 하고 문제를 해결할 수 있도록 대안을 창출하는 것이다.

넷째, 상담은 개인존중에 기초한 상담자와 클라이언트의 상호협력활동의 특성을 갖는다. 즉, 바람직한 상담관계는 상담자와 클라이언트가 대등한 위치에서 상담에 임하는 것이고, 상담자와 클라이언트가 같이 상담과정에 참여하며, 상담목표도 상담자와 클라이언트가 같이 합의해서 결정하고 구체화하는 것을 의미한다.

2) 청소년상담의 특성

청소년상담은 9세부터 24세에 해당하는 청소년과 청소년 주변의 의미 있는 타인들이나 청소년의 주변 환경 등을 대상으로 문제해결뿐 아니라 청소년의 건강한 발달과 문제예방, 교정과 교육, 환경개선을 목적으로 하는 상담, 자문, 훈련, 환경관리활동을 포함하는 상담자의 도움활동이라고 정의될 수 있다(박경애 외, 2010). 이렇듯 청소년상담은 그 어느 상담 분야보다도 포괄적인 활동 분야라고 할 수 있다.

그러므로 청소년상담은 효과적이고 설득력 있는 의사소통이 매우 중요하다. 특히 청소년상담은 청소년이 갖는 특수한 심리, 사회적 위치를 감안해야 하기 때문에 청소년상담 전문가의 역할이나 상담 진행과정 면에서 다른 상담과 그 성격을 달리 한다. 따라서 청소년상담 전문가는 상담에 관한 일반적 이론을 청소년상담에 적용하여 재편성할 수 있는 창조성과 청소년의 고민을 경청할 수 있는 포용성, 예민한 감수성을 필요로 하는 것이다(이난, 2011).

구체적으로 청소년상담의 특징을 살펴보면 첫째, 청소년상담의 대상이 청소년뿐만 아니라 청소년 관련인, 그리고 관련 기관 사람들까지 포함된다는 것이고, 둘째, 청소년상담 목표는 심리치료적인 측면보다는 청소년의 건전한 발달, 성장을 돕는 예방 및 교육적 측면과 위기에 처한 청소년들에 대한 직접 개입 및 지원, 자립이 포함된다는 점이다. 셋째, 청소년상담 방법은 일대일의 개인면접뿐만 아니라 소규모 또는 대규모 형태의 집단교육 및 훈련, 컴퓨터나 전화 등을 이용한 매체상담 등 다양한 방법을 활용한다는 것이다(박경애 외, 2010).

3) 청소년상담의 목적

(1) 청소년의 건강한 발달과 문제예방

청소년기는 성장급등(growth spurt)의 시기로 신체적, 심리적으로 많은 변화를 경험하고 그러한 가운데 여러 가지 발달과제를 해결해야 하는 시기이다. 부모로부터의 독립, 또래나 이성과 새로운 관계형성, 진학, 취업을 위한 준비, 경제적 독립, 성적 관심과 욕망의 해결, 고유한 개인적 가치의 정립 등 모두가 중요하고 복잡한 과제들로 충만되어 있어서 그 어느 시기보다도 환경으로부터의 압력과 갈등이 큰 시기이기도 하다. 이러한 발달과제의 성취과정이나 성취결과 모두가 한 개인의 성장에서 매우 커다란 의미를 갖게 되지만 이러한 발달과제의 성취과정에서 지나치게 압력을 느끼거나 자신감을 잃는 경우, 혹은 성취가 지연되는 경우 이것은 곧 여러 가지 청소년문제의 원인으로 작용할 가능성이 크다. 청소년들이 이들 발달과제를 원만히 해결해 나가도록 하는 예방적 개입을 시도하고 이들의 건강한 발달의 지표를 만들어 주는 역할이 바로 상담인 것이다.

(2) 청소년의 당면문제해결

청소년기가 다른 시기보다 더 많은 부정적 감정과 부정적 사건을 경험하는 시기인가에 대해서는 아직도 의견이 엇갈리고 있으나 당면문제의 해결이 전통적 의미의 상담목적이 되어 왔으며 자발적으로 상담실을 찾게 되는 직접적인 동기나 계기가 되고 있다. 개인이 직면해 있는 과제나 개인적 문제에 대한 직접적인 도움을 주어 보다 자유롭고 적응적인 개인이 될 수 있도록 하자는 것이 상담의 중요한 목적이다(오윤선, 2006).

예를 들면, 이성과의 관계, 성문제, 가정문제, 가족과의 불화, 학업 및 진로문제, 성적문제, 적성문제, 직업선택문제, 실업문제, 취업정보문제, 친구와의 관계, 선후배와의 관계, 기타 대인관계, 정신건강(우울, 불안, 공포 등), 성격(자신의 성격에 대한 불만과 회의, 성격문제로 인한 타인과의 마찰 등), 가치관(가치관의 혼란, 삶에 대한 회의, 죽음에 대한 문제 등), 비행문제(약물 오남용, 가출 등), 학교생활문제(학교적응, 학교폭력, 교사와의 관계 등) 등의 해결이 이에 속한다.

(3) 교정과 교육

약물, 가출 등 문제행동 청소년이나 잘못된 자기표현 방식을 갖고 있는 청소년의 행동교정과 문제예방 차원에서의 교육도 상담의 목적에 포함된다. 약물남용예방교육, 성교육, 진로준비교육, 친구사귀기교육, 상급 학교적응 및 사회 진출 시 적응교육 등 다양한 예방적 개입이 개인, 집단 등의 상담방법뿐 아니라 체계적인 교육활동을 통해서 상담의 실천이 이루어지게 된다. 뿐만 아니라 부모역할훈련, 부모교실, 교사를 위한 의사소통훈련 등 부모나 지도자를 위한 교육프로그램도 이에 포함된다(이복희 외, 2009).

(4) 환경개선 및 환경관리활동

최근 소극적이고 치료중심의 상담활동에서 벗어나서 문제의 원인이 있다고 판단되어 환경적 변화에 관심을 기울이는 보다 적극적이고 능동적인 접근을 상담영역에서 강조하고 있다. 특히 외부적 요인으로부터 영향을 많이 받고 있는 청소년들의 경우 부정적인 변화의 책임을 개인에게만 돌릴 수는 없는 일이며 오히려 이들에게 부정적 영향을 주는 환경적 요소나 문제의 원인을 발견하여 개선시켜 주는 일이 더 중요시되기도 한다. 특히 구성원의 삶의 질을 향상시키기 위한 환경관리활동도 상담의 목적에 포함되면서 급변하는 사회적 변화의 영향을 그 누구보다도 민감하게 흡수하고 있는 청소년들의 보호가 이슈가 되고 있다.

4) 청소년 클라이언트의 특성

청소년 대담자들은 일반 클라이언트들과 다른 다음과 같은 특징을 갖는다(표갑수, 2010). 첫째, 상담동기가 부족하고, 둘째 상담자를 부정적으로 지각하는 경향이 있다. 셋째, 상담동기가 낮은 청소년 클라이언트는 여러 회기의 상담에서 요구되는 지구력이 부족하다. 넷째, 청소년은 연령적으로 피아제의 구제적 조작단계에서 벗어나 형식적 조작단계에 있지만 인지적 능력이 부족한 상태이다.

다섯째, 청소년들은 한 가지 관심을 지속적으로 유지하지 못하고 동시다발적인 관심을 보이고 있다. 여섯째, 청소년들은 환경으로부터 지배적인 영향을 받는다. 일곱째, 청소년들은 내면의 정서적 경험을 구체적인 언어로 표현하는데 아직 서툰 연령이다. 여덟째, 청소년들은 급속하게 성장하고 발달하는 시기에 있기 때문에 청소년문제는 복합적이고 종합적인 특성을 지니고 있다. 그러므로 청소년상담은 청소년의 호소 문제와 호소 요인에만 관심을 가지고 다루기보다는 그 문제와 관련된 환경적 요인과 자원적 요인까지 함께 고려해야 한다.

5) 청소년상담자의 역할

(1) 자문자(consultant)로서의 상담자

청소년상담자는 모든 해답을 갖고 있는 사람은 아니어도 가치 있는 아이디어와 그 아이디어를 검증하는 방법을 갖고 있는 사람으로, 청소년들 스스로 어떤 것을 경험하도록 기회를 주고 자신의 경험을 이해하도록 돕는 사람이다.

(2) 진단자(diagnostician)로서의 상담자

청소년상담자는 다양한 정보를 취하고, 배경이 되는 지식을 동원하여 판단을 내려서 문제의 본질과 최선의 개입전략을 기술하는 사람이다.

(3) 교육자(educator)로서의 상담자

청소년상담자는 적극적이고 참여적인 교육자로 자신이 말하고 행하는 것이 학습자의 수행에 영향을 준다는 것을 알고 그것이 무엇인지 주의를 기울이는 사람이다.

6) 청소년상담자의 자세[3)]

(1) 청소년상담에 대한 사명의식

청소년상담자가 갖추어야 할 기본적인 요건은 상담직에 대한 사명의식을 인식하는 것이다. 청소년상담에 관심과 흥미를 갖고 천직으로 여기며 사명감을 갖고 있는 상담자만이 장시간 교육과 훈련을 견디면서 전문가의 능력을 갖출 수 있다.

3) 김영진 (2003).

(2) 바람직한 인간관과 인간적 자질

모든 상담에서 상담자의 인간관과 인간적 자질은 상담기술보다 더 중요하다. 청소년상담자가 지녀야 할 바람직한 인간관은 인간의 천부적 존엄성과 가치를 인정하고, 인간의 선한 도덕성을 인식하는 것이다. 또한 건강한 상태에서 인간은 스스로를 지도하고 통제할 수 있는 능력을 가지고 있고, 스스로의 삶을 결정하고 선택할 수 있는 존재로 보아야 한다.

그리고 인간은 환경에 대하여 수동적인 수용자가 아니라 환경과 역동적으로 상호작용하는 유기체이며, 그의 유전적 요소와 환경적 요소의 복합적인 산물로 사회와 문화의 기본적인 단위로 보아야 한다. 특히, 인간을 신체적, 지적, 정서적, 사회적이며 영적인 여러 차원을 통합한 하나의 총합적 유기체로 바라보는 인간관이 요구된다.

(3) 긍정적 청소년관

상담자의 기본 관점은 상담의 목적, 내용, 방법에 직접적으로 영향을 미치며 간접적으로는 청소년의 자기개념 형성과 사회에 대한 적응, 나아가서는 세대 간의 관계증진에도 영향을 미친다. 청소년상담자는 언제나 청소년에 대한 기본 관점을 자각하고 있어야 하며 자신의 청소년관을 올바르게 이해하고 상담하는 데 적합한지를 살펴야 한다.

(4) 청소년 관련 기본 지식

청소년상담자는 청소년과 관련된 일반적인 지식이 필요하다. 그리고 상담이론과 기법에 대한 지식이 있어야 한다. 또한 상담 실무에 대한 지식, 즉 기관에서 사례를 진행하는 절차, 윤리, 조직, 사례관리에 대한 이해 등이 필요하다.

(5) 청소년상담 관련 기술

청소년상담자는 클라이언트의 문제를 진단, 평가, 분류하는 기술이 필요하며, 전문적 문제해결에 개입하는 기술과 일반적인 대인기술도 필요하다.

(6) 상담 이외의 능력과 자질

상담기술 이외에도 행정능력과 사업추진능력, 인간관계능력, 연구관련능력, 전문가로서의 자기계발 노력 등의 자질도 필요하다.

7) 상담의 방법

(1) 개인을 대상으로 한 사회복지실천

① 개인상담의 개념

청소년 개인 대상의 서비스 제공은 사회복지실천의 가장 기본적인 개입방법의 하나다. 청소년 개인의 문제행동이나 태도의 변화를 위해 사회복지사는 접수 – 초기면접 – 사정 – 개입 및 치료 – 종결과정을 따르며 사회복지사와 청소년 간의 관계를 변화의 도구로 활용한다.

② 개인상담의 과정

• 관계 맺기
- 라포형성, 구조화

• 변화전략 세우기
- 클라이언트 문제의 성격과 원인에 대해 가설을 세우는 사례 개념화 작업 후 클라이언트와 함께 상담목표 세우기, 사회복지사는 상담 전반에 대한

계획을 수립

• 변화 촉진
- 인지적(자신과 상황에 대해 객관적 인식과 판단할 수 있는 합리적 사고)
- 관계적(클라이언트가 상담현장에서 갖는 감정을 직접 다루므로, 클라이언트에게 다른 관계에서의 갈등에 대해서도 대안적 행동을 할 수 있도록)
- 행동적(문제를 행동적으로 정의하고, 문제행동을 없앨 수 있도록 행동연쇄의 초기 구성요인을 제거하거나 시발행동을 강화함)

• 변화 유지
- 변화를 막고 있는 요인을 찾고 대응전략을 수립하는 것을 돕는 단계, 클라이언트의 변화 추구 노력을 보다 구체화하도록 도움

• 종결
- 클라이언트가 자신을 있는 그대로 받아들이고 자기 문제를 스스로 다룰 수 있다는 자신감을 갖게 되면서 종결에 합의
- 종결에 이르면, 클라이언트는 상담에 대한 의존에서 점점 스스로에 대한 확신이 강화
- 상담을 통해 얻은 변화는 클라이언트의 문제가 깨끗이 해결되는 것이 아니라 자기 문제를 건설적으로 해결할 수 있는 능력 배양

(2) 집단을 대상으로 한 사회복지실천

집단을 대상으로 한 사회복지실천은 청소년들을 대상으로 사회성 기술훈련, 대인관계 기술훈련, 분노조절, 자아존중감 향상, 자기효능감 향상, 불안 및 우울증 치료, 흡연 및 음주, 마약남용 예방, 성행동 및 성병 예방, 집단따돌림 예방 및 치료, 학교중퇴 예방 및 학교부적응, 진로적성 및 상담 등 다양한 프로그램에

적용되어 왔다. 특히 이들 프로그램들은 친구들과의 관계가 가족보다 우선시되는 청소년들에게 적용하여 또래친구들의 영향력을 활용하는 특징이 있다.

① 집단사회복지의 개념

집단사회복지의 개념은 한 명의 사회복지사와 여러 명의 청소년들이 함께 모여 일정 기간 동안 정기적으로 만나면서 생활과정에서 직면하는 문제나 사건 등 그들의 관심사에 대하여 각자의 느낌, 반응 행동, 생각들을 대화로 서로 교환하는 과정을 의미한다. 이러한 과정을 통해 허용적, 현실적, 감정 정화적, 상호 신뢰적, 수용적, 지원적인 집단의 응집력과 치료적 분위기를 경험하고 상호 이해를 촉진함으로써 긍정적 변화를 모색하는 목적을 갖는다.

집단사회복지실천은 특히 청소년들에게 적합하다. 그 이유는 청소년들은 부모나 사회복지사와 같은 사람들로부터 이질감을 느끼는 반면, 특히 친구들로부터 많은 영향을 받기 때문이다. 집단사회복지실천에서 다른 친구 참여자들의 피드백은 그들이 자신을 이해하는 데 큰 영향을 미친다. 특히 그들의 공통 관심사이며 발달과업인 자아정체감 성취에 크게 기여할 수 있다.

개별상담이 주로 상담실에서 개별상담을 통해서 이루어진다면, 집단사회복지는 집단상담, 인간관계훈련이나 수련활동 등의 형태로 이루어진다. 청소년의 발달단계에 맞는 발달과업을 수행하는 과정에서 다양한 욕구와 문제에 직면하게 되는 경우, 집단은 집단성원이 서로 영향을 주고받는 과정에서 생기는 집단역동을 활용하여 훨씬 더 효율적이고 효과적으로 대처할 수 있다.

② 집단사회복지의 이론과 기법

집단사회복지의 기본원리는 계획적인 집단형성, 특정한 목적, 목적을 갖는 집단사회복지사와 집단의 관계, 개별화, 집단상호작용, 자기결정, 융통성을 갖는 기능적 조직, 점진적 프로그램 경험, 자원 활용, 평가를 강조한다는 것이다.

③ 집단사회복지의 실천단계[4)]

집단사회복지의 과정은 준비단계, 예비교육단계, 탐색과 시험단계, 문제해결단계, 종료단계를 거친다.

• 준비단계

준비단계는 다음에 이루어질 집단의 발달을 위한 필요조건으로서 집단사회복지사가 집단과 접촉하기 이전에 해야 할 여러 가지 일에 초점을 두고 있는 단계이다. 적절한 집단의 구성이 이 단계의 핵심이다. 흔히 집단에 맞춘 개인의 목적을 결정하고 집단성원들과 집단사회복지의 내용에 대해 계약하고 집단 회합의 빈도, 시간과 장소, 기타 사용가능한 자원 등 집단 유형에 관계되는 기본적 요소를 결정하는 것이다.

• 오리엔테이션 단계

오리엔테이션 단계는 구성원들이 불안한 마음으로 새로운 상황인 집단에 들어오며 자의식이 강한 상태이기 때문에, 구성원 각자의 행동규범을 집단의 공통적 가치에 기초한 것으로 전환하며 집단에의 매력을 높여 집단응집력을 고취시켜야 한다.

• 탐색과 시험단계

탐색과 시험단계는 집단의 상호작용 유형이 발달하며 이는 탐색과 시험, 조화와 갈등의 관계가 중심이 된다. 집단의 목적이 분명해지고 지도력 구조에 변화가 온다. 이 단계에서 집단사회복지사는 집단의 응집력을 유지하며 진단적 평가를 활용하여 목적의 수립과 달성을 위해 성원들이 이 단계를 활용하도록 돕는 역할을 한다.

4) 구혜영 (2021).

• 문제해결단계

문제해결단계는 구성원들 간의 상호의존성과 집단의 응집력이 높아지고 집단의 목적에 대한 충분한 일치성과 그 달성을 위한 고도의 협동체제가 나타나며 문제해결능력이 고도화된다. 이 단계에서 집단사회복지사 개입의 초점은 집단이 그 활동을 유지하여 성원들이 서로 도움을 줄 수 있는 능력을 증대시키는 것이다.

• 종료단계

종료단계는 목적이 달성되거나 계획된 종료시한이 된 경우에 행해지지만, 통합력이 결핍되거나 환경에 부적응의 결과로 종료될 수도 있다. 바람직한 종료는 목적이 달성되어 집단의 존속 이유가 없는 경우라고 볼 수 있다. 이 단계에서 집단사회복지사는 개인과 집단에 대한 평가를 하고, 각 개인이 집단경험을 통해서 자기를 성찰하고 더 나은 삶을 살 수 있도록 격려하는 것이다.

④ 집단사회복지사의 역할과 자세

집단은 청소년 집단구성원 간의 상호역동이 이루어지는 유기체이기 때문에 집단사회복지사는 집단구성원을 전체로 보는 것이 아니라 청소년 구성원 각자에게 초점을 두어 개별화해서 접근해야 한다. 그리고 집단의 상황과 청소년 집단구성원의 욕구를 파악해야 하며, 집단활동의 장을 설정하여 청소년 집단이 갖는 목적에 따라 적절한 프로그램을 전개해야 한다. 특히, 집단사회복지사는 집단과정에서 다양한 역할을 수행하게 되는데, 가능자, 변화매개자, 중재자, 대변자, 사회복지사의 역할이 그것이다(구혜영, 2021).

구체적으로 살펴보면, 첫째, 집단사회복지사는 집단사회복지실천기법의 사용뿐만 아니라 자신의 개인적 가치 체계를 통하여 청소년 집단구성원들에게 미칠 수 있는 자신의 영향력에 주의를 기울여야 한다. 그리고 청소년 집단구성원들의 목적을 분명하게 재정의해야 한다. 특히, 집단구성원들과 비밀보장이나 집단의 규범에 대해 논의해야 한다.

그리고 자신의 심리적 욕구충족을 위하여 청소년 집단구성원들을 대하지 않도록 진지한 존중심을 보여야 한다. 각 회기의 종결단계에서 구성원들이 그들의 생각과 느낌을 말할 수 있도록 격려하고 충분한 시간을 할애해야 한다. 청소년 집단구성원들이 집단에서 학습한 내용을 그들의 일상생활에 활용하려고 시도할 때 다른 사람들로부터 받을 수 있는 부정적인 반응에 효율적으로 대처하도록 도와야 한다(구혜영, 2021).

⑤ 집단의 유형

• t-집단

청소년들을 대상으로 한 인간관계훈련집단 혹은 잠재력개발훈련집단을 일명 t-집단(training group)이라고 일컫는다. 실습 훈련을 목적으로 하는 t-집단은 일상생활에서 원만하고 건전한 인간관계를 형성하고 유지할 수 있는 기술을 강조한다. 뿐만 아니라 실습을 해보고, 결과를 분석하고, 새로운 방안을 탐색하고, 새로운 결정을 내리는 경험적 교육과정에 중점을 둔다. 보통 이와 같은 집단은 과제지향적이며 구체적 문제해결에 초점을 둔다.

t-집단에서 구성원들은 합의된 절차, 특정의 의제, 기대, 지도자 없이 비조직적으로 구성원들이 집단에 참여하며 다른 구성원과 집단에 대한 그들의 지각을 투사하고 스스로의 활동과 상호작용을 평가한다. 집단구성원들은 무엇이든 자기가 원하는 새로운 행동을 시험 삼아 해볼 수 있으며 심리적으로 허용적인 분위기에서 안정감을 갖고 참여한다. 그들은 또한 '여기-지금'의 감정과 행동에, 그리고 지금 이 집단에서 무엇이 일어나고 있는가에 초점을 둔다(박경애 외, 2010). t-집단에서 구성원들은 그들 자신의 집단 참여에의 진전 과정을 관찰하는 방법을 배우며, 집단 내에서 중심적인 역할을 떠맡는 방법도 배우게 된다.

• 참만남집단

참만남집단(encounter group)은 건강하고 정상적인 청소년들이 그들 자신뿐만 아니라 다른 사람들과도 더 친근감을 갖고 만날 수 있도록 도움으로써 그들이 더욱 성장하고 발전할 수 있게 하는 데 목적을 둔다. 집단구성원들은 자발적으로, 모험도 감행하면서 현재 생활에 바탕을 둔 자신들의 느낌을 표현하도록 격려받는다. 신체접촉, 감수성 훈련 등 비언어적 기법이 구성원들의 상호작용을 돕기 위하여 사용된다(윤두인, 2002).

참만남집단은 특수한 목적도 없고 사전에 집단활동 계획도 세우지 않는다. 그러므로 사회복지사는 집단구성원들이 그들의 솔직한 현재의 느낌을 마음껏 표현하도록, 허용적이고 수용적인 자세를 격려하는 촉진자의 역할을 하게 된다.

• 체계적 인간관계 훈련집단

체계적 인간관계 훈련집단(systematic human-relations training)은 인생의 힘든 전환기를 헤쳐 나가도록 돕기 위한 집단 프로그램이다. 집단구성원들은 집단 초기에 그들이 다루고자 하는 특정 분야를 어떻게 극복하고 있는지에 관한 질문지를 통해 서로의 문제해결 기술을 파악하게 된다. 통상적으로 새로운 기술을 가르치는 방법으로 구조화된 연습과 숙제가 주어지며, 집단구성원들이 진전되고 있는지 평가하기 위하여 마지막 모임에서 다시 질문지가 사용된다. 집단구성원들이 집단에 참여하는데 지침이 되고 집단 밖에서 새로운 기술을 연습하도록 자극할 구체적인 목표를 밝히도록 돕는 한 방법으로 종종 계약서가 사용된다.

• 자조(自助)집단

자조집단(slef-help groups)은 공통 관심사, 혹은 비슷한 정서적, 신체적, 행동문제 등을 가진 사람들이 모여 그들이 심리적 스트레스를 받지 않도록 보호하고 그들 자신의 생활 패턴을 바꾸기 위한 자극제를 주는 지원 체제이다. 이들

자조집단은 특정한 사람들에게 정신건강전문가나 다른 교육기관, 종교기관, 혹은 지역사회복지기관에서 얻을 수 없는 중요한 욕구를 충족시켜 준다(김명희, 2011).

(3) 또래상담

또래상담은 '청소년은 청소년이 더 잘 이해할 수 있다'는 데에서 시작되었다. 존재 그 자체로도 정서적인 불안정한 상태를 갖고 있는 청소년이지만, 청소년의 고민과 고충을 서로 이야기하고 들어주는 가운데 문제해결을 하는 것을 기본으로 하고 있다. 한국청소년상담복지개발원에서는 '솔리언또래상담자' 프로그램을 통해 청소년들이 어른이나 교사에게 고민상담을 꺼린다는 점을 감안, 일정한 훈련을 받은 청소년이 자신의 경험을 바탕으로 다른 또래들의 문제해결을 돕고 있다. 학교 내 상담 동아리나 특별활동 또는 지역청소년(상담)복지센터에서 운영하는 솔리언또래상담 동아리에 가입해 활동하며 또래만이 느끼는 공감대와 친밀함으로 청소년 사이에서 많은 관심을 얻고 있다.

(4) 가족상담

① 가족상담의 필요성

발달심리학의 입장에서 볼 때 청소년 시기는 청소년들로 하여금 기존의 관계방식이나 가치관에 대한 저항의 마음이 생기게 하여 갈등을 경험하는 시기이다. 특히, 부모들과 청소년들의 관계의 양식은 청소년들의 심리적 불안정감과 맞물리면서 청소년들이 부모들과 겪는 갈등에 많은 영향을 미치게 된다. 청소년들의 불안정감을 이해하기 위해서 기존의 가족관계, 특히 부모들과의 관계를 역사적으로 이해하는 일은 대단히 중요하다고 볼 수 있다. 즉, 현재 청소년과 부모와의 갈등이나 관계양식을 이해하기 위해서는 적어도 3세대에 걸친 가족관계의 형태와 내용을 이해해야 한다(이난, 2011).

② 가족상담의 개념

가족상담이란 가족상담 전문가가 어떤 가족관계 안에 개입하여 그 가족이 호소하는 문제 등을 이해하고 개인의 증상이나 행동에 새로운 관계적 변화가 일어나도록 추구하는 상담적 접근법을 의미한다. 이때, 가족을 하나의 시스템으로 보는 관점이 중요하다. 그러므로 가족상담의 목적은 전체 가족의 구성원들이 좀더 만족스럽게 각자의 기능과 역할을 수행하는 것이며 가족 구성원들이 가족상담의 긍정적인 경험과 결과를 통해 성장하는 것이라 할 수 있다. 상담영역은 정신병리적 증상에서부터 가족생활주기 전반에 걸친 문제들까지 다양하다(강문희 외, 2006).

특히 청소년기의 자녀를 둔 가족에서는 가족이 변화되지 않는 한, 문제의 근본적인 해결이 불가능한 문제들을 다룸으로써 가족의 문제해결이 결국은 청소년 자녀의 문제해결이 된다는 것에 초점을 두고 있다.

③ 가족상담의 과정

가족상담은 네 단계로 진행된다. 정보수집 및 진단의 단계, 가족들을 변화시키는 사회복지사의 변화 개입 단계, 클라이언트들이 적극적으로 자신의 가족을 변화시키는 단계, 이후 종결의 단계를 거친다(구혜영, 2021).

첫 번째, 정보수집 및 진단의 단계에서는 호소문제를 관계적 맥락을 삼각관계와 가족 투사과정, 다세대 전이과정 등을 통해서 이해하게 된다. 클라이언트가 가지고 온 증상을 중심으로 발생되는 주된 삼각관계를 발견하는 일이 이 단계의 가장 중요한 일이 된다. 가족들이 문제를 정의하는 방식을 바꾸는 일도 중요한 과제가 된다. 문제를 정의하는 방식을 바꾸기 위해서 가계도는 중요한 도구로 활용된다. 가계도를 그린 다음 구조적 측면에서 가족들의 관계를 분석하고 관계 양상이라는 측면에서 가족들의 관계를 분석하게 된다. 이 분석을 토대로 가족들이 새로운 시각으로 문제를 이해하고 정의하도록 돕는다.

두 번째 단계는 가족들의 관계적 맥락을 적극적으로 변화시키는 단계이다.

증상을 중심으로 해서 발생되는 가족들의 주제를 적극적으로 찾아내며 이를 변화시키는 활동을 하게 된다. 이때 사회복지사는 지속적으로 악화되는 가족관계 속에서 서로에게 상처만 주고받는 관계양식을 단절시키기 위해 가족 구성원들이 정서적으로 반응을 하지 않고 지적으로 반응을 하도록 훈련을 한다.

세 번째 단계에서는 가족들이 사회복지사의 훈련을 받지 않고 자신들 스스로의 힘에 의해서 가족관계 속에서 자신을 바라보는 훈련을 한다. 사회복지사는 변화를 시키는 사람의 입장에서 가족 구성원들의 변화에 대해서 조언을 해주는 사람의 입장으로 변화된다. 가족 구성원들은 자신들의 가족에 대해서 변화를 주도하는 사람들이며 이에 대해서 사회복지사는 가족 구성원들의 요청이 있을 때마다 조언을 하고 방향을 지시하는 충고자의 입장에 서게 된다.

네 번째 단계에서는 가족 구성원들이 스스로 자신들의 상담의 과정을 결정하고 진행을 시켜 제대로 이루어지고 있다고 판단될 때 종결을 하게 된다.

(5) 사이버상담

사이버상담(cyber counseling)이란 가상의 상담실에서 이루어지는 전문상담활동으로, 도움을 필요로 하는 클라이언트의 문제를 해결하고 생각 · 감정 · 행동상의 성장을 위해 노력하는 상담과정을 사이버공간에서 수행하는 것을 말한다.

① 사이버상담의 특징

• 인터넷을 이용한 상담

사이버상담의 가장 두드러진 외형적 특징으로는 사회복지사와 클라이언트가 실제로 만나서 상담이 이루어지는 것이 아니라 인터넷을 매개로 하여 의사소통을 한다는 것이다. 사회복지사는 클라이언트의 문제나 감정 · 생각 · 행동상의 특징에 대해 클라이언트의 실제 모습을 보고 이해할 수 없다. 단지 컴퓨터 모니터나 모바일 매체에 올려진 문자나 영상을 통해서만 클라이언트를 파악할 수 있다.

• 시간적 · 공간적 제약의 극복

대면상담이나 전화를 이용한 상담의 경우에는 시간적 · 공간적 제약이 있다. 우선 사회복지사와 클라이언트가 서로 시간이 맞아야 상담이 가능하다. 그러나 사이버상담의 경우 실시간으로 이루어지는 채팅상담을 제외하면 어느 시간대에나 클라이언트가 상담실을 이용할 수 있다.

또한 대면상담의 경우는 상담을 받기 위해 상담실까지 가는 물리적인 거리를 고려해야 하고 사회복지사는 상담을 하기 위한 물리적 시설을 갖추고 있어야 한다. 그러나 사이버상담은 이러한 공간과 시간적인 고려사항이 문제가 되지 않는다. 인터넷 매체가 있는 곳이라면 어디서든, 언제든 가능한 것이므로 시간이나 장소에 제약을 받지 않는다.

• 문자 중심의 의사소통

사이버상담은 주로 문자나 글을 통해서 이루어진다. 클라이언트의 감정 · 사고 · 행동이 문자나 글을 통해 사회복지사에게 전달되고, 클라이언트에게 보내는 사회복지사의 배려 · 경청 · 이해 · 설명 등의 메시지가 문자나 글을 통해 전달된다. 내용이 복잡하거나, 애매하고 다양한 정서적 내용을 담고 있는 경우 제한적인 의사소통이 될 수 있다는 한계점이 있다. 글만으로 정서적인 표현이 어려운 상황에는 대안으로 문자를 조합한 이모티콘을 쓰거나 영상을 사용하기도 한다.

• 익명성

익명성이란 자신의 이름을 드러내지 않는 것을 말한다. 대면상담의 경우, 상담을 받기 위해 자신의 인적사항뿐만 아니라 직업, 가족 상황 등 정보를 기록해야 한다. 그러나 사이버상담은 이름, 모습, 실명, 나이 등을 감추거나 바꿀 수 있어 익명성을 유지할 수 있다. 이메일상담에서는 클라이언트에 대한 최소한의 정보를 가지고 상담을 한다. 클라이언트가 보내준 정보만을 토대로 답신을 작성하게 된다.

이러한 익명적인 특성은 상대방이나 주위환경의 방해를 받지 않고, 자신의 감정과 생각을 있는 그대로 표현할 수 있는 장이 될 수 있다. 그래서 클라이언트가 가지고 있는 부정적인 정서를 쉽게 다루는 것이 가능하고, 억압된 감정이나 심리적 에너지가 충분히 표현되고 방출되어 긴장이 완화되는 감정정화상태를 경험할 수 있다.

• 풍부하고 용이한 정보획득 가능

사이버상담의 가장 큰 장점으로는 자신의 문제해결에 도움이 되는 풍부한 자료를 용이하게 찾아볼 수 있다는 데 있다. 현재 국내 청소년상담 사이트로 확인된 것만 200여 개 이상이다.

• 신속한 상담관계의 형성

대면상담의 경우 신뢰감을 형성하는데 많은 시간이 걸리지만, 사이버상담에서는 익명성으로 인해 사회복지사와 클라이언트의 상담관계에 효과적인 면을 제공한다. 클라이언트가 사회복지사를 덜 의식하고 부담을 느끼지 않으므로 자신에 대해 개방성을 보여 솔직한 대화 및 정서표현이 가능하다.

• 클라이언트의 자발적인 참여

사이버상담에서는 클라이언트가 익명으로 문자나 글을 통해서 만나기 때문에 상담과정에서 더 많은 통제력과 주도성을 갖게 된다. 자신에 관한 정보를 선택적으로 공개할 수 있고, 언제든지 상담을 중단할 수도 있다. 특히 청소년의 경우, 주변의 권유로 억지로 상담을 하게 되는 경우가 많지만, 사이버상담에서는 클라이언트가 스스로 문제의식을 가지고 자신의 어려움을 해결하기 위해서 자발적으로 찾아오는 사례가 대부분이다.

② 사이버상담의 방법

- 채팅상담: 운영시간에만 진행
- 영상/문자상담: 운영시간에만 진행
- 이메일상담: 답신은 24시간 내
- 게시판상담: 답신은 24시간 내
- 데이터베이스를 이용한 상담: 자료를 24시간 개방

③ 사이버상담의 내용

- 성문제, 성격문제, 가정문제, 친구문제, 이성문제, 진로문제, 학업문제, 비행문제 등 청소년들이 발달과정에서 겪을 수 있는 모든 것

2. 청소년활동

1) 청소년활동의 개념

청소년활동은 청소년의 건전한 성장과 역량강화를 위한 목적으로 실시하는 다양한 활동들의 집합을 말한다. 일정한 청소년활동을 구체화하기 위하여 필요한 활동내용과 그에 관련된 자원과 조건 등의 제반여건을 종합적으로 연결하여 단계적으로 자세히 편성하여야 한다. 청소년지도활동에 있어서 지도자가 청소년들에게 지도해야 할 내용이며 청소년들이 청소년지도자의 지도 아래 갖게 되는 모든 경험과 활동이 이에 포함된다. 또한 청소년기관에 있어서는 그 존립방향과 향방에 중요한 영향을 미치는 가장 중요하고 필수적인 수단이 된다(조영하, 2004).

청소년활동은 프로그램 개발 주체에 따라 국가 프로그램, 기관 프로그램으로

구분되며, 프로그램 구성범위에 따라 단일 프로그램, 연속 프로그램, 통합 프로그램, 종합 프로그램 등으로 구분할 수 있다.

2) 청소년활동의 특성

(1) 집단경험적 활동

청소년활동은 개인적 활동이 아니라 두 사람 이상이 상호작용을 통하여 정서적 유대, 지위와 역할, 가치와 규범 등 다양한 인간관계의 형태를 경험하게 하는 집단활동의 특성을 갖는다.

(2) 청소년 중심의 활동

청소년활동은 참여하는 모든 청소년들의 개인적 특성과 상황적 요소를 충분히 고려하여 참여자들에게 의미 있는 경험을 제공한다.

(3) 자발적 활동

청소년활동은 참가자가 스스로 참여하며 자신의 활동을 선택한다.

(4) 체험적 활동

청소년활동은 참여자 자신이 실제로 보거나, 듣거나, 느끼거나, 만지거나, 활동하여 지금까지 경험해 보지 않은 일을 새롭게 실행하는 과정이다.

(5) 탐구적 활동

청소년활동은 탐구적 활동으로 창의적인 생각을 하고, 여러 방안을 궁리하며, 자료와 정보를 수집하고 분석하고, 판단하는 종합적인 과정이다.

(6) 모험적 활동

청소년활동은 도전적 활동을 통해 용기를 기르고, 공동체활동의 경험을 하게 하며, 단순하고 잘 알려진 활동에서 시작하여 믿음을 심어주는 활동으로 참여자를 이끌어가는 것이다.

(7) 지속적 · 반복적 · 장기적 활동

청소년활동은 단순히 순간적 경험과 관련 내용의 이해에 그치는 것이 아니고, 이를 내면화하여 항시 자신의 사고와 활동에서 발현되는 품성을 함양하도록 돕기 위한 것이다.

3) 청소년활동 내용

(1) 수련활동

수련활동이란 청소년활동진흥법에 따르면, 청소년의 여가활동 속에서의 자발적인 참여를 바탕으로 심신단련, 취미개발, 사회봉사, 자아실현 등의 인간품성을 도야하는 배움의 실천활동을 통칭하는 것으로, 심신을 단련하고 자질을 배양하며 배움과 실천을 체험하는, 청소년의 전인적 성장을 위하여 지식교육과 함께 필수적으로 요구되는 활동이다.

(2) 청소년문화활동

청소년문화활동은 청소년이 예술활동 · 스포츠활동 · 동아리활동 · 봉사활동 등을 통하여 문화적 감성과 더불어 살아가는 능력을 함양하는 체험활동을 의미한다.

(3) 청소년교류활동

청소년들의 지적, 신체적, 정신적인 면에 있어서의 바람직한 변화를 목적으로 일정 기간 동안 청소년 개인, 청소년 대표 또는 청소년 서클, 청소년단체나 사회단체 중 청소년집단에 의해서 이루어지는 지역 간, 남북 간, 국가 간 다양한 교류활동을 말한다. 이러한 체험활동을 통해 공동체의식을 함양할 수 있다.

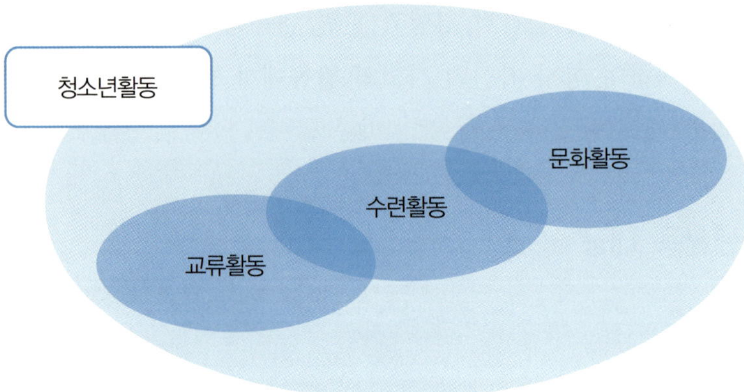

[그림 4-1] 청소년활동의 내용

4) 청소년활동 프로그램 과정

(1) 프로그램 기획

- 미래 교육활동 준비 → 미래지향적 활동
- 상황분석+기본방향 설정 → 프로그램 개발의 기반
- 핵심질문
  - 어떤 프로그램을 개발할 것인가?
  - 프로그램을 왜 개발해야 하는가?
  - 프로그램을 어떻게 개발할 것인가?

- 프로그램 개발을 통해 내놓을 혁신적 결과물은 무엇인가?

(2) 프로그램 설계

- 프로그램 목적 · 목표설정, 내용선정 · 조직, 지도방법 체계화, 매체개발 등
  - 내용선정 원리: 타당성, 전이, 계속성, 계열성, 통합성
- 고도의 정교함 요구 → 가장 많은 노력과 인내 필요

(3) 프로그램 마케팅

- 잠재적 고객의 참여유도 · 촉진과 관련된 모든 조치
- 프로그램 개발 전문가: 설계된 프로그램에 대한 참여유도 및 촉진

(4) 프로그램 실행

- 완성된 프로그램을 실제 적용 · 전개하는 단계
- 청소년, 청소년지도사, 운영요원 등 관계자의 의도적 노력 필요
- 프로그램의 가치: 프로그램 실행 · 운영과정을 통해 판단 가능
- 치밀한 사전준비와 점검 필요 → 체크리스트

(5) 프로그램 평가

- 프로그램 가치 · 효과 판단, 성과 감정
- 평가영역: 프로그램 목적, 내용, 운영, 참여자 반응
- 평가결과: 프로그램 개선의 중요한 근거자료 확보

5) 청소년활동의 인증

청소년수련활동인증제는 청소년활동진흥법에 의거하여 시행되는 제도로, 다

양한 청소년활동 중에 수련활동이 갖는 일정기준 이상의 형식적 요건과 질적 특성을 갖춘 청소년활동이 정당한 절차로 성립되었음을 공적기관에 의해 증명하는 제도이다. 인증프로그램은 활동프로그램, 지도력, 활동환경, 활동기록관리의 인증기준을 갖춘 프로그램을 뜻하지만, 인증프로그램이 모든 위험으로부터 절대적으로 안전하고 질적으로 완전하게 우수하다는 것을 의미하지는 않는다.

3. 청소년자원봉사활동[5)]

1995년 봉사활동 시간이 종합생활기록부에 기록되면서 청소년에 대한 봉사활동의 관심이 높아지게 되었으며, 자원봉사활동을 통해 어려운 이웃을 돌아보는 성숙한 시민의식과 더불어 사는 공동체 의식을 심는 계기를 마련하였다. 특히 청소년기에는 가치관과 인성이 형성되는 시기인 만큼 봉사활동을 통한 인성교육이 가능하다고 볼 수 있다. 마치 가정이나 가사 과목이 그저 지식에 끝나지 않고 실생활에 접목되도록 하기 위해 실습시간을 두는 것처럼 도덕 혹은 윤리교육의 실습시간이 봉사활동이라고 보면 되는 것이다.

그러나 청소년사회봉사활동의 의무화는 봉사의식이 부족한 상황에서 제도가 실시되어 상당한 문제점을 갖게 되었다. 그 이유는 입시위주의 교육환경에서 의무적 형식적 활동으로 치우치는 경향이 강해졌기 때문이며, 제대로 봉사할 수 있는 기관이 적은 데 비해 학생 수가 너무 많았고, 학생들도 시간을 채운다는 의식 속에서 봉사활동에 참여하였기 때문이었다.

또한 자원봉사수요기관에서도 청소년들에 대한 통제가 쉽지 않았고, 청소년들의 업무 수행능력도 떨어졌기 때문에 그들의 봉사활동 참여를 원하지 않는 경우가 많았으며, 대충 시간만 주려는 형식적인 인식으로 청소년들의 봉사활동

5) 구혜영 (2024).

은 정착되지 못하였다.

그 이후 입학사정관제에 의한 대입시험이 치러지면서 봉사활동에 대한 중요성과 필요성은 증대되었지만 거짓 봉사활동확인증을 걸러낼 수 있는 정확한 제도적 장치와 의식변화를 위한 시스템이 제대로 갖춰지지 못하였다. 이러한 청소년 사회봉사활동에 대한 불신으로 최근 봉사활동의 대입반영비율이 없어지게 되었다.

구체적으로 청소년들의 봉사활동 실태를 분석하기 위해 청소년들의 자원봉사활동에 참여한 경험을 조사한 결과, 7개 유형 중(중복응답) '일손돕기활동'이 42.4%로 가장 높고 다음으로 '지역사회 개발활동'(20.1%)과 '위문활동'(19.7%)의 참가율이 높은 것으로 나타났다. '환경시설보존활동'은 13.6%였으며 '지도상담활동'이 8.2%, '자선구호활동'은 7.1%였다.

자원봉사활동에 참여하게 된 동기에 대한 질문에서는 '스스로 참여'한 경우가 30.1%로 가장 높았고, 다음이 '학교에서 단체로'로 24%, '학교선생님 권유'는 14.4%, '친구 권유'는 10.5%, '부모님 권유'가 9.2%였다.

자원봉사활동 참여시기에 대한 질문에서는 47.1%가 '주말이나 휴일에 참여'하고 있으며, 23%는 '방학 중'에, '학기 중'에는 14.9%, '평일 방과후'에는 11.2%가 참여하고 있는 것으로 나타났다. 이것은 청소년을 대상으로 한 자원봉사기관이나 단체는 주말이나 휴일에 더 활발한 업무를 진행하도록 해야 한다는 점을 시사하고 있다.

자원봉사활동 참여시간에 대한 질문에서 대부분인 70.7%가 반나절 미만의 활동에 참여하는 것으로 나타났고, 하루 종일은 11.7%, 1박 2일은 4.9%, 2~6일은 7.5%, 일주일 이상은 1.7%였다.

자원봉사에 대한 정보획득 방법을 묻는 질문에서는 '학교나 선생님'이 가장 많은 것으로 나타났고(47.9%), '친구나 선후배'가 18.7%, '부모님'은 13%, '인터넷이나 매스컴'이 7.4%, '청소년기관 및 단체지도자'는 6.3%, '청소년소식지'가 2.2% 등의 순서였다. 자원봉사정보가 신속하게 전달될 수 있는 매체를 통해 청소년들이 정보를 별로 얻지 못하고 있는 것은 청소년들에게 적합한 매체나 홍보기법을 사용하지 않은 것으로 보인다. 이러한 부분에 대한 적극적인 대응이 필요하다.

청소년들이 '자신이 참여했던 자원봉사활동의 전체적인 만족도'에 대한 평가에서는 '매우 만족'은 9.3%, '대체로 만족'은 30.3%, '보통 수준'이 45.9%, '대체로 불만족'이 9.4%, '매우 불만족'은 5.2%로 나타났다. 이것은 봉사활동에 대한 교과과정의 개발이 미흡하고 담당교사를 대상으로 한 연수도 제대로 이루어지지 못한 것이 청소년들에게 그대로 전달된 것이라 할 수 있다.

구체적으로 불만족의 이유를 물어본 결과, '재미없다'가 31.1%, '보람이 없다'가 18.2%, '불필요하다고 느꼈다'가 13.1%, '도움이 안 된다'는 9.4%, '프로그램이 너무 획일적이라고 느꼈다'가 9.4%, '홍보나 시설 부족으로 불만족했다'가 5.9%를 차지하였다. 이러한 결과는 담당지도교사 및 청소년지도자의 전문성이 부족하고, 봉사활동 수요기관과 청소년에게 적합한 자원봉사 프로그램이 부족하여 질적으로 저하된 활동에 참여하기 때문으로 보인다.

앞으로 봉사활동을 하고 싶은 봉사영역에 대해 질문한 결과, '일손 돕기'가 28.5%로 가장 높았고, 다음이 '위문활동'으로 18.6%, '캠페인'이 12.8%, '지도상담'은 12.5%, '환경시설보존'은 10.6%, '자선구호'가 9.3%, '지역사회개발'이 7.7%로 나타났다.

이와 같이 청소년들의 봉사활동은 아직 책임감이 부족하고, 클라이언트에 대한 이해가 제대로 형성되어 있지 못하며, 시간 때우기식의 봉사활동이 되고 있어 봉사수요기관에서도 상당히 부담을 갖고 있는 경우가 많다. 하지만 청소년들에 대한 봉사활동은 단순히 그 활동에 대한 효과성 여부를 떠나 미래의 성숙한 사회인을 양성한다는 의미의 장기적인 안목이 필요하며, 단순 소비의 개념을 떠나 투자의 개념으로 보아야 할 것이다. 자원봉사활동을 통해 리더십과 추진력, 사회성을 계발할 수도 있으며, 의사결정과정에의 참여를 통해 민주성을 함양할 수 있다. 청소년의 욕구와 태도, 이슈에 대한 정확한 이해를 하려는 노력은 청소년 자원봉사자를 가치 있는 자원으로 인식함과 동시에 무능한 존재가 아님을 인식하는 데서 출발한다. 그러므로 청소년들의 봉사활동은 그 활동 자체보다도 봉사교육에 초점을 두어야 하며, 청소년기의 특성과 청소년봉사활동의 특성을 살린 다양한 프로그램을 개발하여 청소년들의 참여를 독려할 필요가 있다. 또한 중 · 고교-대학-기업 연계망을 구축할 필요가 있다. 중 · 고교-대학-기업의 연계망이 흐트러지지 않고 튼튼한 제도화로 정착되도록 각 부문의 내실화 작업이 이루어져야 할 것이다.

4. 청소년 사례관리

1) CYS-Net의 개념

지역사회 청소년 통합지원체계인 CYS-Net이란 위기청소년 보호지원을 위한 프로그램이다. 즉 지역사회 시민 및 청소년 관련 기관, 단체들이 위기상황에 빠진 청소년을 발견 · 구조 · 상담하는데 참여하여 건강한 민주시민으로 성장하도록 지원하기 위해 협력하는 연계망으로, 위기청소년 지원을 위한 사회안전망이라고 볼 수 있다(강명순, 2008).

지역사회 청소년 통합지원체계 구성은 운영기관인 상담지원센터를 중심으로 위기청소년의 발견 · 보호를 위해 학교, 교육청, 지방자치단체, 경찰서, 노동관서, 국 · 공립의료기관, 보건소, 청소년쉼터, 청소년지원시설을 필수연계기관으로 지정하여 연계 · 협력을 강화해 나가고 있다.

2) 추진 배경

지역사회 청소년 통합지원체계를 운영하게 된 배경으로는 우선 조손가정, 이혼 등 가족해체현상 가속화로 인해 가정, 학교 등 1차적 사회안전망 붕괴가 심화되어 사회적 돌봄이 필요한 위기청소년이 급증했기 때문이다. 그리고 지역사회 내 청소년 관련 자원을 연계하여 학업중단, 가출, 인터넷중독 등 위기청소년에 대한 상담 · 보호 · 교육 · 자립 등 맞춤형 서비스 제공을 통해 가정 · 사회로의 복귀를 지원하기 위함이다. 또한 지역사회의 다양한 청소년 자원을 발굴, 연계하여 위기청소년이 적시에 적절한 지원서비스를 제공받을 수 있는 체계를 구축하고자 함이다.

3) 법적 근거

- 청소년기본법(국가 및 지방자치단체의 책임)
- 청소년기본법(시 · 도의 청소년상담 및 긴급구조 등의 기관 설치)
- 청소년기본법(시 · 군 · 구의 청소년지원 등의 기관 설치)
- 국무총리훈령 제545호(지역사회청소년통합지원체계 구성 및 운영에 관한 규정)

4) 지원체계

청소년상담지원센터에서는 위기청소년에 대한 상담 등의 서비스를 우선적으로 제공하고, 상담지원센터의 서비스 제공 범위를 벗어난 취업 의료 보호 등의 서비스가 필요한 경우 본인이나 보호자의 희망 여부를 확인한 후에 연계기관으로 의뢰하게 된다.

지역사회청소년통합지원체계에는 구축 및 운영을 위한 운영위원회와 실행위원회, 지역사회자원 연계를 위한 학교지원단, 필수연계기관, 1388청소년지원단 등이 포함된다. CYS-Net은 발견, 개입, 통합 서비스 제공이라는 세 가지 체계의 운영 모듈을 가지고 있다. 발견체계에서는 다양한 상담 방법과 거리상담 등을 통해 위기청소년을 발견한다. 개입체계에서는 긴급 구조 및 일시 보호소, 필요 서비스 도출, 전문상담 등 개입 등을 실시한다. 통합서비스 제공체계에서는 사례+관리형으로 진행하고 있는데, 가출, 학교 밖 청소년 지원, 인터넷중독, 학교 폭력, 경제적 지원 등을 안내하고 있다. 최근에는 위기청소년에 대한 학습지원 강화, 자립 지원 프로그램인 두드림존 확대 등의 '위기 유형별 수준 및 특성에 맞는 맞춤형 서비스'를 제공하고 있다.

5. 유해환경 정화활동 및 청소년보호

1) 유해환경의 개념

청소년들에게 유해한 환경이라 함은 청소년이 성숙, 발달하는 데 장해가 될 수 있는 모든 물리적, 문화적, 사회적, 심리적, 정신적 요소 등의 가시적 또는 비가시적인 환경 및 청소년과 이러한 환경들 간의 상호작용을 총칭하는 포괄적인 개념이다.

이처럼 유해환경에 대한 개념이 매우 광범위하기 때문에 유해환경과 관련된 정부의 정책수립 시에는 주로 유해업소, 약물과 물건 등의 물리적 사회환경과, 방송 · 영화 · 만화 · 잡지 · 컴퓨터 등의 매체물에 의한 정보적 유해환경을 지칭하는 협의적 개념으로 사용되기도 한다. 실제로 청소년보호법에서는 청소년에게 유해하다고 판정되는 유해매체, 약물과 물건의 유해물질, 유해업소, 유해구역 등 네 영역을 유해한 환경으로 규정하고 있다.

2) 유해환경의 유형

(1) 청소년 유해매체물

청소년 유해매체물은 청소년의 건전한 성장을 저해하고, 청소년에게 신체적 · 정신적 피해를 주거나 청소년 문제행동을 유발할 우려가 있는 매체물로서, 선정성 · 음란성, 폭력성, 반윤리성 · 반사회성, 기타 청소년의 정신적 · 신체적 건강에 해를 끼칠 수 있는 내용을 포함한 것으로 정의하고 있다.

유해매체물은 청소년보호법 규정에 의하여 청소년보호위원회가 청소년에 유해하다고 심의 의결 고시한 매체물을 의미한다. 여기에는 음반, 비디오, 방송 등 음향영상매체 등이 포함된다.

(2) 유해약물

청소년 유해약물은 주세법의 규정에 의한 주류, 담배사업법의 규정에 의한 담배, 마약류관리에 관한 법률의 규정에 의한 마약류, 유해화학물질관리법의 규정에 의한 환각물질, 기타 중추신경에 작용하여 습관성, 중독성, 내성 등을 유발하여 인체에 유해작용을 미칠 수 있는 약물 등 청소년의 사용을 제한하지 아니하면 청소년의 심신을 심각하게 훼손할 우려가 있는 약물로서 대통령령이 정하는 기준에 따라 관계기관의 의견을 들어 청소년보호위원회가 결정하여 고시한 것을 말한다.

(3) 유해물건

청소년에게 음란한 행위를 조장하는 성기구 등 청소년의 사용을 제한하지 아니하면 청소년의 심신을 심각하게 훼손할 우려가 있는 성 관련 물건으로서 대통령령이 정하는 기준에 따라 청소년보호위원회가 결정하고 여성가족부장관이 이를 고시한 것을 의미한다. 또한 청소년에게 음란성 · 포악성 · 잔인성 · 사행성 등을 조장하는 완구류 등이 이에 속한다.

(4) 유해업소

청소년 유해업소라 함은 청소년의 출입과 고용이 청소년에게 유해한 것으로 인정되는 청소년 출입 · 고용금지업소와 청소년의 출입은 가능하나 고용은 유해한 것으로 인정되는 청소년 고용금지 업소, 출입시간이 제한된 업소를 의미한다.

유흥주점, 단란주점, 비디오물감상실업, 노래연습장업(청소년의 출입이 허용되는 시설을 갖춘 업소에의 청소년 출입은 가능하나, 고용은 금지됨), 무도학원업, 무도장업, 사행행위영업, 전화방, 청소년보호위원회 고시업소(성기구 취급업소, ㅇㅇ방 등)도 이에 해당된다.

(5) 유해구역

청소년 유해요인들이 밀집되어 있고 청소년과 관련된 비행이 빈번히 발생하는 특정지역을 청소년 통행금지 제한구역으로 지정, 청소년을 각종 유해환경으로부터 사전에 차단하여 건전한 인격체로 성장할 수 있도록 하기 위해 설치되었다. 이에 1999년 7월부터 청소년 유해환경 밀집지역 등에 대하여 청소년 통행금지 · 제한구역 의무지정제도를 도입하였다.

청소년에게 신체적 · 정신적 건강을 해칠 우려가 있는 특정구역을 청소년 통행금지구역과 청소년 통행제한구역으로 이원화하였다. 즉 청소년 통행금지구역은 윤락행위가 행해지거나, 행하여지는 우려가 있는 지역을 지정함으로써 청소년 통행금지조치를 24시간 엄격하게 적용하는 구역을 말한다. 청소년 통행제한구역은 청소년 유해업소가 밀집된 구역이거나 청소년 유해매체물, 약물 등의 판매 · 대여, 유통행위가 빈번하게 행하여지거나 행하여질 우려가 있는 곳을 지정함으로써 일정시간에 청소년의 통행을 제한하는 구역을 말한다. 다만, 친권자, 후견인, 교사 기타 당해 청소년을 보호할 수 있는 등 보호자를 동반할 경우에는 통행가능토록 하여 통행예외 등을 신축적으로 적용하였다.

또한 청소년 통행금지 · 제한구역지정 및 조례 제정을 의무화하였는데, 지방자치단체가 지역주민의 반발 등을 이유로 조례 제정과 청소년 통행금지 · 제한구역의 지정 및 운영을 기피하는 경향이 있다. 이러한 이유로 임의규정을 강제규정으로 보완하여 청소년 유해환경 등이 밀집된 지역은 조례 제정 및 청소년 통행금지 · 제한구역 지정을 의무화하고, 지자체가 불이행시 국가는 지방자치법에 의한 직무이행명령으로 강제할 수 있도록 하였다.

6. 학교사회복지

1) 학교사회복지의 개념

NASW의 Standards for Shool Social Work Service(2012)에서는 학교사회복지를 학교라는 교육기관에서 전문적 능력과 자격을 갖춘 사회복지사가 제공하는 사회적 서비스라고 정의하였다. 즉, 공교육체계에서 학교교육의 목적을 달성하는 것을 지원하고, 학생들이 학교에 잘 적응할 수 있도록 도와주며, 이를 위해 학교, 가족, 지역사회가 수행하는 노력을 조정하고 영향을 미치는 활동이라고 설명하고 있다.

반면, 한국학교사회복지사협회에서는 학교에서 일어나는 학생의 문제를 개인의 문제만이 아닌 개인을 둘러싼 환경과의 상호작용의 문제로 보았다. 즉, 학교사회복지란 이러한 심리 · 사회적 문제를 학생-학교-지역사회의 연계를 통해 예방하고 해결함은 물론, 모든 학생이 자신의 잠재력과 능력을 최대로 발휘할 수 있도록 최상의 교육환경과 공평한 교육 기회를 제공하여 궁극적으로는 교육의 본질적인 목적을 달성하고, 학생복지를 실현할 수 있도록 도와주는 교육기능의 한 부분이며 또한 사회복지의 전문 분야로 정의하고 있는 것이다.

결론적으로 학교사회복지는 교육권에 대한 배분적 사회정의를 실현하는 사회복지의 목적을 추구함과 동시에 궁극적으로 학교와 학생이 전인교육의 교육목적을 달성하도록 도와주는 사회복지실천의 한 전문분야라고 정의할 수 있다. 즉, 학교사회복지는 학교라는 장소에서 학교교육이 달성하고자 하는 목적을 달성하는 데 사회복지적 방법들을 동원하며 학생의 학교에의 적응을 돕기 위하여 개입하는 것으로 볼 수 있다(한인영, 2005).

학교사회복지의 목표는 첫째, 취약학생이나 학교부적응 학생은 물론 모든 학생들이 자신의 교육적 욕구에 적합한 교육을 받을 수 있도록 공평한 교육 기회를 제공하는 것이며, 둘째, 공평한 교육 기회를 보장받은 모든 학생들이 학교생활에 잘 적응하며 자신의 심리 · 사회적 기능을 향상시킬 수 있도록 전문적인 심리상담과 사회복지서비스를 제공하는 것이다. 셋째, 학생들의 총체적인 삶의 질을 향상시켜 궁극적으로는 학생복지를 실현하는 것이며 이를 통하여 학교가 전인교육의 교육목적을 달성할 수 있도록 도와주는 것을 목표로 한다. 넷째, 가정-학교-지역사회 간의 연계를 강화하여 학생들에게 최상의 교육환경을 제공하는 것을 목표로 한다.

2) 유사개념

(1) 아동 · 청소년복지

아동의 양육과 보호 및 육성에 폭넓게 관심을 두고 있기 때문에 학교사회복지와 밀접한 관계를 갖는다. 하지만 학교사회복지는 학교라는 2차적 현장에서 교육목적의 달성을 지원한다는 제한된 목표를 가지고 교사 등 타 전문직들과 팀 접근을 하는 것이 차이점이다.

(2) 교육복지

교육복지를 복지의 한 영역으로 보는 입장이며 이런 입장은 교육이 복지를 위한 수단이 될 수도 있음을 의미한다. 이러한 정의는 학교사회복지가 교육목적을 달성하기 위해 지원하는 수단으로서의 성격이 있는 측면을 강조하는 것이다.

(3) 학교복지

학교라는 환경 전체가 학생들에게 성장을 촉진하는 여건을 제공하며, 안전해야 하고 학생들의 현실적인 욕구들을 종합적으로 보장할 수 있도록 바뀌어야 한다는 이념을 제공한다. 이것은 사회복지사 개인의 역량을 뛰어넘는 사회적인 역량을 반영하는 복지의 개념이기에 학교사회복지와 차이를 보인다.

(4) 학생복지와 교원복지

학생복지와 교원복지는 교육체계의 주요 구성원인 학생과 교원을 대상으로 하는 복지지원책이며 이들의 학교 내 기본적인 복지여건, 권리보호에 초점을 맞추고 있다. 이는 학교사회복지에서 많이 포함하고 있으며, 교원복지는 간접적으로 간여하게 되는 것이다.

3) 서비스 개입과정

학교사회복지서비스 개입과정은 〈표 4-1〉과 같다.

〈표 4-1〉 학교사회복지서비스 개입단계

준비단계	실천기반 조성	• 학교 특성에 대한 이해 • 지역사회 특성에 대한 이해 • 학생 및 가족 특성에 대한 이해
		• 학교 행정책임자와의 긍정적 관계 형성 • 학교사회복지사가 소속될 부서와 긴밀한 협조가 요청되는 부서 간에 긍정적 관계 형성 • 지역사회 수준에서 협력적인 지지망 확인
		• 기본(연간) 사업계획의 수립 • 학교 내 물리적인 공간 확보 • 관련 서식 개발 • 자원봉사자, 실습생, 보조인력 등 지원인력 확보 • 학교사회복지 홍보자료 제작 • 교사 대상 홍보 및 연수 실시
탐색단계	문제발견 및 계획수립	• 욕구조사를 통한 문제의 발견 • 요보호집단의 확인 • 지역사회자원에 대한 분류와 조직화 • 부서별 역할에 대한 탐색 • 학교사회복지 세부 사업계획서 수립 • 학교사회복지운영 시스템 구축
적응단계	전문성 실천	• 통합적 접근에 의한 학교사회복지운영 시스템 적용 • 공동작업 실시 • 전문직 간 역할에 대한 조정 • 교내협의회 등 학생복지 관련 위원회에 참여
정착단계	전문성 검증	• 공동사업의 활성화 • 통합적 접근에 의한 학교사회복지운영 시스템 정착 • 학교사회복지평가 실시 • 지역사회자원망 구축 • 학교사회복지 관련 위원회 정착

출처: 성민선 외 (2009).

4) 실천기술

(1) 사정(司正)기술

개입대상에 대한 사정은 사회복지실천에서의 일반적인 사정과 함께 클라이언트가 학교에서 겪을 수 있는 어려움이나 고통, 문제, 갈등 부분에 초점을 둔다. 학교사회복지에서 사회복지사는 다원적인 정보원을 활용하여 균형 있고 객관적인 정보수집과 사정을 수행해야 한다. 또한 사정은 다면적으로 이루어져야 하고 학생뿐만 아니라 대상을 둘러싸고 있는 다체계의 영향도 함께 고려해야 한다(성민선 외, 2009).

- 학생의 학업수행능력
- 학생의 행동평가
- 교우관계
- 교사와의 관계
- 학교 내외에서의 생활
- 훈육방식

(2) 개입기술

- 관계형성기술
- 계약기술
- 비밀보장, 고지된 동의
- 정보제공 및 조언하기
- 격려, 재보증, 일반화 기술
- 직면과 도전하기
- 반영기술(감정이입, 공감, 수용)
- 경청기술

5) 학교사회복지사의 역할과 자세

학교사회복지는 학교라는 현장에서 활동하는 사회복지사업이기 때문에 학교라는 곳의 특성을 알아야 한다. 그리고 학교사회복지가 학교교육이 달성하고자 하는 목적을 돕는 활동이기에 학교교육이 달성하고자 하는 것이 무엇인지도 알아야 한다. 또한 그러한 목적에 맞는 사회복지적 방법들을 학교현장에 맞게 적용할 수 있어야 한다. 특히 학교에서 학생들이 겪는 문제해결을 위해 학생들이 겪고 있는 문제에 대한 이해는 물론 학생에 대한 이해가 포함되어야 한다.

연구문제

01. 청소년복지의 실천적 접근의 방법 유형을 나열하고, 사회복지사로서 청소년에게 가장 적합한 접근방법은 무엇인지 선택하여 그 이유를 설명하시오.

02. 청소년상담의 특성과 상담자의 자세를 설명하시오.

03. 청소년들에게 적합한 집단상담의 유형을 설명하고, 그 이유를 설명하시오.

04. 사이버상담의 특성을 설명하고, 청소년들에게 도움이 되는 특성이 어떤 것인지 설명하시오.

05. 청소년활동의 특성과 유형을 나열하시오.

06. 청소년 사례관리의 개념과 법적 근거를 서술하시오.

07. 청소년 유해환경의 유형을 나열하고, 설명하시오.

08. 학교사회복지가 청소년복지에 어떠한 긍정적 영향을 갖게 하는지 그 내용을 설명하시오.

chapter

05

청소년복지정책

contents

1. 청소년복지정책의 개념
2. 청소년복지 관련법
3. 청소년복지 행정체계
4. 청소년복지정책의 역사
5. 청소년복지정책의 과제
6. 외국의 청소년복지정책

학습목표

- 청소년복지정책의 개념을 이해한다.
- 청소년복지 관련법을 고찰한다.
- 청소년복지 행정체계를 분석한다.
- 청소년복지정책의 역사를 고찰한다.
- 청소년복지정책의 과제를 탐색한다.
- 외국의 청소년복지정책을 고찰한다.

1. 청소년복지정책의 개념

1) 필요성[6)]

(1) 청소년의 인구 규모 및 위기청소년 규모 변화

- 청소년인구 규모는 지속 감소, 위기청소년 규모는 증가 추세
- 우리 사회는 2000년대 이후 초저출산국가에 진입하였으며, 청소년인구 규모가 급감하고 있는 가운데 지방 인구감소도 가속화
- 가정 밖 · 학교 밖 청소년은 코로나로 인해 일시적으로 감소하였으나 다시 증가, 다문화 청소년의 규모와 비중은 지속 증가 추세
- 가정 밖 청소년(9~19세): (2019년) 23,783명 → (2020년) 20,875명 → (2021년) 23,133명
- 다문화 학생 수(전체 학생 대비 비율): (2017년) 100,987명(1.9%) → (2021년) 160,058명(3.0%)

6) 제7차 청소년정책기본계획

(2) 디지털문화에 따른 건강문제 등 어려움 증가

● 디지털 확산에 따른 청소년 행태 변화

- 디지털 확산은 산업구조와 일자리 구조를 다양화하고, 일상생활 속 블록체인 · 인공지능 등 신기술의 상용화를 촉진시키는 변화 야기
- 디지털 중심 환경 속 청소년들의 디지털 매체 이용 및 활용률은 매우 높은 수준
- 현 청소년세대는 디지털과 함께 성장하여 디지털 문화에 익숙한 디지털 네이티브(Digital Native) 세대이며, 관련 온라인 활동 및 기기 활용에도 능숙
- 디지털 환경상 신속한 반응 · 소통을 추구하며, 온라인 · SNS 등을 통한 소통 · 협업, 공통관심사 공유 등을 중시하는 특성
- 디지털 친화 특성으로 관련 교육 · 활동에 대한 수요도 증가(청소년의 SNS 이용시간은 주중 하루 평균 2시간 이상이 15% 상회)
- 일상생활부터 교육, 소통 등 삶 전반에서 디지털 활용도가 높아져 디지털 리터러시, 디지털 윤리 등 중요성도 증대
- 디지털 환경에서 각각의 정보 형태를 이해하고 활용할 수 있는 통합적 문해능력

● 디지털 확산에 따른 부작용

- 디지털 매체 환경이 확산됨에 따라, 디지털 이용도가 높은 청소년들의 미디어 과의존 등 부작용 및 유해환경 노출 또한 증가
- 등교 중단, 비대면 원격교육 확대 등으로 청소년 간 학습격차 · 디지털 격차도 야기(초 · 중 · 고 모두 가정경제상황이 좋지 않을수록 '온라인수업에서 이해하지 못한 내용을 그냥 넘어간 학생의 비율'이 높게 나타남

(3) 청소년 욕구의 다양화

- 청소년의 다양한 분야에 대한 참여활동 관심도 · 욕구 증가
- 분야별로는 문화 · 예술, 모험 · 개척 등에 대한 수요가 높고 디지털 확산 등에 따라 과학 · 정보 관련 분야 관심도도 지속적으로 높아지는 상황
- 청소년이 가장 참여하고 싶은 활동은 문화/예술관련 35.7% → 모험/개척 관련 활동 12.3% → 직업/진로활동 10.8% 순
- 과학 · 정보분야 희망활동비율: (2014) 7.5% → (2017) 8.3% → (2020) 9.1%
- 청소년이 이전보다 개인 능력에 대한 가치를 높게 두고 있어 개인 역량제고 및 관련 활동에의 관심도도 높은 상황
- 청소년의 직업선택기준은 자신의 능력(37.8%), 적성(16.8%) 순으로 2017년 대비 자신의 능력에 대한 비중이 크게 증가(30.4% → 37.8%)

(4) 신체뿐만 아니라 정신건강 악화

- 최근 청소년의 신체뿐만 아니라 정신 등 건강 전반 문제 야기
- 아침식사 결식률 증가 등 식생활 습관이 나빠지고, 비만율 증가 등 신체 건강 관련 지표가 전반적으로 변화
- 비대면 환경 확산 등으로 신체활동 시간 감소 등 변화 발생
- 코로나19 이후 아동 · 청소년의 정서상 문제 확산으로 우울증 진료, 불안장애 진료가 증가하였으며, 자살문제도 증가
- 우울증: (2019년) 33,536건 → (2021년) 39,868건(18.9% ↑)
- 불안장애: (2019년) 16,895건 → (2021년) 23,590건(39.6% ↑)

(5) 청소년 근로여건 악화

- 청소년 근로시장 관련, 주 근로형태 특성 및 근로계약서 미작성 등 부당행위로 보호 사각지대 잔존

- 청소년 임금근로자 중 71.6%가 비정규직, 전체 중 30% 가량은 근로계약서 미작성 등 보호 사각지대 우려
- 기술 발전 등으로 플랫폼 등을 활용하여 통상적인 근로형태에서 벗어난 새로운 근로형태(Gig Worker: 디지털 플랫폼을 주요 기반으로 하여 고용주의 필요에 따라 단기 · 일회성 업무를 수행하는 노동자) 출현 및 확산
- 청소년 플랫폼 노동 경험률: (2018) 0.5% → (2020) 15.2%
- 코로나19로 인한 일자리 · 경제 충격이 청소년들에게도 큰 타격으로 나타나고 있으며, 취약청소년의 위기 심화 우려(근로청소년의 40%가량이 서비스업에 종사)

(6) 기후변화에의 대응 필요성 확산

- 온실가스 배출과 지구온난화 등 기후위기가 심화되고, 이에 각종 정책 수립 · 추진 시 기후변화 대응 기조가 강화
- 기후변화에 따라 그린산업 등 신기술 · 산업분야가 증가하고 있고 이와 관련된 역량 제고 및 일상에서의 환경 실천 필요성도 증가

2) 개념

청소년복지정책은 청소년육성정책과 청소년대책으로 구분되어 기획되고 집행되고 있다. 청소년육성정책은 모든 청소년을 대상으로 그들의 전인적 성장과 시민의식 함양, 잠재력의 개발 등을 지원하기 위한 정책이고, 청소년대책은 특정계층이나 집단의 청소년을 대상으로 그들을 선도하고 보호하고 문제를 해결해 주는 정책이라 할 수 있다.

3) 목표[7)]

(1) 청소년의 다양한 성장기회 제공

- 분야별 청소년 역량 및 진로 지원 강화, 디지털 교육 확대
- 학교 안팎의 청소년활동 및 교육 연계

(2) 사각지대 없는 촘촘한 청소년 지원망 구축

- 신소외청소년 등 발굴 및 지원 강화
- 위기청소년 지원체계 및 시스템 고도화
- 생애주기별 자립 지원

(3) 청소년 성장환경의 안전성 제고

- 디지털을 매개로 한 유해환경으로부터 보호망 강화
- 디지털성범죄 등 청소년대상 범죄 방지 및 청소년 친화형 환경 구축

(4) 청소년의 주도성 강화

- 분야별 청소년 참여 기회 다양화(참여기구 간 교류 등)
- 청소년 권리 및 대표성 강화

(5) 정책기반의 추진동력 강화

- 제도 · 재원 등 추진 인프라 개편
- 지역 중심 청소년정책체계 및 협업 강화

7) 제7차 청소년정책기본계획

2. 청소년복지 관련법

우리나라에서 청소년을 대상으로 한 최초의 법은 미성년자보호법(1961년)이었다. 이어서 아동복리법(1962년)이 아동복지법(1982)으로 전면개정되었고, 1987년에는 청소년육성법이 제정되었으며, 1991년 청소년기본법을 제정하면서 청소년육성법을 폐지하였다. 1997년에는 청소년보호법이, 2000년부터는 아동 · 청소년의 성보호에 관한 법률이, 이어서 청소년복지지원법, 청소년활동진흥법이 제정되어 정책대상으로서 아동과 청소년을 구분짓게 되었다(조학래, 2023). 학교밖 청소년지원에 관한 법률과 학교폭력예방 및 대책에 관한 법률도 제정되면서 청소년들을 대상으로 한 법들이 추가되었다.

1) 헌법

헌법은 국민의 기본권, 통치구조, 경제체제 등 국민의 기초적인 사항을 정한 국가의 기본법이다. 청소년육성과 관련되는 구체적인 조항은 제10조의 모든 인간의 존엄과 행복추구권, 제11조(모든 국민의 법 앞에서의 평등권), 제31조(사회권적 기본권으로서 교육을 받을 권리 · 의무 등), 제32조(근로의 권리), 제34조(사회보장 및 복지증진)를 들 수 있다. 헌법 제34조 제1항에서 인간다운 생활을 할 권리와 함께 청소년의 복지권을 강조하고 있다. 제4항에서 '국가는 노인과 청소년의 복지 향상을 위한 정책을 실시할 의무를 진다'라고 규정함으로써 청소년도 기본권의 주체가 될 수 있음을 강조하며, 국가의 청소년복지정책 실현의 근거를 제시하고 있다.

2) 청소년헌장

국제사회에서 청소년의 권리와 책임에 대한 논의가 활발해지면서 우리나라에서도 1990년에 처음으로 청소년헌장을 제정하여 선포하였다. 그후 1998년에는 시대에 부합하는 내용으로 개정되었다. 개정된 헌장은 청소년은 인권과 시민권을 가지고 있으며, 자신의 생명을 존중해야 할 책임과 공동체의 성원으로서의 책임을 가지고 있음을 선언하고 있다.

3) 청소년기본법

(1) 청소년기본법의 제정 취지

청소년정책기본계획을 효과적으로 추진할 수 있는 법적 근거를 마련하기 위하여 1987년에 제정된 청소년육성법을 폐지하고 1991년 12월 31일에 기존 청소년육성법을 확대 개편하여 새로 청소년기본법을 제정하였다. 그 이유는 지식편중의 학교교육 풍토 아래서 우리나라 청소년들이 청소년정책기본계획의 실천을 통해 여러 병리적 현상을 겪고 있는 상황을 개선해야 할 필요성이 커졌기 때문이다. 그리고 덕 · 체 · 지의 균형 있는 성장과 힘차고 유능한 후계세대로 성장하기 위해 청소년 수련활동의 여건과 사회적 환경을 조성해 줄 수 있는 법적인 근거가 필요했기 때문이다(이철수, 2010).

청소년기본법 제정 당시 청소년을 적용대상으로 하는 법령은 소년법, 아동복지법, 교육법, 미성년자보호법 등 248개에 이르고 있었으나 전체적이고 총괄적인 준거기준이 될 수 있는 기본법이 제정되어 있지 못하여 각 개별 법령마다 용어 및 적용대상 등이 상이하고 서로 상충되는 부분이 많이 있었다. 따라서 청소년 관련 법령의 기준이 되고 청소년육성을 위한 국가의 장기적인 계획을 총괄한다는 측면에서 청소년기본법이라고 명명하였다.

청소년복지 증진을 위한 국가의 의무 규정, 청소년복지의 대상인 청소년의 범위 정의, 청소년복지 증진을 위해서 국가가 어떤 기관을 통해서 어떤 일을 해야 하는지 규정함으로써 청소년복지정책의 가장 근간이 되는 법으로 자리매김하였다. 특히 2003년 말에는 청소년기본법을 대폭 개정하고, 청소년활동진흥법과 청소년복지지원법을 새로 제정하면서, 청소년기본법을 모법으로 하고, 청소년활동진흥법, 청소년복지지원법, 청소년보호법을 하위법으로 하는 새로운 청소년 관련 법령 체계가 마련되었다. 유사한 외국의 법례로는 영국의 청소년법, 서독의 청소년보호법 및 청소년복지법, 대만의 소년복리법, 일본의 소년법 등을 들 수 있다.

(2) 청소년기본법의 주요 내용

- 청소년의 권리와 책임
- 가정, 사회, 국가 및 지방자치단체의 책임
- 청소년정책의 총괄 · 조정 및 특별회의(청소년정책위원회, 청소년특별회의, 지방청소년육성위원회)
- 청소년육성 기금
- 청소년활동영역의 구분: 청소년활동의 내용을 고유활동영역(학업, 근로, 복무 등)과 수련활동영역(수련활동), 임의활동영역(자유활동)으로 구분 규정
- 국가가 매 5년마다 청소년기본계획 수립의 의무화 및 남북한 청소년 동질성 회복사업 실시
- 국가 및 지방자치단체의 수련거리(활동 프로그램 등) 개발
- 청소년수련시설의 허가제 및 수련시설 지원
- 청소년 전용 활동지역 및 수련지구의 지정
- 복합민원제도의 도입
- 청소년지도사 및 청소년상담사의 양성 및 활용
- 민간의 청소년수련시설 설립 장려
- 민간중추기구의 설립 육성
- 청소년 관련 기초조사의 실시
- 청소년 유해요소의 정비 및 프로그램 개발

● 용어의 정의

- 청소년: 9세 이상 24세 이하의 자
- 청소년육성: 청소년 수련활동을 지원하고, 청소년의 복지를 증진하며, 청소년교류를 진흥하고, 사회여건과 환경을 청소년에게 유익하도록 개선하여 청소년에 대한 교육과 상호 보완함으로써 청소년의 균형 있는 성장을 돕는 것
- 청소년 수련활동: 청소년이 생활권 또는 자연권에서 심신단련 · 자질배양 · 취미개발 · 정서함양과 사회봉사로 배움을 실천하는 체험활동
- 청소년 수련거리: 청소년 수련활동에 필요한 프로그램과 이에 관련되는 사업
- 청소년 수련시설: 학교시설 외에 청소년 수련활동을 실시할 목적으로 설치된 시설로서 대통령령이 정하는 시설

● 청소년 수련시설의 유형

- 청소년 수련지구: 청소년 수련활동을 실시할 목적으로 청소년기본법에 의하여 지정된 지구
- 청소년지도자: 청소년 수련시설, 청소년단체 기타 청소년 관계기관 등에서 청소년육성에 종사하는 자로서 대통령령이 정하는 자
- 청소년단체: 청소년 수련활동을 통한 청소년육성을 주된 목적으로 설립된 법인 또는 대통령령이 정하는 단체

4) 청소년복지지원법

(1) 청소년복지지원법의 개요

2003년 12월 30일에 제정된 청소년복지지원법은 청소년기본법 규정에 따라 청소년복지 증진에 관한 사항을 정함을 목적으로 하여 총칙, 청소년의 인권보장 및 복지 향상, 청소년의 건강보장, 특별지원 청소년지원, 교육적 선도, 벌칙 등 구성되어 있다. 2012년 전면개정되면서 청소년복지사업의 영역에서 효율적

이고 체계적인 지원을 위한 법적 근거를 마련하였다(조학래, 2023).

(2) 청소년복지지원법의 주요 내용

• 청소년의 인권보장 및 복지 향상
• 청소년의 건강보장
• 특별지원 청소년지원
• 교육적 선도

(3) 청소년복지 주요 사업

• 청소년의 기본권 보장
  - 청소년에 대한 차별금지
  - 청소년의 의사표현 자유 명시
  - 국가와 지방자치단체에게 청소년의 인권과 자치권 확대를 위한 조취를 취할 것을 명시
  - 아동의 권리에 대한 국제협약을 청소년에게 널리 홍보할 것을 규정
  - 지방자치단체 차원에서 자발적으로 수행되었던 청소년증을 법정 증표로 하여 국가 또는 지방자치단체는 청소년에 대하여 국가 또는 지방자치단체가 운영하는 수송시설, 궁 · 능, 박물관 공원, 공연장 등 시설의 이용료를 면제/할인
• 청소년의 건강보장
• 지역사회 청소년통합지원체계
• 위기청소년 지원: 가출 · 학업중퇴 · 비행 · 저소득계층 · 북한이탈 · 다문화 청소년 등 특별한 보호가 필요한 청소년에게 기초생활보장, 의료지원 및 직업능력 강화 등 다양한 자립 · 자활 복지서비스 지원체계
• 교육적 선도 · 보호: 청소년상담사 등 전문가가 상담과 교육 · 자원봉사 ·

수련 · 체육 · 단체활동 등을 통하여 청소년의 바른 성장을 도모하는 제반 활동

- 청소년 자립 지원: 직종개발과 진로지도, 직업알선, 취업기회 확대, 노동침해법률상담 및 법률구조
- 청소년부모 지원
- 청소년복지지원기관(한국청소년상담복지개발원 및 청소년상담복지센터 설치, 이주배경청소년지원센터) 지정
- 청소년복지시설(청소년쉼터, 청소년자립 지원관, 청소년치료재활센터, 청소년회복지원시설 등) 규정

5) 청소년보호법

(1) 청소년보호법의 개요

유해한 매체물과 약물 등이 청소년에게 유통되는 것과 청소년이 유해한 업소에 출입하는 것 등을 규제하는 법으로 청소년을 청소년 폭력 · 학대 등 청소년 유해행위를 포함한 각종 유해한 환경으로부터 보호 · 구제를 목적으로 하고 있다. 또한 이를 통해 청소년이 건전한 인격체로 성장할 수 있도록 하는 것이 주요 내용이다. 1997년 3월 7일에 제정되었으며, 동년 7월 1일부터 시행되었다. 청소년기본법과 함께 청소년복지에 관한 핵심 법률이 되고 있다.

(2) 청소년보호법의 주요 내용

- 청소년을 19세 미만으로 정의
- 청소년 유해환경에 대한 정의
  - 과거 청소년 유해환경: 유흥업소 등의 업소 위주
  - 새로운 청소년 유해환경: 언제나 어디서나 누구나 접속할 수 있는 음란

하고 폭력적인 매체뿐만 아니라 유해 약물 오·남용까지 포함

- 각종 유해행위로부터 청소년 보호, 청소년 유해행위 금지 및 처벌규정 명시

• 가정, 사회, 국가와 지방자치단체의 역할과 책임 명시
• 청소년 유해매체물 심의기준
• 청소년의 인터넷게임 중독 및 과몰입 예방
• 청소년보호사업의 추진
• 청소년보호위원회
• 청소년보호센터

6) 청소년활동진흥법

청소년활동진흥법은 새로운 사회·제도적 환경변화에 대응하여 미래사회의 주역이 될 청소년이 수련활동뿐만 아니라 문화활동, 교류활동 등 다양한 활동을 통해 자신의 기량과 품성을 함양하고, 꿈과 희망을 마음껏 펼칠 수 있도록 하기 위한 제도적 기반 마련에 목적을 두고 있다. 2003년 12월 30일 국회 의결되어, 2005년부터 시행되었다.

이 법의 주요 내용은 청소년활동의 보장, 한국청소년활동진흥원 설치, 지방청소년활동진흥센터 설치, 청소년활동 시설(국가 및 지방자치단체에 의해 운영되는 수련시설 및 청소년이용시설), 청소년수련활동 인증제도 등을 들 수 있다.

7) 아동·청소년의 성보호에 관한 법률

아동·청소년의 성을 사거나 이를 알선하는 행위, 아동·청소년을 이용하여 음란물을 제작, 배포하는 행위로부터 아동·청소년을 보호, 구제하기 위한 법률로서 아동·청소년이 인권을 보장받고 건전한 사회 구성원으로 성장할 수

있도록 함을 목적으로 하고 있다. 아동 · 청소년의 성을 매매하는 행위가 심각한 사회문제로 대두되면서 2000년 7월부터 시행되고 있다. 청소년의 성을 매매한 사람은 징역 또는 벌금형과 같은 형사처벌이나 신상공개를 하고 있고, 성범죄에 대한 강력한 처벌을 주요 내용으로 하고 있다. 성을 매수당한 아동 · 청소년은 보호처분을 통해서 보호하고 있다.

- 아동 · 청소년이란, 19세 미만의 자
- 국가와 지방자치단체의 의무와 사회의 책임 강조
- 아동 · 청소년 대상 성범죄의 신고
- 보호시설(청소년지원시설, 청소년상담복지센터, 청소년쉼터, 청소년보호 · 재활센터 등)과 상담시설(성매매피해상담소, 청소년상담복지센터, 성폭력피해상담소 및 성폭력피해자보호시설 등)
- 아동청소년 대상 성교육 전문교육기관 설치
- 성매매 피해 아동 · 청소년지원센터

8) 아동복지법

아동복지법은 모든 아동들이 배경의 차이에도 불구하고 함께 기본권을 누릴 수 있는 사회를 목표로 하여 국가나 사회에서 아동을 잘 돌보아주도록 다양한 역할과 필요한 서비스를 정해놓은 법률을 의미한다.

아동복지법의 대상은 만 18세 미만의 아동으로 건전한 가정에서 양육되므로 국가나 사회가 특별히 보호하지 않아도 생활할 수 있는 일반아동, 산전산후의 부모, 욕구결핍 관련 아동 및 사회문제 관련 아동 등이 요보호아동이 된다.

아동복지법의 목적은 아동이 건강하게 출생하여 행복하고 안전하게 자라나도록 그 복지를 보장하고, 요보호아동을 포함하여 모든 아동을 대상으로 아동이 가진 문제를 해결함과 동시에 건전하게 자랄 수 있도록 적극적인 지원 및 보장을 하는 것이다.

1961년 처음 아동관련 법으로 제정된 아동복리법은 전쟁고아를 중심으로 하여 보호자로부터 유기 · 유실 또는 이탈되었거나, 그 보호자가 양육하기 부적당하거나 양육할 수 없는 요보호아동을 대상으로 하는 구호적 성격을 지녔다. 그후 1981년 전문개정된 아동복지법은 20여 년간 산업화과정을 거쳐 오면서 발생된 아동문제가 종래의 고아, 부랑아, 빈곤아동 등에 그치지 않고 비행, 가출, 약물중독, 자살, 범죄 등 새롭게 등장한 사회적 병리현상의 모습들을 반영하였다.

그 이후, 1991년 1월 14일 특별법으로서 탁아사업만 규정하는 영육아보육법의 제정으로 인해 시설탁아 등과 같은 탁아사업은 아동복지법에서 분리되었고, 2000년에는 아동의 권리와 안전 등 보편적 측면이 강화된, 특히 아동학대에 관련된 조항이 체계적으로 정리된 아동복지법이 개정되었다. 이어서 2002년에는 종전의 모자복지법이 모 · 부자복지법으로 변경됨에 따라 아동복지법의 일부 용어를 바꾸는 개정을 하였고 이후 2007년 한부모가족지원법으로 명칭이 변경되었다.

아동복지법에서는 복지의 책임 주체로 우선 국가와 지방자치단체가 아동의 건강과 복지증진에 노력해야 함을 강조하고, 이를 위한 시책을 시행하도록 했으며, 아동의 보호자는 아동을 가정 안에서 그의 성장 시기에 맞추어 건강하고 안전하게 양육하도록 규정하였다. 또한 모든 국민도 아동의 권익과 안전을 존중해야 하고, 아동을 건강하게 양육하도록 하였으며, 특히 국가와 지방자치단체는 장애아동의 권익을 보호하기 위하여 필요한 시책을 강구하도록 하였다.

아동복지법에 의한 실천기관으로는 아동의 권리증진과 건강한 출생 및 성장을 위하여 종합적인 아동정책을 수립하고 관계부처의 의견을 조정하며, 그 정책의 이행을 감독하고 평가하기 위하여 국무총리 소속하에 자문기구인 아동정책조정위원회와 아동권리보장원을 설치하도록 하였다. 또한 시 · 군 · 구에서 관할구역 안의 아동에 대하여 항상 생활상태 및 가정환경을 상세히 파악하고 아동복지에 관해 필요한 원조와 지도를 행하며, 아동복지지도원 및 관계행정기관과 협력하는 민간인인 아동위원을 두도록 하였다.

지방자치단체에는 사회복지전담공무원인 아동복지지도원을 두어 아동복지에 관한 사항을 수행하도록 하였으며, 보건소도 아동복지와 관련하여 아동의 전염병 예방조치, 아동의 건강상담, 신체검사와 보건위생에 관한 지도, 아동의 영양개선 등의 업무를 담당하도록 하였다. 무엇보다 지방자치단체의 장은 아동의 건강 및 안전에 최선의 주의와 노력을 기울여야 하는데, 아동 또는 그 보호자에 대한 상담 및 지도, 보호양육조치, 아동의 보호위탁, 적합한 아동복지시설에 입소시키거나, 약물 및 알코올중독, 정서장애, 발달장애 등의 특수상담이나 요양, 전문상담기관 또는 요양소에 입원 또는 입소시키는 등의 역할을 다해야 한다.

아동복지법에 의하면 연령이 18세에 달한 경우 아동을 시설에서 퇴소시켜야 하나 아직 현실에 적응할 준비가 되어 있지 못한 청소년들의 경우 이들에 대한 보호의 연장이 진행되고 있다.

9) 소년법

소년법은 청소년 비행 문제를 다루는 법으로, 소년에 대한 보호조치와 형사처분에 관한 특별조치 내용을 담은 법률이다. 소년법상 소년은 19세 미만인 사람을 말한다. 1958년 7월 24일 처음 제정 · 공포되었다. 구체적으로 소년 보호사건의 절차 및 실체, 소년 형사사건의 절차 및 실체에 관한 특칙을 규정하고 있다.

청소년의 비행에 대하여 처벌이나 통제보다는 교정과 재활을 더 많이 강조하고 있다. 따라서 소년보호주의 이념을 채택하고 있으며, 사법처리에 있어서 청소년의 인권보장, 사회화, 교육적 요소를 강조하고 있다.

10) 학교 밖 청소년 지원에 관한 법률

이 법은 학교 밖 청소년이 건강한 사회 구성원으로 성장할 수 있도록 함을 목적으로 하는 법으로, 초 · 중학교의 취학의무를 유예한 청소년, 초 · 중 · 고등학교에서 제적 혹은 퇴학처분을 받거나 자퇴한 청소년에 대한 지원을 담고 있다.

- 국가와 지방자치단체의 책무
- 학교 밖 청소년지원위원회
- 지원의 종류(상담지원, 교육지원, 취업지원, 자립 지원, 위기청소년 특별지원 등)
- 학교 밖 청소년지원센터

11) 학교폭력 예방 및 대책에 관한 법률

이 법은 피해학생 보호, 가해학생의 선도 · 교육 및 피해학생과 가해학생 간의 분쟁조정을 통하여 학생의 인권을 보호하고 건전한 사회 구성원을 육성함을 목적으로 하고 있다. 국무총리실 산하 학교폭력대책위원회를 비롯하여 교육청 및 각급 학교의 학교폭력대책지역위원회, 학교폭력지역협의회, 학교폭력대책심의위원회 등의 조직을 규정하고 있다. 전문상담교사 배치 및 학부모가 참여하는 전담기구 설치, 전담기구를 통한 학교장의 자체해결 부의를 심의하도록 제시하고 있다.

12) 유엔아동권리협약(International Convention on the Rights of the Child)

헌법에 의해 체결, 공포된 조약과 일반적으로 승인된 국제법규는 국내법과 동일한 효력을 갖는다. 국제인권규약은 1966년 UN에서 채택되어 1976년 발효되었고, 우리나라는 1990년에 가입하였다. 유엔아동권리협약은 1989년 11월 20

일 유엔총회에서 만장일치로 채택, 1990년 9월 2일부터 국제법으로 발효되었으며, 국가가 아동을 보호할 책임 및 국제적 기준을 최초로 규정한 것으로, 우리나라는 1991년에 비준되었다.

주요 협약내용은 아동의 기본적인 생활과 보호가 이루어지면서, 발달상의 욕구가 적절히 충족되도록 하는 바람직한 보호환경의 조성과 보호체계 구축에 있어서 국가와 사회의 책임을 강조하였다. 그리고 무차별의 원칙, 아동의 최선의 이익 우선 등을 원칙으로 하여 생존권, 발달권, 보호권, 참여권 등을 규정하고 있다.

3. 청소년복지 행정체계

청소년복지 행정은 청소년정책이 구체화되어 청소년에게 전달되는 과정을 포함하는 것이라고 할 수 있다. 청소년 육성을 위한 행동방침이 청소년정책이라면, 청소년을 육성하기 위한 공적 조직활동이 청소년복지 행정체계라고 할 수 있다.

1) 청소년복지 정책기구

우리나라 최초의 청소년복지정책 담당기구는 1964년 9월 11일 대통령령 제1932호에 의거하여 내무부장관을 위원장으로 한 청소년보호대책위원회이다. 이후 1977년 8월 27일 국무총리를 위원장으로 하는 청소년대책위원회가 새롭게 설치되었다.

이 위원회는 1988년 8월 19일 청소년육성위원회로 변경되었다. 청소년육성위원회는 청소년복지정책의 중요한 사항을 심의하는 기능을 수행하였다. 1990년에 청소년헌장을 심의 · 통과시켰고, 1992년부터 10년간 추진된 한국청소년기본계획을 심의 · 확정하였다. 이후 이 위원회는 2005년 3월 24일 청소년기본법이 일부 개정되면서 청소년정책위원회로 대체되어 현재에 이르고 있다.

(1) 청소년정책위원회

청소년정책에 관한 관계부처 및 기관 간의 연계 · 조정과 상호협력을 위하여 여성가족부에 청소년 관련 업무를 담당하고 있는 관계부처의 공무원 및 민간전문가 등으로 구성되어 있다. 위원회의 주요 협의사항으로는 ① 둘 이상의 행정기관에 관련되는 청소년정책의 조정에 관한 사항, ② 여러 부처가 협력하여 추진해야 하는 청소년정책에 관한 사항 등이다. 협의회는 위원장을 포함하여 20인 이내의 위원으로 구성되어 있다. 위원장은 여성가족부장관이 된다.

(2) 청소년정책자문위원회

여성가족부의 주요 업무에 대한 이해도를 제고하고 민관협력을 증진하며, 청소년정책자문위원의 정책제언 반영을 통해 관련 청소년정책의 효율적 추진을 위한 기구이다. 여성가족부에서는 연간 2회 이상의 청소년정책자문위원회를 개최하고 있다. 주로 해당년도의 주요 업무추진계획을 보고받고, 효율적 정책추진을 위한 자문위원 의견 및 제언을 청취하고 있다.

(3) 청소년보호위원회

청소년보호법에 의거하여, 유해환경으로부터 청소년을 보호하기 위한 청소년 유해매체물, 청소년 유해약물, 청소년 유해물건, 청소년 유해업소 등에 대한 심의 및 결정을 하는 기구이다. 현재 청소년보호위원회는 위원장 1명 및 위원 9명으로 구성되어 있으며, 학계 3명, 법조계 1명, 협회 4명, 기타 1명, 당연직 청소년정책관 1명으로 구성되어 있다. 청소년보호과에서 담당하고 있으며, 평상시 월 1회, 연 12회 개최되고, 음반심의위원회에서 심의된 음반물, 뮤직비디오, 유해도서 및 출판물에 의한 결정고시와 유해업소 지정, 성범죄자에 대한 신상공개 등에 대한 의결도 함께 하고 있다.

(4) 청소년참여위원회

청소년참여위원회는 청소년이 직접 참여하는 위원회로, 여성가족부의 청소년 관련 정책 및 사업에 대한 의견 제시, 자문 및 평가, 청소년 관련 프로그램, 토론회, 캠페인 등 개최 및 참여, 시 · 도 참여위원회 및 청소년특별회의 활동 연계, 청소년참여 포털(www.withyouth.go.kr)을 활용한 커뮤니티 활동 등을 하고 있다. 청소년이 학교장 및 지역사회장들의 추천을 받아 신청하며 심사를 거쳐 선발된다.

(5) 지방청소년육성위원회

청소년육성에 관한 지방자치단체의 주요 시책을 심의하기 위하여 특별시장 · 광역시장 · 도지사 및 시장 · 군수 · 구청장의 소속하에 지방청소년육성위원회를 두고 있다.

2) 청소년복지 행정조직

(1) 중앙

① 국가청소년위원회(2005년 2월~2008년 3월 이전)

청소년기본법에 의거하여 2005년 5월 24일부터 2008년 2월 28일까지 우리나라 청소년의 육성 및 보호와 관련된 전반적 업무를 추진한 주무 부서였다. 국가청소년위원회의 주요 심의 · 의결사항은 ① 청소년정책의 기본방침에 관한 사항, ② 청소년 관련 법령의 제정 · 개폐에 관한 사항, ③ 특별지원청소년의 지원에 관한 사항, ④ 청소년 유해매체물의 심의 · 결정에 관한 사항, ⑤ 다른 법률에 의하여 국가청소년위원회의 소관으로 규정된 사항, ⑥ 그 밖에 위원장이 위원회의 심의 · 의결이 필요하다고 인정하는 사항 등이었다.

② 보건복지가족부 아동청소년정책실(2008년 3월 이후~2010년 3월)

보건복지가족부의 아동청소년정책실은 과거 국가청소년위원회와 보건복지가족부의 저출산고령사회대책본부가 담당하였던 업무를 통합하여 새로이 출범한 조직이었다. 3관 1단의 12개과로 구성되었다. 이중에서 청소년복지 관련 행정은 주로 아동청소년활동정책관(아동청소년정책과, 아동청소년권리과, 아동청소년역량개발과, 아동청소년교류과)과 아동청소년복지정책관(아동청소년복지과, 아동청소년상담자활과, 아동청소년보호과, 아동청소년매체환경과, 아동청소년성보호과)이 있었다. 청소년보호중앙점검단은 아동청소년정책실의 원활한 기능 유지 · 수행 등과 관련한 업무를 담당하였다.

③ 여성가족부 청소년가족정책실(2010년 3월 이후~)

여성가족부의 청소년가족정책실은 보건복지가족부에서 보육, 청소년, 가족업무가 이관되면서 만들어진 조직이다. 청소년가족정책실에는 가족업무를 담당하는 국장과 청소년업무를 담당하는 청소년정책관으로 나누어서 업무를 소관하고 있다. 청소년정책관에는 청소년정책과, 청소년활동진흥과, 청소년활동안전과, 학교 밖 청소년지원과, 청소년자립 지원과, 청소년보호환경과로 구분되어 있다. 최근에는 위기청소년 통합지원정보시스템 구축 TF가 추가되었다.

(2) 지방

지방 청소년복지행정조직은 광역시 · 도의 청소년정책과와 기초 시 · 군 · 구의 청소년계를 들 수 있다. 청소년과 관련된 복지업무 및 단체지원, 직접 청소년활동프로그램사업 등을 담당하고 있다. 그러나 청소년정책을 전담하는 부서 및 담당공무원의 잦은 인사이동으로 정책수립과 수행의 일관성 · 연속성이 결여되어 있는 상황이다. 또한 청소년복지행정업무의 전문인력이 부족할 뿐만 아니라 전문인력 양성 체계도 미흡하여 업무의 효율성이 떨어지고 있는 실정이다. 특히 청소년복지행정에 배정되는 지방자치단체의 예산이 부족하여 다양한 복지사업의 개발이 제한되는 문제점을 안고 있다.

4. 청소년복지정책의 역사

청소년복지정책은 청소년의 기본적 욕구인 소득, 보건, 교육, 주거를 충족시키고, 비행문제와 청소년보호, 환경, 스포츠, 레크리에이션, 상담 등을 해결하기 위한 국가 및 공공기관의 개입이라고 정의할 수 있다. 주요 분야로는 가정 강화, 건강 증진, 교육 기회 확대, 사회 참여 등을 포함하고 있다.

우리나라에서 최초의 독자적인 청소년복지정책은 1984년의 청소년종합대책추진방안이라고 할 수 있으며, 1986년에는 제6차 경제사회발전 5개년 계획에 청소년부문으로 포함되었고, 1991년에는 청소년육성계획이 수립되었다. 이 계획은 1993년 제1차 청소년육성 5개년 계획으로 수정되었고, 1998년에는 제2차 청소년육성 5개년 계획이 수립되었다. 제2차 청소년육성 5개년 계획은 이전의 계획에 비하여 청소년이 미래의 주역일뿐만 아니라 오늘의 사회 구성원으로서도 중요하다는 점을 강조하고 권익증진을 중요시하였다.

제3차 청소년육성기본계획에서는 청소년의 참여, 수요자 · 프로그램 중심의 정책, 자율적이고 현장 중심적인 운영 등을 강조하였다. 제4차 청소년정책기본계획에서는 청소년문화와 청소년정보화가 중요한 영역으로 추가되었다. 제5차에서는 다문화청소년지원과 청소년문제 중심의 맞춤형 서비스지원의 내용이 추가되었다. 제6차에서는 청소년의 주체적 참여 내용이 강조되었다. 또한 제7차에서는 청소년인구 감소 및 욕구다양화의 특성이 감안된 내용이 포함되었다.

5. 청소년복지정책의 과제

1) 문제점

우리나라 청소년복지정책의 가장 큰 문제점은 청소년복지정책의 수행의 근거가 되는 통합적인 법체계가 마련되어 있지 못하다는 것이다. 그리고 청소년복지 관련법체계 간의 유기적인 연계와 법조항의 실효성이 부족하여 적극적인 지원이 이루어지지 못하다는 한계를 갖고 있다. 또한 청소년복지정책의 목표 및 대상이 요보호청소년에 한정되어 단속과 보호중심으로 이루어짐으로써 예방적이고 보편적인 복지서비스 제공에는 미흡하다는 지적이 있다.

특히, 청소년복지정책이 중앙정부 중심으로 이루어지고 있으나, 부처 간에 협력이 부족한 탓에 대상 청소년의 중복 및 누락에 대한 문제점이 노출되고 있다. 또한 청소년복지정책의 원활한 수행을 위해서는 이에 필요한 적정한 재원이 요청되지만 항상 다른 정책 예산에 비해 적은 금액의 예산이 배정되고 있다.

2) 청소년복지정책의 방향

이러한 청소년복지정책의 문제점을 해결하기 위해서는 기존 청소년복지 관련법의 개정과 대상, 지원체계 등에 대하여 명확한 규정이 이루어질 필요가 있다. 그리고 청소년복지정책이 요보호청소년 중심의 선별주의적 접근에서 보편주의적 접근으로 전환되는 것이 필요하며, 지방정부 및 민간기관과의 긴밀한 연계를 통한 통합적 체계를 구축할 필요가 있다. 또한 청소년복지정책의 집행주체도 성인 중심에서 청소년과 함께 하는 것으로 전환되어야 한다.

청소년에 대하여 가정 · 학교 · 사회의 관심을 제고해야 하고 보다 많은 과학적 연구가 필요하다. 정부주도하에서 국민 모두가 참여하여 가정과 학교, 지역사회와 민간단체가 협의하여 청소년복지사업을 펼쳐나가야 한다. 그러므로 중앙정부와 지방자치단체의 사무 분담, 공 · 사의 역할 분담들이 확실시되어 서로에게 떠맡기는 식의 행정이 있어서는 안 된다. 아동과 청소년의 신체적 · 심리적 특성과 성격이 서로 다르다는 것을 인식하여 앞으로는 청소년복지와 정책을 아동복지와 별개로, 독자적으로 추진하여야 하며 일반 청소년과 다를 바 없는 요보호청소년에 대한 대책에도 많은 관심을 기울여야 할 것이다.

구체적이고 통합적인 청소년정책을 수립하고, 그 정책을 소관하는 부처 간에 유기적이고 협력적인 체계를 구축해야 하며, 적정한 규모의 재원을 확보하는 것이 필요하다. 이와 함께 청소년 수련활동에 대한 편중에서 벗어나 청소년들의 일상생활과 밀접한 다양한 프로그램을 개발하여 청소년 스스로가 참여할 수 있도록 해야 할 것이다.

6. 외국의 청소년복지정책

1) 유럽국가의 청소년복지정책

유럽국가의 청소년복지정책은 보편형과 보호형, 지역사회 중심형과 중앙집중형으로 유형화해서 고찰해 볼 수 있다(한국청소년정책연구원, 2001).

첫째, 보편형 정책모형이란 청소년사업이 특정집단이 아닌 전체 청소년을 대상으로 하되 여가활동, 교육적 목적이 강한 활동들로 특징지어진다. 청소년을 사회자원으로 보고 있으며 이들을 자율성, 독립성, 정치적 참여 등 건강한 시민으로 발달시키는 데 목적을 두고 있다. 유럽에서는 복지국가의 전통이 잘 발달되어 있는 노르웨이, 핀란드, 스웨덴 등 스칸디나비아반도의 국가들이 이러한 정책 경향을 띠고 있다. 이 나라들의 경우 청소년복지정책의 역사가 10~15년

정도로 비교적 짧으며 복지국가의 전통에도 불구하고 청소년복지정책 수행에 있어 시민사회가 중요한 역할을 담당하고 있다.

청소년복지정책이 청소년사업과 동일한 의미로 이해되며 청소년사업을 주도하는 시민사회단체가 청소년정책결정의 주요 인자로 이해되고 있다. 청소년복지정책 업무는 한 부서에 배당되는 형태이며 독립된 청소년 부서가 있는 것은 아니다. 또한 교육, 문화, 사회, 보건 등 전통적 영역에서 분리된 청소년 부문의 발달이 약하거나 거의 없다. 청소년 연령의 범위는 13/15세에서 25세 연령이며 실업, 정치적 참여 등이 청소년의 주요 문제로 부각되고 있다.

둘째, 지역사회중심형 모형에서는 청소년문제에 대한 대처방안으로서 정책기조가 강하여 주요 정책대상이 소외 청소년이다. 정부 부서에 독립적인 행정부서가 없으며 독립적인 청소년 부문의 형성도 약하다. 사회복지적 차원에서 지역사회에 존재하는 비영리단체들의 청소년서비스 제공이 중심이 되고 있다. 청소년사업의 주요 목적은 문제예방과 정치참여가 중심이 되고 있으며, 이 모형의 대표적인 국가는 영국이다.

셋째, 보호형 청소년복지정책 모형은 청소년복지행정을 위한 독립적인 부서가 정부부처에 설치되어 있으며 독립적인 청소년 부문이 형성되어 있다. 청소년복지정책의 목표 집단은 전체 청소년과 소외청소년 모두를 포괄한다. 청소년복지정책의 주요 목적은 문제 예방적 차원과 성공적인 사회통합, 정치참여 등이 기조를 이루고 있다. 대표적인 국가는 독일과 프랑스로서 청소년복지정책의 전통이 비교적 길다.

넷째, 중앙집중형 정책모형은 정부에 청소년업무 전담부서가 설치되어 있으며 주요 청소년 부문이 존재한다. 청소년복지정책의 목표집단은 특정집단으로 구체화되어 있으며 문제로서의 청소년과 자원으로서의 청소년 두 가지 관점을 모두 포괄한 청소년복지정책을 펴고 있다. 청소년복지정책의 목적은 청소년의 자율성과 독립성 등 인성개발과 사회통합, 정치참여 등이다. 대표적인 국가는 그리스, 포르투갈, 스페인 등 지중해 연안 국가이며 청소년사업 수행에 있어 민간부문보다는 공공부문의 역할이 강조되고 있으며 청소년복지정책의 역사가 아주 짧다.

유럽의 청소년지도자 양성은 국가마다 차이는 있지만 대체로 민간단체, 전문학교, 대학교육 등의 과정을 통해 이루어지고 있다. 이들은 주로 민간단체, 공공부문청소년조직 등에 고용되며 주요 업무는 여가활동지도, 상담, 실업예방, 청소년 정보, 청소년문제 예방교육, 정치참여 등이다.

최근 유럽연합에서는 「2019~2027년 EU 청소년 전략」(EU Youth Strategy 2019-2027) 채택(2018)하였는데, 청소년의 사회참여와 시민으로서의 참여를 지원하고 이를 위해 필요한 자원을 확보하는 데에 초점을 둔 것이었다. 참여, 연계 및 교육, 권한 강화에 키워드를 두었다. 이를 위해, 새로운 'EU Youth Dialogue' 개시, 'European Youth Portal' 통합으로 단일한 접근채널 제공, 유럽청소년단체 간 협력을 촉진하여 보다 강력한 파트너십 수립을 지원하는 프로젝트 운영, 서로 다른 지역의 청소년 간 네트워크 수립을 지원하는 'Erasmus+ Virtual Exchanges' 및 'Erasmus+' 프로그램 아래 추진되는 여러 청소년 관련 프로그램 등 운영, 국제 자원봉사 프로그램 'European Solidarity Corps' 시행 지원, 청소년사업 활성화를 위한 전략적 프레임워크 'European Youth Work Agenda' 시행 협력 등의 사업을 추진하고 있다.

프랑스의 경우는 「청소년 기본계획(Politique en faveur de la Jeunesse)」을 발표(2013, 2015, 2020, 2022, 교육 · 청소년 · 스포츠부)하여 참여 등의 활성화, 교육 및 진로, 일자리 및 취업, 자립과 불평등 해소, 삶의 질 개선에 초점을 두고 청소년사업을 추진하고 있다. 국가차원의 서비스 연계과정 확립, 사회적 다양성에 기초를 둔 참여문화 조성, 청소년 참여 인식 및 시민성 교육 지원, 해외 프랑스령 청소년의 이동 어려움 해결, 25세 이전 유럽연합 국가 최소 6개월 체류 권장, 청소년 국제활동 참여 활성화, 학업중단 청소년의 학업복귀를 위한 교육구조 개발, 직업교육 및 이수를 위한 신개념 캠퍼스 개발, 공화주의 가치와 비종교주의 실천, 청소년의 정보 네트워크를 통한 관련 정보(교육, 실업교육,

장학금 및 보조금, 구직, 외국체류 등) 접근성 제고, 청소년 권리와 청소년 서비스 확장, 1인 청소년 1개 솔루션 사업 추진, 용이한 구직을 위한 청소년의 능력개발, 저학력 청소년의 구직활동을 위한 '청소년 보장법' 제정, 1인 청소년 1인 멘토 사업 확장, 모두를 위한 문화예술 활동 개선, 청소년문화패스 활성화, 휴가권 보장하기, 스포츠 장치 마련 및 활용 개선, 정보 · 개발 · 주거 발전법에 따라 청소년의 용이한 주거진입 보장, 청소년 건강보험 절차 간소화, 청소년 건강 위해요인(알코올, 담배, 마약, 인터넷) 예방사업 등에 초점을 두고 진행하고 있다(제7차 청소년정책기본계획, 2023).

2) 미국의 청소년복지정책

(1) 청소년복지정책의 특징

미국 사회는 1950년대 이래로 청소년 비행 및 범죄의 심각성을 인식하기 시작하면서부터 연방정부에서 재원을 동원하기 시작하였고, 1970년대부터 본격적인 관련법 · 제도가 정비되기 시작하였다. 아동 및 청소년복지정책의 근간은 1935년에 제정된 사회보장법으로 거슬러갈 수 있으나, 1974년 제정된 청소년사법 및 비행 예방법과 가출청소년법, 1980년에 입법화된 입양관련법 등을 통해 체계적인 정책 근간이 마련되었다. 미국의 청소년복지정책과 주요 프로그램의 특징들을 살펴보면 다음과 같다.

첫째, 미국의 청소년복지정책은 그 대상군별로, 일반 청소년들뿐 아니라 빈곤 및 결손가정 청소년과 위탁보호청소년, 가출청소년, 비행청소년을 위한 법제를 각각 마련해 놓고 있다. 일반 청소년들을 위한 법제로는 청소년의 복지를 위한 The Young American Act(1990), 안전한 학교를 위한 학교 관련 법률들, 교육 확대를 위한 No Child Left Behind Act(2001) 등이 대표적이다.

2000년에 전체 아동인구의 16%에 이르는 빈곤아동을 위해 그동안 소득지원을 해주는 복지프로그램이었던 AFDC를 TANF로 교체하여 가족체계의 해체를 방지하고 근본적인 환경개선에 주력하게 되었다. 또한 문제청소년들에 대해서는 위탁시설관련 법규를 재정비하고, 가출청소년들의 비행을 방지하기 위해 가출 및 노숙청소년법을 제정하여 거리에서의 아웃리치 프로그램과 전환생활 프로그램 등이 가능하도록 하였다. 또한 맥킨리법 강화로 노숙상태의 아동 및 청소년에게 더 많은 권리를 부여하였고, 이들의 학교복귀를 도울 수 있는 담당자를 확충하였다. 또한 비행청소년의 심각성을 인식하여, 지역사회를 중심으로 하는 청소년 권익 보호 프로그램을 마련하였는데, 이를 통해 청소년 교정을 위한 지역사회 중심의 프로그램이 활기를 띠게 되었다.

둘째, 미국 정부의 청소년복지 관련 기관은 지방분권적 성격으로 행해진다. 연방국가이기 때문에 사회복지 프로그램 역시 각 주에 따라 독특한 성격을 지니기도 하며, 1980년대 이후부터는 민영화정책으로 인해 민간부문의 복지서비스가 중시되면서 연방정부 개입이 축소되었다.

(2) 청소년복지정책의 내용

미국의 청소년복지정책은 청소년을 문제거리로 보는 관점과 이에 대한 사회예방적 차원이 강하게 반영되어 있다. 이러한 이유로 저소득가정이나 소외집단 청소년이 청소년복지정책의 주요 목표 집단이 되고 있다. 미국 청소년복지정책의 방향 전환은 이들 집단에 대한 대응방식의 변화를 의미하고 있다. 종전에는 문제에 대한 대책이나 문제행동 예방에 관심을 기울여 왔다면 이제는 기존 정책의 실효성에 의문을 제기하고 이들 집단의 성공적인 성장과 발달에 관심을 기울이고 있다. 즉, 청소년 육성이 현재의 미국 청소년복지정책의 주요 목적이 되고 있는 것이다.

미국의 경우 연방차원의 통일된 청소년복지정책은 아직 없다. 청소년사업은 유관부처가 독자적으로 집행하고 있다. 청소년사업이 연방정부 관련 부처에서 독자적으로 분산되어 실시되고 있으며 조정업무를 담당하는 부서도 없다. 주요 부처는 Department of Health and Human Service의 아동청소년정책과이다. 청소년재정은 관련 부처에서 확보한 사업예산으로 구성된다.

각 부처는 부처 고유업무와 유관한 청소년사업 예산을 먼저 확보한 후 정부가 청소년조직을 비영리기관, 단체 등에게 사업비를 배분하여 주는 방식으로 사업을 수행한다. 사업의 실제적 수행은 시민사회단체가 담당하고 있다. 연방정부가 재정보조를 하는 프로그램으로는 범죄와 비행방지, 교육, 노숙자지원, 직업지원, 직업훈련프로그램 등이 있다. 정부 외 민간재단의 청소년사업에 대한 기부금도 청소년사업을 활성화하는 데 크게 기여하고 있다.

청소년 관련 입법은 수없이 많으나 청소년정책을 통괄하는 기본적인 법은 없다. 'The Younger American Act(YAA)'가 청소년정책에 대한 최초의 법으로서 의미를 부여받고 있다. 연방정부가 추진하는 주요 사업은 21세기 지역학습센터사업, JUMP, Youth Opportunity Grants, Youth Build 등이 있다. 21세기 지역학습센터사업은 학교가 중심이 되어 지역사회단체와 협력하여 청소년의 방과후 활동을 증진시키는 것이다. 이 사업에서 주목할 만한 점은 청소년의 긍정적 발달을 위해 학습과 활동을 통합한 서비스 지원체제라는 점이다. 미국 청소년복지정책은 청소년 육성, 비행 · 범죄 청소년에 대한 상담(멘토)활동, 청소년자원봉사활동, 고용증진 등이 주요 사업이다. 미국청소년사업의 특징은 사업별로 목표 집단과 활동 내용이 구체화되어 있고 수행방식에 대한 사전규정을 마련하여 민간기관과 단체를 선도해 나가고 있다는 점이다.

청소년지도사의 양성은 대체로 비영리단체, 대학에서 이루어지고 있다. 국가자격은 부여되지 않으며 민간자격으로서 유효하다. 'American Humanics'는 대학과 비영리단체가 연합하여 청소년단체에서 일할 지도자를 훈련하는 과정이다. 사회학, 교육학, 아동발달 등 관련 전공 학부생이 인턴십과 학과수업, 전공과정 수업 등을 통해 훈련된 후 자격을 부여받는다. 이외에도 민간단체, 주 청소년연구소 등이 시행하는 지도자 양성과정이 있다.

3) 일본의 청소년복지정책

일본에서 청소년의 가정생활과 관련된 복지사업은 첫째, 가정교육과 진흥을 목적으로 하고 있는 사업을 제시할 수 있는데, 그 세부적인 내용으로 가정교육에 관한 각종 지도자료의 작성 · 배포, 가정교육 사무담당자회의 등의 개최, 가정교육에 관한 TV방송의 실시위탁 등의 시행과 공공단체가 개설 · 실시하는 가정교육학급, 가정교육지역교류사업, 건전가정교육상담사업, 가정교육종합추진사업 등을 들 수 있다.

둘째, 가정아동건전육성사업을 위해 아동건전육성 행정의 일환으로서 아동상담소, 가정아동상담실을 개설하여 아동이 있는 가정에 대한 상담원 활동을 전개하고 있다. 셋째, 보호를 필요로 하는 아동에 대한 복지대책으로는 양호아동의 복지대책, 보육아동에 대한 복지대책, 정서장애아동의 복지대책, 모자가정에 대한 복지대책 등이 있다.

청소년의 학교생활과 관련된 청소년복지사업은 교육 기회의 증대와 함께 유아교육, 고등교육 등 의무교육 전후에 걸쳐 학교생활의 기간이 길어졌기 때문에 정부정책의 핵심이 되고 있다. 유아교육은 의무교육 취학 전의 유아를 대상으로 하는 교육으로서 유치원에서 실시되는데, 유치원은 유아를 보육하고 적당한 환경을 부여하여 심신의 발달을 조장하는 목적으로 만 3세에서 소학교 취학하기까지의 유아를 입원시킨다. 의무교육에는 소학교 6년, 중학교 3년의 취학이 해당된다.

고등학교교육은 의무교육 수료 후의 교육기관이지만 1992년도 중학교 졸업자의 약 95% 이상이 진학하여 거의 의무교육적인 실태가 되었다. 일본의 고등교육기관은 대학, 단기대학, 고등전문학교이다. 특수교육은 심신장애아를 위한 교육이다. 교육형태는 맹아학교, 농아학교, 양호학교를 설치하여 교육하는 방법과 일반소학교, 중학교에 특수학급을 설치하여 교육하는 방법이 있다.

일본의 청소년복지정책은 비행방지와 범죄청소년의 보호, 교정, 문제행동에 대한 대책 위주의 청소년복지정책에서 청소년 전체의 건전한 육성 환경 정비라는 육성 위주의 청소년복지정책으로 방향을 전환하였다.

일본의 청소년복지행정은 2001년 정부조직 개편과 더불어 크게 변화되었다. 종전에는 총무청 청소년대책본부가 청소년업무를 담당했으나 이제는 내각부가 담당하게 되었다. 내각부는 행정 각부의 시책을 통일하기 위해 필요한 기획입안 및 종합조정, 행정 각부 시책의 사후조정 등의 기능을 담당하는데 청소년복지정책에 있어서는 청소년 건전 육성에 관한 사항의 기획 입안 및 종합조정 등을 담당하고 각 관계부처는 청소년에 관한 시책을 분담하도록 되어 있다.

일본의 경우 지방 청소년복지행정이 잘 발달되어 있다. 지방자치단체 각 부서와 공안위원회, 교육위원회에 청소년 관련 업무가 적절하게 할당되어 있다. 중앙에서는 지방자치단체 청소년 관계 주관 과장회의 등을 개최하여 내각부 및 관계부처 시책 및 사업설명 등을 실시하는 등 중앙과 지방조직이 연계되어 있다. 그러나 청소년대책위원회에서 내각부로의 청소년복지행정체계 변화는 외형적 규모는 커진 반면에 종전과 같은 응집력과 전문성을 발휘하기는 어려워졌다.

일본의 경우 한국의 청소년기본법이나 청소년보호법과 같은 청소년부문의 독자적인 입법은 없다. 독자적인 입법이 소년법, 아동학대방지법, 아동복지법 등에 분산되어 있다. 도도부현의 조례에서 규정하고 있는 분산된 청소년보호에 관한 내용들을 하나의 법률로 통일시켜 나가고 있다.

일본의 청소년육성사업은 국민운동 등 홍보 · 계몽활동이 많은 것이 특징이며 주요 청소년사업으로는 전국 코도모플랜이 있다. 코도모플랜은 2002년부터 주5일제 수업이 전면 실시됨에 따라 청소년 육성 환경을 정비하고 다양한 활동을 진흥시키는 체제를 정비하기 위한 3개년 전략이다. 학습체험, 자원봉사, 국제교류, 정보화 등이 주요 사업이다.

일본의 청소년지도자는 사회교육지도자, 스포츠지도자, 근로청소년지도자, 아동건전육성지도자, 농림수산업계지도자, 청소년국민운동 추진지도원 등 다양하다. 이 지도자들은 해당 분야에서 제공하는 소정의 연수과정을 통해 자발적으로 양성되며 별도의 국가자격이 있는 것은 아니다. 스포츠지도자의 경우 기능심사 사업의 인정에 관한 규정을 통해 지도자의 자질 향상을 꾀하고 있다. 연수과정은 국가나 지방자치단체, 해당 분야 민간단체 등이 담당하며 고등교육기관 수준의 연수는 없다. 연수경비는 해당 부서 등에서 공적으로 지원한다.

방과후 아동플랜사업은 2007년부터 시행되기 시작한 일본의 대표적이고 통합적인 지역사회 내 아동보호체계이며 지원 사업이다. 일본의 모든 지자체의 도도부현(시 · 군 · 구)은 지역사회 내 방과후 아동사업 추진위원회를 설치하여 지역사회 모든 아동이 건전하게 보호받을 수 있는 사업을 진행해 나가고 있다.

4) 호주의 청소년복지정책

호주에서는 청소년이 직면하고 있는 여러 이슈에 대해 청소년을 지원하겠다는 국가적 서약의 일환으로 「호주 청소년정책 프레임워크(Australia's Youth Policy Framework)」를 발표하였다. 코로나19의 영향, 청소년정책에 청소년 의견 반영을 위한 청소년 이슈 청취 · 대응, 청소년 대상 서비스 및 프로그램, 청소년-정부 간 협력 지속 등에 초점을 맞추어 청소년정책을 시행하고 있다. 구체적으로 코로나19가 청소년들에게 끼친 부정적인 영향(사회경제적 영향 및 정신건강 이슈 등)과 청소년정책 분야의 주요 목표 설정, 청소년 대상 컨설팅을 통해 청소년정책 우선과제 · 영역 설정, 청소년옹호단체 지원사업을 비롯하여 청소년의 의견을 듣기 위한 프로그램 운영, 교육, 훈련, 고용 관련 기회 제공 및 청소년의 정신건강을 위한 투자 강화, 정부의 청소년 서비스 간 연계 강화, 청소년 서비스에 대한 정보를 제공하여 청소년들이 여러 서비스를 보다 효과적으로 이용할 수 있도록 만들어야 한다는 공감대 형성 구축, 실효성 있는 조치들로 호주 청소년 지원, 정기적인 컨설팅을 통한 청소년 의견수렴 방침 등에 서약하고 추진하고 있다(제7차 청소년정책기본계획, 2023).

연구문제

01. 청소년복지정책의 필요성을 네 가지 이상 열거하고, 이중 본인이 가장 중요하다고 생각하는 정책의 필요성과 그 이유를 서술하시오.

02. 청소년복지와 관련된 법들을 나열하고, 법에서 청소년복지가 강조되는 영역을 설명하시오.

03. 청소년기본법과 아동복지법의 차이를 설명하고, 청소년복지를 위해 아동복지법에 더 추가되어야 할 사항으로는 어떤 것이 있는지 설명하시오.

04. 청소년보호위원회의 주요 기능과 문제점에 대해 기술하시오.

05. 청소년복지를 담당하는 지방정부의 행정조직을 설명하고, 문제점을 기술하시오.

06. 각국의 청소년복지정책 특성을 설명하고, 우리나라 청소년복지정책이 갖는 특수성을 설명하시오.

chapter

06

청소년복지 실천현장과 전문인력

contents

학습목표

- 청소년복지서비스 실천현장인 청소년복지시설 및 보호시설, 청소년활동시설, 학교 등을 고찰한다.
- 청소년복지 관련 전문인력인 전문상담교사, 진로진학상담교사, 학교사회복지사, 교육복지사 및 지역사회교육전문가, 청소년지도사, 청소년상담사, 사회복지사, 아동복지교사의 역할과 자격요건에 대해 분석한다.

1. 실천현장

1) 청소년복지시설 및 보호시설

청소년을 위한 복지시설 및 보호시설은 생활시설과 이용시설로 구분할 수 있다. 생활시설은 시설에 입소하여 생활중심의 서비스를 제공받는 시설을 의미한다. 이용시설은 가정에서 생활하는 청소년이나 그 보호자가 시설에 통원하여 특정의 전문적 서비스를 제공받는 시설을 의미한다.

생활시설에는 시설에 입소하여 특정목적 중심의 서비스를 제공받는 특수목적생활시설이 있는데, 여기에는 생활보호적 욕구와 더불어 특정목적의 욕구를 지닌 아동이 주로 대상이 된다. 즉, 생활지도를 기본으로 하면서 특정목적에 따라 심리치료적 · 교육지도적 · 보건의료적 · 기능훈련적 전문성을 살린 서비스가 제공되고 있다.

청소년복지시설은 청소년복지지원법에 의한 청소년쉼터와 아동복지법에 의한 아동복지시설로 구분된다. 또한 청소년보호시설에는 청소년보호법에 의한 청소년보호센터와 청소년재활센터가 있으며, 소년법에 의한 교호시설이 있다.

(1) 시설의 유형

① 청소년쉼터

청소년쉼터란 가출청소년에게 일정 기간 동안 생활지원과 보호서비스 제공 등을 통하여 가정 · 사회로의 복귀, 학업 및 자립을 지원하기 위한 청소년복지시설을 의미하며, 이용 대상은 9~24세 남녀 청소년이다. 청소년쉼터는 가출청소년 보호 · 지원을 위하여 다음과 같은 역할을 하고 있다. 가출청소년의 일시보호 및 숙식제공, 가출청소년의 상담 · 선도 · 수련활동, 가출청소년의 학업 및 직업훈련 지원활동, 청소년의 가출 예방을 위한 거리아웃리치(상담) 활동, 그 밖에 청소년복지지원에 관한 활동, 지역사회 청소년통합지원체계(CYS-Net)와의 연계협력 강화, 청소년전화 1388과 청소년상담지원센터와의 연계를 통한 상담 및 선도 · 보호서비스 확충 등이다.

② 아동상담소

아동상담소는 18세 미만의 아동 및 청소년 또는 임산부에 대한 상담과 임산부와 관련된 그 가족 또는 관계인에 대한 상담이 이루어지는 시설이다. 뿐만 아니라 아동 및 청소년 지도에 필요한 가정환경의 조사, 입양과 위탁보호, 아동 및 청소년 또는 임산부에 관한 전문적 · 기술적 지도를 필요로 하는 경우에 개별지도 · 집단지도 및 알선, 요보호아동 및 청소년의 조사, 지도 및 감독, 아동 및 청소년을 위한 지역사회자원의 활용, 아동 및 청소년의 일시보호 등을 담당하고 있다.

③ 아동양육시설

보호자가 없거나 이에 준하는 18세 미만의 아동 및 청소년을 입소시켜 보호양육하는 시설이다. 다만, 시설아동 및 청소년이 고등학교 이하의 학교에 재학 중이거나, 직업보도시설 또는 직업훈련시설에서 훈련 중이거나, 장애인으로서

귀가 취업이 곤란한 20세 미만일 경우에는 기초지방자치단체장의 승인을 받아 보호기간을 연장할 수 있다.

④ 아동일시보호시설

가출아동 및 청소년, 부랑아동 및 청소년 기타 요보호아동 및 청소년을 일시 입소시켜 보호하고 아동 및 청소년의 내력, 성격, 희망 등을 조사, 감별하여 그 아동 및 청소년에 대한 장기보호 또는 기타 보호조치를 하는 시설이다.

⑤ 아동직업훈련시설

아동복지시설에 입소되어 있는 15세 이상의 아동 및 청소년과 빈곤한 가정의 아동 및 청소년에 대하여 자활에 필요한 지식과 기능을 습득시키는 시설이다.

⑥ 정서장애아시설

정서장애의 정도가 가벼운 아동 및 청소년을 단기간 입소시켜 수용 보호하거나 보호자로부터 위탁받아 통원시켜 상담하는 시설이다.

⑦ 자립 지원시설

아동복지시설에서 퇴소한 청소년에게 취업 준비기간 또는 취업 후 일정한 기간 동안 숙소 또는 음식을 실비로 제공하여 청소년의 자립을 지원하는 시설이다.

⑧ 청소년보호센터

청소년의 건전한 육성 및 성장을 저해하는 유해환경을 규제하거나 유해환경의 접근이나 접촉을 제한하도록 하는 시설을 말한다. 특히 청소년의 학대 및 폭력 등의 유해환경으로부터 임시로 청소년을 보호하기 위하여 만든 생활시설이 청소년보호센터이다.

⑨ 청소년재활센터

청소년폭력 피해 및 가해 청소년 및 약물이나 중독 등의 문제를 가진 청소년의 고통을 해소하기 위한 재활을 목적으로 만든 시설이다.

⑩ 교호시설

불량행위를 하거나 불량행위를 할 우려가 있는 아동 및 청소년을 보호하는 시설이다. 보호자가 없는 아동 및 청소년, 친권자나 후견인이 입소를 신청한 아동 및 청소년, 가정법원 또는 지방법원 소년부 지원에서 보호위탁된 아동 및 청소년을 입소시키고 그들을 선도하여 건전한 국민으로 육성하는 시설이다.

(2) 청소년복지시설 및 보호시설의 청소년의 특성

시설입소 아동 및 청소년들의 입소원인은 결손가정 또는 빈곤가정의 환경 탓이 대부분이지만, 앞으로 청소년복지시설의 기능이 보다 확대되고 전문화된다면 결손가정 아동 및 청소년뿐만 아니라 일반 가정아동 및 청소년 중에서도 일정 기간 동안 치료와 보호가 필요하여 입소하는 사례가 있을 것으로 예상된다.

① 가족해체

시설보호 청소년은 대부분 기아 · 미혼모 · 별거 · 부모의 사망 등 가족의 구조적 해체와 부모의 경제적 무능력 · 질병 · 장애 · 가족갈등에 따른 학대 · 방임 · 무관심 등과 같은 가족의 기능적 해체에 의해 발생한다.

② 청소년의 장애 · 비행 · 범죄

먼저, 장애청소년은 그들을 가정에서 돌볼 수 없거나, 가정보다는 시설에서 돌보는 것이 더 효과적인 경우 장애인복지시설이나 정신지체장애인을 대상으로 한 그룹홈에 입소할 수 있다. 두 번째로 불량행위를 하거나 불량행위를 할 우려가 있는 청소년, 가정법원 · 지방법원 소년부 지원 등으로부터 보호위탁된 청소년, '아동 · 청소년의 성 보호에 관한 법률'에 의해 성매매 대상으로 판단된 청소년은 아동보호시설에 입소시킨다.

③ 심리적 문제

시설보호 청소년들은 여러 가지 문제습관들을 보인다(임상록 외, 2010). 구체적으로 욕구불만을 참지 못하고, 만족을 유예하는 능력이 제한되어 충동통제의 발달이 부족하다. 자신에 대해서는 낮은 자아상을 가지며, 화, 공포, 사기, 슬픔 등의 감정들을 효과적이고 적절하게 다루는 감정조절기술이 미숙하다. 또한 타인과의 관계를 형성하는 데 어려움이 있고, 학습장애로 인해, 혼자 또는 친구들과 놀이를 하는 데 어려움을 겪는다.

또한 시설아동 및 청소년은 일반아동 및 청소년에 비해 적절히 자신의 의견을 주장하거나 자신의 감정 상태를 잘 통제할 수 있는 정서조망능력이 부족한 것으로 나타났다. 그리고 시설아동 및 청소년은 일반적으로 이중인격을 가지는 경향이 있다. 즉, 표면적으로는 규칙에 순종하지만 내면적으로는 반항적이라는 것이다.

④ 발달지체의 문제

시설보호를 받는 청소년에 대한 체격과 영양섭취 상태를 조사한 결과에 따르면, 일반청소년의 신장과 체중이 한국 소아의 발육표준치에 뒤떨어지고, 영양소 섭취량도 권장량에 미치지 못한다고 한다. 그리고 이러한 신체적 발달특성은 인지발달에도 영향을 미치는 것으로 나타났다(노혁, 2010). 특히 인지발달의 측면에서도 수업시간일 때에 집단보호 아동 및 청소년들이 다른 학생들에 비해 더 부주의하고 수업활동에 덜 참여하며, 보다 수동적 · 비생산적인 활동에 참여하는 경향을 보인다.

마지막으로 어린 시절, 시설보호의 경험이 있는 청소년들이 보이는 사회적 관계의 특성을 살펴보면, 또래들의 관심과 인정보다 성인들의 그것들을 보다 많이 추구하는 성인지향적이다. 그리고 또래관계에서 어려움을 많이 겪고, 특별한 친구가 적을 뿐더러, 불안할 때 또래로부터 정서적 지지에 의존하는 경향이 적었다. 친구를 사귀는 데 있어서는 본인의 의사에 따라 친구를 선택하기보다 자신에게 친절한 사람과 친해지는 경향을 보였다.

⑤ 자립문제

시설을 퇴소한 청소년이 겪는 가장 어려운 문제는 취업과 주거문제이다. 퇴소청소년의 생활실태에 관한 연구를 보면, 퇴소청소년은 자립계획을 혼자서 세웠고, 직업교육의 미흡과 사회적 편견으로 인해 안정된 직장을 갖기가 어려울 뿐만 아니라, 특히 주거문제가 해결되지 않아 많은 생활고를 겪고 있으며, 신분보장의 어려움 때문에 인간관계와 결혼에서도 많은 어려움을 겪는 것으로 나타났다.

(3) 프로그램

① 시설청소년의 건강한 발달을 위한 프로그램

입소배경, 심리상태와 관련하여 시설청소년은 시설에 입소하면서 원가정 또는 친부모와의 분리를 경험하게 되며, 특히 원가정에서 심한 학대나 방임의 경험이 있을 경우 심각한 심리문제를 가지게 된다. 시설청소년이 신체 · 정서 · 인지 · 사회발달면에서 건강하게 성장하기 위해서는 시설청소년의 발달에 영향을 주는 시설의 양육환경을 개선할 필요가 있다.

② 자립준비 프로그램

빠르면 빠를수록 효과가 크겠지만, 늦어도 고등학교 1학년 때부터는 개별 자립사정계획을 세워 청소년 특성에 따라 자립준비를 해야 한다.

③ 가족재결합 프로그램

시설보호 청소년의 심리사회적 적응을 위해서는 시설보호 이전의 원가족 생활과 현재의 시설생활에서 안정적이고 지속적인 애착관계를 경험하는 것이 중요하다. 이를 위해 원가족으로부터 분리될 위험에 처한 시설청소년의 경우 부모-자녀 유대관계, 부모와 아동의 욕구, 가정환경, 아동의 권리 등에 대한 정확한 사정을 바탕으로 장기적 보호계획이 수립되어야 하며, 이때 애착관계와 영속성이 중시되어야 한다(조선화 외, 2005).

2) 청소년활동시설

청소년활동시설은 청소년활동진흥법에 의해 설치된 시설이 이에 속한다. 활동시설은 청소년수련시설과 청소년이용시설로 구분된다.

(1) 청소년수련시설

수련시설은 기능이나 수련거리 및 시설의 입지적 여건 등에 따라 크게 생활권 수련시설, 자연권 수련시설 및 유스호스텔로 나누어지며, 이는 시설의 규모와 세부내용 등에 따라 다음과 같이 각각 몇 개의 유형으로 세분된다.

수련시설 중에서 수련시설로서의 기본적인 역할 외에 지역 수련활동 지원, 청소년지도자 연수, 수련거리의 보급 등 지역단위 수련활동의 중추적 역할까지 담당하는 수련시설이 있는데, 이를 대표수련시설이라 하며, 대표수련시설은 지방자치단체에서 설치 · 운영하게 된다(권일남 외, 2012).

또한 수련시설과는 별도로 청소년수련지구가 있는데, 이는 수련활동을 효율적이고 종합적으로 전개할 수 있는 여건과 수련시설의 설치여건을 조성하기 위한 공간적 개념으로, 일정한 지역을 설정하여 수련시설, 체육시설, 문화시설 등 각종 수련활동시설을 종합적으로 수용할 수 있도록 해놓은 지역을 말한다.

① 수련시설의 유형

● 생활권 수련시설

생활권 수련시설은 주로 일상생활권 안에서 수련활동을 실시하는 시설을 말한다. 따라서 도보나 대중교통수단으로 쉽게 접근할 수 있도록 주택가, 도심지 또는 도심지 근교에 설치되며, 각종 취미활동, 체육활동 등 주로 숙박을 요하지 않는 당일귀가형 수련활동을 실시하게 된다. 생활권 수련시설은 실내활동기능 위주의 시설이지만 시설 종류에 따라 부분적으로 야외활동기능이 보강된 시설도 있다.

또한 생활권 수련시설은 그 규모와 기능 등에 따른 청소년수련관이 있는데, 청소년수련관은 실내활동 위주의 시설을 다양하게 갖추고 수련거리를 상설 · 운영하는 시 · 도 또는 시 · 군 · 구 단위의 수련시설을 말한다.

● 자연권 수련시설

자연권 수련시설은 주로 자연과 더불어 체험활동 위주의 수련활동을 실시하는 시설을 말한다. 따라서 야외활동 기능이 상대적으로 중요시되며, 주로 1박 2일 이상의 단체 숙박 수련활동이 실시되므로 체류할 수 있는 생활관 또는 야영지가 요구되고, 일상생활권과는 격리된 지역에 위치하게 된다.

자연권 수련시설은 청소년수련원, 청소년야영장으로 세분된다. 그중 청소년수련원은 종합적이고 다양한 수련활동을 실시할 수 있는 수련시설로 생활관, 자연체험시설, 체육시설, 각종 활동시설 및 녹지대 등을 다양하게 갖추고 있는 자연권 종합 수련시설을 말하며, 청소년야영장은 야영지 위주의 수련시설로서 야영 집회에 필요한 기본시설 외에는 다른 자연권 수련시설처럼 여러 가지 활동시설이 요구되지는 않는다.

- 유스호스텔

유스호스텔은 청소년의 숙박 및 체재에 적합한 시설, 설비와 부대편의시설을 갖추고 숙박편의 제공, 여행청소년의 수련활동 지원들을 주된 기능으로 하는 시설을 말하며 교육적 기능, 수련활동기능 등을 보유한 일종의 청소년 전용 숙박시설로 볼 수 있다.

유스호스텔은 1909년 독일인 교사인 리하르트 쉬르만이 청소년들이 대자연 속에서 심신단련 및 현장교육을 할 수 있도록 간소하고 청결한 숙박시설을 설치 · 운영하자고 주장한 것을 기원으로 유럽 중심으로 발전되어 왔으며, 1932년 설립된 국제유스호스텔연맹(IYHF)의 결성을 계기로 전 세계적으로 확산되었다. 현재는 90여 개의 회원국에 500여만 명의 회원이 있으며, 전 세계에 약 6,000여 개소의 유스호스텔이 있다(윤기종, 2009).

② 청소년수련시설 서비스 내용

- 형태별 종류: 특별활동, 동아리활동, 단체활동이 있다.

• 특별활동

특별활동은 역사적으로 청소년의 임의 여가활동으로 시작되어 현재의 체험 중심의 교과외 활동으로 정착된 활동이다. 따라서 특별활동은 청소년활동의 중요한 형태로 규정될 수 있으며 특별활동의 활성화는 곧 오늘날 가장 많은 비중의 청소년을 체험중심활동에 참여할 수 있게 하는 매체로 작용하고 있다(류동훈 외, 2005).

• 동아리활동

동아리활동은 취미나 소질, 가치관이나 문제의식 등을 공유하는 청소년들에 의해 자생된 자치 서클활동으로 특별활동 내의 클럽활동과는 달리 교육과정 밖에 존재하는 것이 특징이다. 수련시설에서의 동아리활동의 가장 큰 강점은 활동 자체가 청소년들의 관심에서 출발하여 활동의 계획과 운영이 청소년에 의해서 이루어진다는 점이다. 또한 동아리활동은 활동의 범주가 제한되어 있지 않기 때문에 청소년들이 보다 다양하고 창조적인 활동을 만들어 나갈 수 있는 장점이 있다.

• 단체활동

교육과정에 포함되어 있는 특별활동 이외에 수련시설에서 이루어지는 우리나라 청소년활동의 가장 전형적인 형태로 인식되고 있는 것이 단체활동이다. 여기서 단체활동이란 각종 청소년단체나 종교단체, 지역사회단체 등이 주관하는 체계적 집단활동을 총칭하여 일컫는 표현이다. 실제로 많은 청소년들이 이러한 단체에 가입하여 회원으로서 다양한 활동에 참여하거나 수시로 단체에서 마련한 프로그램의 참여를 통해서 활동의 욕구를 충족하고 있다.

또한 일부 단체는 각급 학교나 수련시설에 지부를 두어 특별활동 속의 클럽활동의 활동반 구실을 수행하고 있다. 이러한 단체로는 보이스카우트, 걸스카우트, 청소년연맹, 청소년적십자 등이 포함되어 있다. 이런 형태의 단체활동은 특별활동임과 동시에 단체활동으로써 그 구분이 애매하지만 일단 교육과정 속에서 이루어질 경우 특별활동의 범주에 넣어서 고려하는 것이 타당할 것이다.

내용별 종류: 심신단련활동, 자질계발활동, 봉사활동, 사회성 함양활동

• 심신단련활동

체력을 단련하고 마음을 수양하는 다양한 활동으로 정의될 수 있다. 청소년기의 심성발달에 가장 큰 영향을 주는 요소는 신체적 자신감과 바른 마음가짐을 형성하는 것이다. 이러한 심신단련활동의 영역은 크게 체력단련활동과 자연체험활동으로 나누어진다. 체력단련활동에 각종 스포츠활동과 체력육성 프로그램이 포함되며, 이 활동의 목적은 생활권에서 정기적으로 실시하여 활동에 참여하는 청소년들이 일정 체력 수준에 이르도록 하는 것이다. 자연체험활동은 청소년들의 '생활권을 벗어나 집중적으로 이루어지는 각종 심신수련활동'을 의미하며 여기에는 야영, 도보여행, 자전거여행, 뗏목탐사 등 다양한 프로그램이 속할 수 있다.

• 자질계발활동

일시에 이루어지는 것이 아니라 흥미에 맞는 활동을 선택하고, 그 활동의 지속적인 참여를 통해서 그 성과를 기대할 수 있다. 이러한 특성 때문에 자질계발활동을 단계별로 나누어 프로그램을 구성할 필요가 있다. 또한 자질계발활동의 경우 활동지도자의 전문성이 세심하게 고려되어야 한다. 이러한 자질계발활동은 크게 기능연마활동영역, 감상활동영역, 탐구활동영역으로 나누어지는데 단위프로그램에서는 그것이 따로따로 이루어지는 것보다 프로그램 속에 세 영역이 모두 포함되어 이루어지는 것이 바람직하다.

• 봉사활동

봉사활동의 목적은 청소년들에게 공동체 의식을 일깨워 주고 자기를 희생함으로써 얻는 만족감을 느낄 수 있도록 하는 데 있다. 따라서 봉사활동을 하려고 할 때 청소년들은 봉사하려는 대상의 특성에 대해서 철저히 알아보는 일이 선행되어야 한다. 이를 위해서는 기존의 봉사단체들을 방문하여 구체적인 유의사항과 함께 봉사대상에 대한 정보를 얻어내는 것이 중요하다.

• 사회성 함양활동

대부분의 청소년활동이 활동 가운데 집단적으로 친교를 이루어 나감으로써 사회성이 배양되는 것이 보통이지만 여기서 사회성 함양활동이란 생활에 있어서는 기본적인 예의, 모임에서의 에티켓, 손님 초대 시의 요령, 전통예절, 식사법 등 사회생활이나 가정생활에서 청소년들이 기본적으로 익혀야 하는 예절수양활동과 각종 친교 목적의 활동이 포함된다.

(2) 청소년문화시설

① 청소년문화시설의 개념

청소년문화시설은 근린생활권 내에서 청소년들이 학교나 가정 밖을 벗어나 여가시간을 활용하여 문화 · 예술 · 정보 중심의 다양한 문화활동을 실시함으로써 정서함양이나 기타 전인적 발달을 도모하는 공간을 의미한다.

② 청소년문화시설의 유형

• 청소년문화의집

문화의집은 청소년들에게 지역사회에서 쉽게 이용할 수 있는 휴식과 대화 및 만남의 공간을 제공하며, 다양한 청소년문화활동과 급변하는 사회의 각종 정보를 활용 및 습득할 수 있는 공간으로 청소년들의 다양한 욕구를 충족시킬 수 있는 복합적 기능의 청소년문화시설이다.

• 청소년문화존

청소년문화존은 청소년들의 일상적 삶의 일부분으로서, 청소년들의 문화적 감성 함양과 문화 창조 능력 개발을 지원하는 시설과 조직, 프로그램 등으로 구성된 인프라로서 일정한 범주의 지역적 공간을 의미한다. 지방자치단체에서는 이러한 청소년문화존을 조성하여 청소년 접근이 편리한 장소에 다양한 청소년문화를 네트워킹(Networking)하고, 각 지역특성에 맞는 청소년 상설 문화 · 예술 · 놀이체험의 장을 운영한다. 특히 청소년들이 주체가 되어 기획하고 진행하는 그들만의 특색 있고 다양한 문화표현의 장으로 운영하기 위해 현장체험학습 프로그램으로 육성 지원하고 있다.

그리고 청소년문화와 기성세대 문화의 만남의 장으로 지역문화단체 초청 공연과 청소년 및 지역주민들의 공연을 통해 폭넓은 문화의 마당을 제공할 수 있고, 청소년의 자발적 참여 확대 및 홍보 활성화가 이루어져 운영 효율성이 증대되고 있다. 청소년활동진흥법에 의한 시설이다.

• 청소년문화센터

청소년의 능동적인 삶의 실현을 도모하고 청소년의 권리와 재능을 마음껏 펼칠 수 있도록 하는 학교 밖 문화의 장으로, 수영장과 도서실, 공연장, 연수시설 등을 갖춘 시설을 말한다.

3) 학교

학교는 국가로부터 국민교육의 의무를 위임받은 기관이다. 따라서 주요 구성원인 학생에 대한 교육과 보호는 학교의 일차적 책임이라고 할 수 있다. 그러나 학교는 자체 소속 구성원들에게만 책임이 있는 것이 아니라 외부 사회의 구성원들에 대한 책임도 갖고 있다. 그러므로 때로는 외부 사회 구성원들의 공공안전이나 이익, 사회적 책임수행을 위해 내부 구성원(학생)들에게 의무를 부과하기도 하고 또 그들의 이익이나 권리를 제한하기도 한다. 이 점은 군대나 경찰과 같은 공공기관이 보여주는 기관적 특성과 유사하다(이혜원 외, 2009).

(1) 교육권과 학습권

교육권이란 교육을 시킬 권리를 말한다. 이 교육권은 아동이나 청소년이 미숙하다고 보고 그들에게 필요한 교육을 선택하고 강제하기도 한다. 이 경우 과연 성인들의 기준이 아동의 본성과 요구에 일치하는 것인지, 그리고 그들의 발달에 합치되는 것인지에 대해 생각해 볼 필요가 있다.

학습권이란 인간의 능력을 계발하고 자아실현을 가능하게 하기 위한, 교육을 받을 권리를 의미한다. 결론적으로 학생들이 갖는 학습권은 곧 교육받을 권리를 의미하며, 누구나 차별받지 않고 자신의 의지에 따라 교육에 참여하여 자신의 본성을 발견하게 할 권리를 말한다. 그러나 어린 아동은 스스로 자신의 본성을 제대로 판단하기 어렵기 때문에 부모나 교사가 도와주어야 한다. 그러므로 성인들은 아동이나 청소년을 깊이 이해하고, 그들에게 필요한 것을 정확하게 판단해야 한다.

그러나 문제는 성인들의 판단이나 결정이 자신의 기준에 의거한 자의적 판단에 그친다면 청소년의 본성이나 자아실현에 오히려 장애가 될 수 있으며, 그들의 인권을 침해할 우려가 있음을 기억해야 한다. 그렇기 때문에 아동이나 청소년의 인권을 최대한으로 보장하면서 필요한 경우에만 그들의 권리를 제한해야 한다. 불가피하게 청소년 및 아동의 권리를 제한할 경우에도 그들의 이익이나 발전에 최대한 유리한 측면에서 문제해결이 이루어지도록 해야 한다.

(2) 학생권

학생권 혹은 학생인권이란 학생이기 이전에 그들도 인간이기 때문에 누려야 하는 기본적이고 본질적인 권리와 함께 학생이라는 제한된 사회적 지위나 그 자격 내에서 갖게 되는 특정적 권리를 동시에 갖는 것을 의미한다. 이런 의미에서 볼 때 학생권이란 학생이 한 개인으로서 그리고 사회인으로서 학교사회에서 누려야 하는 기본적인 인권과 자유권과 복지권 및 사회적 지위권이 포함된다(이수광, 2000).

학생은 미성숙한 존재가 아니라 완전한 인간존재로 인식되어야 하며 그렇게 존중받아야 한다. 그러므로 학교의 구성원인 학생은 그 사회가 지향하고자 하는 사회적 합목적성을 추구해야 하며 동시에 학교의 보호, 양육, 교육 등에 대한 권리와 함께 학교가 부여하는 올바른 학생상에 부응해야 할 의무를 가지게 된다.

그러나 학생인권이란 용어의 의미는 매우 다양한 범주를 포함하므로 학생인권의 내용과 범주를 설정함에 있어서는 '한 인간으로서의 학생'과 '사회적 집단 구성원으로서의 학생'이 동시에 고려되어야 한다.

학생인권의 내용

- 학생들은 자유롭게 자신의 의견을 표명하고 학습할 수 있는 권리
- 부당한 검열이나 수색을 당하지 않을 권리
- 부당한 복장 및 두발단속을 받지 않을 권리
- 적합한 학습환경을 요구할 수 있는 권리
- 인격적 대우를 받을 권리
- 선택의 자유에 대한 권리
- 인간관계 참여의 자유에 대한 권리
- 프라이버시, 종교, 양심 표현의 자유를 가질 권리
- 자신의 신체 및 정상적 정신상태를 보존할 권리(신체보존권)
- 자신의 능력 발현과 여건 마련을 방해받지 않을 권리(최소목적행위권)
- 스스로의 능력개발과 여건을 개선할 수 있는 권리(목적증가행위권)
- 헌법상 보장되는 대표적인 기본권인 인간의 존엄권, 행복추구권과 평등권, 자유권적 기본권, 생존권적 기본권, 청구권적 기본권, 참정권 등

(3) 국가가 학교에게 학생들의 권리를 제한할 수 있는 근거

① 특별권력관계론

특별권력관계란 일반권력관계에 대비되는 개념으로써 공법상 근무관계와 영조물 이용관계에 관한 공 · 행정상의 목적을 위해 특별한 관계에 놓이는 자에게 강화된 종속을 의미한다. 이를 교육적 상황에 적용할 경우, 교원은 그 임명권자인 국가나 지방자치단체에 대하여 공법상의 근무관계에 따른 포괄적인 의무를 지게 되며 학생은 공법상의 영조물, 즉 공공시설 이용관계에 있고 이때 관리자와 이용자 간에 특별권력관계가 성립된다. 즉, 국민의 재산을 보호하고 관리할

책임이 있는 국가가 학교로 하여금 학생의 보호와 교육을 위해 안전하고 능률적으로 학교를 운영할 수 있도록 지도하고 감독할 권리와 책임이 있기 때문에 이를 위해 필요한 경우에는 학생들의 권리를 제한할 수 있도록 하고 있다.

② 학교와 학생 간의 재학관계의 특징

재학관계란 학생이 학교의 한 구성원이 됨으로써 묵시적으로 갖게 되는 거래관계를 말한다. 그 거래관계에 따라 개인과 개인 간에 특별한 권리와 의무관계가 만들어지며 경우에 따라서는 명령에 대한 복종과 권리의 제한이 당연한 사실로 인정되기도 한다. 이를테면 군대에서는 당연히 상급자의 명령에 복종해야 하며 군대의 기본 규율에 따라야 하는 것과 마찬가지로 학생은 학교에 입학하게 되면서부터 이와 유사한 재학관계가 성립된다. 즉, 그가 어떤 학교에 입학을 하겠다는 것은 당연히 그 학교의 교칙을 준수하겠다는 것에 암묵적으로 동의하는 것이며 이에 따라 학교의 학생에 대한 권리제한에 대해서도 동의하는 것이 된다.

③ 부모의 친권이양설

친권이양론은 학생들의 재학과 동시에 학교가 학부모의 교육권과 통제권을 위임받음으로써, 학교의 교육활동에 어긋나는 학생의 행동을 광범위하게 통제할 수 있는 재량권을 부여받는다는 논리이다. 즉, 부모가 자신의 친권을 교사에게 이양한 것이기 때문에 입학 이후에는 교사가 학생을 통제하고 지도할 수 있는 권한을 갖게 되는 것이다. 이러한 사고는 군사부일체의 유교적 관념이 아직도 영향력을 행사하고 있는 한국 사회에서 설득력이 높은 논리라고 볼 수 있다.

2. 청소년복지 관련 전문인력의 역할과 자격

1) 전문상담교사

(1) 개념과 주요 역할

전문상담교사는 학교에서 학생들의 상담 및 진로지도, 정보수집과 학생지도, 각종 심리 · 적성검사 및 교육복지 관련 업무처리, 학습부적응, 비행, 폭력, 진로 등에 관한 상담을 담당한다. 뿐만 아니라 교사와 학부모를 대상으로 상담방법을 지도, 조언하는 역할을 한다. 이를 위해서는 개인상담뿐만 아니라 집단상담 및 지역사회 청소년 관련 기관과의 연계, 금연, 금주 교육 등 다양한 분야의 적극적인 상담활동이 요구되고 있다.

(2) 자격요건

전문상담교사의 자격에 대한 2019년 기준에 의하면 전문상담교사 1급 취득은 교사경력 3년 이상 된 현직교사들이 교육대학원이나 상담심리교육대학원에 들어가서 교육상담을 전공해야 가능하다. 2급 전문상담교사는 2급 이상의 교사자격증(유아교육법에 따른 2급 이상의 교사자격증을 포함한다)을 가진 자로서 교육부장관이 지정하는 교육대학원 또는 대학원에서 소정의 전문상담교사 양성과정을 이수한 자에 한하고 있다.

2) 진로진학상담교사

(1) 개념 및 주요 역할

진로진학상담교사는 학교의 진로 · 진학에 관한 상담과 지도를 전담하는 교사를 말한다. 고등학교에 우선 배치하여 대학의 입학사정관에 대응하는 고등학교의 선진형 입시전문가로서의 역할을 수행하게 된다. 다양한 진로체험활동, 진로적성검사 등을 통한 진로탐색활동을 바탕으로 하는 진로포트폴리오 작성 등을 지도하고 이를 활용하는 입학사정관제에 대비할 수 있도록 돕는 역할을 수행하게 된다.

특히, 학생들의 진로활동을 꾸준히 지도 · 관찰하고 포트폴리오를 바탕으로 작성되는 진로교사의 추천서는 입학사정관제 입시에서 가장 신뢰성 높은 추천서로 자리매김하고 있다. 공교육 속에서 입학사정관제에 충분히 대비해 나갈 수 있도록 추천서 작성법, 자기소개서 작성법, 면접 지도 요령 등 가장 최신의 입시정보를 대학교육협의회와의 연계를 통하여 공유할 수 있는 협력체계를 구축하고 있다.

또한, 특성화고에서 취업으로 진로를 선택하는 학생들을 돕기 위하여 진로진학상담교사를 대상으로 취업지원을 위한 연수과정을 운영하여 취업지원 역량을 강화하고 있다. 이에 따라 특성화고에서는 선취업 후진학을 전문적으로 지원하는 역할을 수행한다.

(2) 자격요건

현직 교사 중 교육대학원에서 진로진학상담학과를 이수해야 자격증 취득이 가능하다. 단, 교원자격증을 가진 사람이 진로진학상담을 전공했을 시, 기간제 진로진학교사로 임용은 가능하다. 이 과정은 진로, 진학, 직업, 취업 등에 대한 전문적인 내용을 포함하고 있다.

3) 학교사회복지사

(1) 개념 및 주요 역할

학교사회복지사는 학교라는 실천영역 안에서 학교교육의 직접적인 교육자로서의 역할보다는 교육자인 교사가 학생을 교육시키는데 필요한 학생의 교육적 환경을 조정해 주는 조정자로서의 역할을 담당한다. 또한 모든 학생이 교육과정을 통하여 개인의 능력을 극대화하도록 하는 조력자로서의 역할을 수행한다. 다시 말해서 학교의 욕구인 교육효과의 최대화와 학생의 욕구인 교육을 통한 자아성취를 달성하기 위한 개별적 혹은 집단적 노력과 환경적 요소들을 적절하게 적용 및 활용하여 사회복지서비스를 제공하는 역할을 하고 있는 것이다.

즉, 가능하게 하는 자, 촉진자, 자문가, 공동협력자, 교사, 중개자, 옹호자, 관리자, 알선자로서 전문적 지식과 이론을 바탕으로 학교 내에서 발생하는 학생들의 욕구에 적극적으로 개입할 수 있는 역할이 강조되고 있다.

학교사회복지사가 수행해야 할 구체적인 역할은 다음과 같다. 첫째, 학생의 사회적 · 정서적 문제해결을 위한 이론적, 실천적 전문가로서의 역할, 둘째, 체계 간(학생과 교사, 교사와 학부모, 학생과 학부모)의 갈등과 대립을 조정하는 역할, 셋째, 지역사회환경개선을 위한 제안자 역할, 넷째, 지역사회 자원을 동원하는 역할, 다섯째, 학생-학부모-학교-지역사회의 협조적 연결체계를 구축하는 조정자로서의 역할, 여섯째, 학생문제해결을 위한 전문가(간호사, 정신의학자, 심리학자, 교육자 등)들의 협조체계 운영자로서의 역할이다.

(2) 자격요건

학교사회복지사가 되기 위해서는 고등교육법에 의한 4년제 대학졸업자와 동등 이상의 학력이 있다고 인정하는 자로서 사회복지사 1급 자격증을 취득하여야 한다. 그리고 학교사회복지론 과목을 이수해야 한다. 또한 아동복지론 혹은 청소년복지론, 아동 · 청소년복지론이나 교육학개론(교육의 이해), 교육행정론(교육행정 및 교육경영, 교육행정의 이해), 교육정책론, 교육사회학, 교육심리학, 교육철학 및 교육사, 교육과정 및 교육평가, 교육방법 및 교육공학 등 교직필수과목 중 1과목 이상을 이수하여야 한다.

1급 사회복지사 취득 후 보건복지부령으로 정하는 수련기관에서 1년 이상,

1,000시간 수련을 받은 사람에게 학교사회복지사자격증이 부여된다. 이때 수련기관이란 학교사회복지업무를 수행하는 담당부서를 갖추고, 수련지도자가 상근하는 초 · 중등교육법 제2조에 따른 학교를 의미하며, 수련지도자란 학교사회복지사 자격 취득 후 5년 이상의 실무경험을 가지고 수련기관에 상근하는 자를 말한다. 이 조건에 해당하는 수련기관은 수련개시기준일(매년 3월 1일 예정) 전에 수련기관 지정 절차를 완료하여야만 수련지도가 가능하다. 수련 내용은 이론 150시간, 실습 830시간, 학술활동 20시간 등 1,000시간으로 구성되어 있으며, 지필평가 및 과제 제출을 통한 수련평가도 통과하여야 한다. 수련은 대체로 3월경에 시작되어 다음해 2월 말까지 진행된다.

4) 교육복지사 및 지역사회교육전문가

(1) 개념 및 주요 역할

교육복지사 혹은 지역사회교육전문가는 교육복지투자우선지원사업과 관련하여 해당 학교에 소속되어 학교와 지역사회 기관과의 네트워크를 통해 인적 · 물적 · 자원을 연계하는 역할을 담당한다. 또한 학생의 기본적 욕구를 파악하고, 이를 토대로 하여 학교와 지역사회의 청소년(문화) · 복지기관(단체), 학교와 가정과의 연계를 도모하는 역할을 수행하며, 교육복지투자우선지원사업과 관련하여 해당 학교장이 지정하는 업무를 담당한다. 이러한 역할을 담당하는 전문가에 대한 호칭에는 각 시 · 도마다 차이가 있다.

(2) 자격요건

교육복지사 혹은 지역사회교육전문가는 교육학, 청소년학, 사회복지학 전공자 또는 관련 자격증 소지자(평생교육사, 사회복지사, 청소년지도사)로서 2년 이상의 지역사회교육 · 문화 · 복지 관련 기관(단체)에서 아동 · 청소년 대상 교육, 문화, 복지 등 활동 경력이 있는 자이거나, 교육복지우선지원사업 중점학교 지역사회교육전문가 혹은 교육복지사로 경력 1년 이상인 자로 규정한다. 교육복지조정자는 5년 이상의 교육 · 문화 · 복지단체 활동 경력자나 교육복지우선지원사업 중점학교교육복지사 혹은 지역사회교육전문가 4년 이상 경력자로 하고 있다.

5) 청소년지도사

(1) 개념 및 주요역할

청소년지도사는 청소년기본법에 의한 국가 검정 자격이다. 주요 역할로는 청소년활동(수련활동, 문화활동, 교류활동)을 전담하여 학생, 근로, 복지, 무직 청소년 등 전체 청소년의 신체단련, 정서함양, 자연체험, 예절수양, 사회봉사, 전통문화활동 등을 지도하는 직무를 수행하며, 청소년수련관, 청소년수련원, 청소년문화의집 등 청소년수련시설 및 청소년 육성을 목적으로 한 청소년 단체에 취업할 수 있다.

(2) 자격요건

청소년지도사 자격시험은 한국산업인력공단에서 주관하며, 최종학력과 학과, 청소년육성업무 종사 경력에 따라 응시 가능한 급수(1 · 2 · 3급)가 달라진다. 그러므로 청소년지도사는 대통령령이 정하는 청소년 관련 분야의 경력을 갖춘 자와 대학에서 청소년 관련 분야를 전공한 졸업생(졸업예정자 포함) 중 시험에 합격한 자가 취득할 수 있다.

3급은 전문대학 졸업(예정)자 또는 이와 동등 이상의 학력이 있는 자로서 3급 청소년지도사 자격검정에 필요한 과목 모두를 전공과목으로 이수한 자, 전문대학 졸업 또는 이와 동등 이상의 학력이 있다고 다른 법령에서 인정받은 후 청소년활동 등 청소년육성업무 종사경력이 2년 이상인 자, 고등학교 졸업 또는 이와 동등 이상의 학력이 있다고 다른 법령에서 인정받은 후 청소년활동 등 청소년육성업무 종사경력이 3년 이상인 자가 면접 혹은 필기시험에 합격하여야 한다.

2급 자격은 대학 졸업 이상 지정 8과목을 전공으로 이수한 사람(필기 면제)이나 3급 취득 후 2년 이상인 자가 면접 혹은 필기시험에 합격해야 한다. 청소년지도사 1급은 2급 취득 후 청소년육성업무에 종사한 경력이 3년인 자로 실기 혹은 면접시험에 합격해야 한다.

2027년부터는 청소년지도사 3급자격은 없어지고 1, 2급으로 간소화한다. 2급 자격증이 필기검정 과목 8과목에서 130시간의 현장실습과목이 추가되어 9과목으로 발급된다. 전문학사(청소년지도사 3급), 학사(청소년지도사 2급)이 2027년부터는 전문학사 이상만 되어도 청소년지도사 2급을 취득한다.

6) 청소년상담사

(1) 개념 및 주요 역할

청소년상담사는 국가차원, 교육차원, 사회차원에서 청소년을 위해 상담을 해주는 업무를 담당하는 전문가이다. 주요 역할로는 청소년을 보호 · 선도하고 건전한 생활을 지도하며 수련활동의 여건을 조성하고 장려 및 지원하는 것을 들 수 있다. 그리고 청소년단체를 육성하고 그 활동을 지원하며 지역사회 내에서 청소년에게 유익한 환경을 조성하고 유해환경을 정화하는 등의 직무를 수행한다.

한국청소년상담복지개발원, 시 · 도 청소년상담복지센터, 시 · 군 · 구 청소년지원센터, 경찰청, 법무부 등 청소년업무지원부서, 사회복지관 또는 청소년수련관, 청소년문화관, 청소년쉼터, 청소년 관련 복지시설, 사설 청소년상담실 · 아동청소년대상병원, 일반 청소년 관련 사업체, 근로청소년 관련 사업체, 대학의 학생상담소에서 근무하거나 학교청소년상담사 또는 초 · 중 · 고등학교 상담교사로 일할 수 있다.

(2) 자격요건

청소년상담사 자격시험은 한국산업인력공단에서 주관하며, 청소년상담 관련 분야의 상담 실무경력 및 기타 자격을 갖추어 대통령령이 정하는 자격검정(필기+면접시험)에 합격하고 한국청소년상담복지개발원 주관의 연수 100시간을 마친 자로서 청소년상담사 자격증을 교부받은 자이다. 이는 전문성에 따라 1, 2, 3급으로 나뉘는 데 학력 및 경력에 따라 응시등급이 달라진다. 청소년상담사는 전문 직업이기 때문에 사전교육 및 다양한 경험은 필수라고 할 수 있다. 상담 관련 학과는 청소년(지도)학, 교육학, 심리학, 사회사업(복지)학, 정신의학, 아동(복지)학 분야 또는 그 밖의 총리령이 정하는 상담 관련 분야 전공자에 한한다.

7) 사회복지사

(1) 개념 및 주요 역할

사회복지사는 사회복지사업법에 '사회복지에 관한 전문지식과 기술을 가진 자'로 규정하고 있다. 즉, 봉사 정신을 갖고 전문적 지식 및 기술을 습득 · 적용하며, 사회복지사 윤리강령을 준수하는 자라 할 수 있다. 1970년대 사회복지사업종사자로 시작하여 1983년 5월 사회복지사업법이 개정되면서 사회사업가 혹은 사회사업종사자의 명칭이 사회복지사로 규정되어 사회복지사 자격증이 발급되기 시작하였다. 영문표기는 Social Worker로 사용하고 있다.

사회복지사는 공적사회복지영역, 사회복지기관 및 시설 영역(지역복지사업, 아동복지, 노인복지, 장애인복지, 모자복지 등의 민간 사회복지기관영역), 보건의료영역(의료법, 정신보건법에서 규정), 학교영역(학교사회복지법), 자원봉사활동관리영역(자원봉사활동기본법), 교정사회복지영역, 군대영역, 산업체 및 기업체영역에서 활동한다.

청소년과 함께 일하는 사회복지사는 불안정하며 다양한 변화를 체험하는 청소년기의 특성을 이해하는 것이 중요하다. 청소년의 특성과 욕구를 파악하고 이를 기초로 청소년의 개인적 성장과 사회적응 과정을 도울 수 있는 프로그램을 개발하는 것이 매우 중요하다. 특히 활동적인 청소년의 특성을 살린 체험 프로그램이나 또래집단을 활용한 집단 프로그램이 유용할 수 있다. 그리고 청소년문제에 있어 정서적 지원과 함께 청소년 개인의 차원을 넘어서 정책적, 제도적 개선의 필요성을 인식시켜 줄 수 있는 역할도 중요하다.

(2) 자격요건

사회복지사는 1, 2급으로 구분되며, 등급별 자격기준은 〈표 6-1〉과 같다.

〈표 6-1〉 [별표 1] 사회복지사의 등급별 자격기준(제2조 제1항 관련) 〈개정 2010. 3. 15〉

등급	자격기준
사회복지사 1급	법 제11조 제3항의 규정에 의한 국가시험에 합격한 자
사회복지사 2급	가. 「고등교육법」에 따른 대학원에서 사회복지학 또는 사회사업학을 전공하고 석사학위 또는 박사학위를 취득한 자. 다만, 대학에서 사회복지학 또는 사회사업학을 전공하지 아니하고 동 석사학위를 취득한 자는 보건복지부령이 정하는 사회복지학 전공교과목과 사회복지 관련 교과목 중 사회복지현장실습을 포함한 필수과목 6과목 이상(대학에서 이수한 교과목을 포함하되, 대학원에서 4과목 이상을 이수하여야 한다), 선택과목 2과목 이상을 각각 이수한 경우에 한하여 사회복지사 자격을 인정한다. 나. 「고등교육법」에 따른 대학에서 보건복지부령이 정하는 사회복지학 전공교과목과 사회복지 관련 교과목을 이수하고 학사학위를 취득한 자 다. 법령에서 「고등교육법」에 따른 대학을 졸업한 자와 동등 이상의 학력이 있다고 인정하는 자로서 보건복지부령이 정하는 사회복지학 전공과목과 사회복지 관련 교과목을 이수한 자 라. 「고등교육법」에 따른 전문대학에서 보건복지부령이 정하는 사회복지학 전공교과목과 사회복지 관련 교과목을 이수하고 졸업한 자 마. 법령에서 「고등교육법」에 따른 전문대학을 졸업한 자와 동등 이상의 학력이 있다고 인정하는 자로서 보건복지부령이 정하는 사회복지학 전공교과목과 사회복지 관련

교과목을 이수한 자
바. 「고등교육법」에 따른 대학을 졸업하거나 이와 동등 이상의 학력이 있는 자로서 보건복지부장관이 지정하는 교육훈련기관에서 12주 이상 사회복지사업에 관한 교육훈련을 이수한 자
사. 종전의 사회복지사 3급 자격증소지자로서 3년 이상 사회복지사업의 실무경험이 있는 자

비고: 외국의 대학 또는 대학원에서 사회복지학 또는 사업사회학을 전공하고 학사 학위 이상의 학위를 취득한 자로서 등급별 자격기준과 동등한 학력이 있다고 보건복지부장관이 인정하는 경우에는 당해 등급의 사회복지자격증을 교부할 수 있다.

사회복지사 1급 국가시험과목은 사회복지기초(인간행동과 사회환경 및 사회복지조사론), 사회복지실천(사회복지실천론, 사회복지실천기술론, 지역사회복지론), 사회복지정책과 제도(사회복지정책론 및 사회복지행정론, 사회복지법제론)이다.

8) 아동복지교사

(1) 개념 및 주요 역할

아동복지교사란 드림스타트를 통해 지역아동센터, 다함께돌봄센터 등 지역사회돌봄센터에서 활동하는 교사를 의미한다. 아동복지교사는 실무지원, 기초학습, 야간복지, 보건위생, 안전귀가지도, 기초영어, 독서지도, 체육활동, 예능활동, 지역사회복지 자원연계 사업 등의 업무를 담당한다. 전담형 교사는 한 지역아동센터에서만 활동하는 교사이며, 연계형 교사는 두 개 이상의 지역아동센터에서 활동하는 교사를 말한다.

(2) 자격요건

아동복지교사는 보육교사 및 사회복지사 2급 자격증 취득 후 기초교육을 받은 뒤, 기관에 파견되고 있다. 교육의 내용에는 기본적인 공통교육(지역아동센

터의 이해, 아동의 이해, 관계론 등)이 포함되어 있으며, 분야별 교육에서는 각 분야별 전문교육이 실시되고 있다. 분야별로 16시간에서 40시간까지 교육을 이수한 후 파견된다.

9) 청소년육성 전담공무원

청소년기본법 제25조에는 '특별시 · 광역시 · 특별자치시 · 도 · 특별자치도, 시 · 군 · 구 및 읍 · 면 · 동 또는 제26조에 따른 청소년육성 전담기구에 청소년육성 전담공무원을 둘 수 있다'고 명시하고 있다. 정부가 청소년지도사 또는 청소년상담사의 자격을 가진 사람으로 전담공무원을 둘 수 있다고 권유하는 이유는, 국가 및 지방자치단체가 청소년육성에 필요한 법적 · 제도적 장치를 마련하여 시행하려는 취지의 일환이자 관할구역의 청소년과 청소년지도자 등의 욕구를 효과적으로 수렴, 파악하여 정책에 반영하는 것이 필요하기 때문이다.

청소년의 성장 속도와 문화환경이 빠르게 변화하는 현대사회에서 청소년 전문자격을 갖춘 공무원이 청소년 업무를 담당해야 하는 것은 필요한 요소이다. 정기적으로 순환하는 공무원의 근무형태상 청소년 전문성을 확보하는 것이 쉽지 않기 때문이다. 하지만 법조항이 임의규정이라 모든 지방자치단체에서 채용하는 것은 아니다.

연구문제

01. 청소년복지의 실천현장을 복지시설 및 보호시설, 활동시설, 학교로 구분한다면, 복지시설 및 보호시설의 유형을 나열하고 각 시설의 특성을 설명하시오.

02. 청소년활동시설을 수련시설과 문화시설로 구분한다면, 유형을 나열하고 각 시설의 특성을 설명하시오.

03. 학교의 현장에서 청소년복지와 관련하여 상충될 수 있는 교육권과 학생권의 내용을 설명하고, 본인의 청소년기의 경험을 토대로 본인의 생각을 서술하시오.

04. 청소년복지와 관련된 전문인력의 유형을 여덟 가지 이상 나열하고, 이중 가장 필요하다고 생각되는 전문인력은 무엇인지, 그 이유를 설명하시오.

05. 청소년복지와 관련된 전문인력 중 본인이 그 자격을 취득하기 위해 어떠한 과정을 거쳐야 하는지 설명하시오.

chapter

07

청소년과 학교, 일

contents

학습목표

- 학교부적응에 대해 이해한다.
- 학업부진의 원인과 대안에 대해 고찰한다.
- 학업중단의 원인과 실태에 대해 분석한다.
- 체벌 및 징계의 개념과 유형에 대해 이해한다.
- 기타 학교생활의 문제와 원인에 대해 이해한다.
- 학교 내 취약집단에 대한 지원의 내용에 대해 고찰한다.
- 진로지도 및 직업에 대해 고찰한다.

1. 학교부적응

부적응은 신체적으로 심리적으로 그리고 사회적으로 성취로서의 적응상태에 미치지 못하여 정신의 불건강 상태를 의미한다. 이러한 부적응 중에서도 학교생활에 적응해 나가는 과정에서 욕구불만이나 갈등이 심해지고 이로 인한 긴장을 해소하기 위하여 학교생활에서 이탈하려는 행위를 할 때, 학교부적응의 결과가 나타난다.

이 학교생활의 부적응은 학교교육적 원인뿐만 아니라 가정과 사회적 원인에 의해 유발되는 경우도 있다. 청소년의 부적응 혹은 비행을 분류하는 기준은 국가와 문화에 따라 차이가 있고, 동일한 문화에서도 시대에 따라 변화하는 경향을 보인다. 구체적인 원인은 다음과 같다(문영희, 2005).

1) 교우관계

지속적인 학교폭력을 경험했을 때, 학교에서 집단따돌림을 당했을 때, 학교에서 집단으로 놀림을 받았을 때, 친구가 없이 외톨이로 지낼 때, 감정조절이 안 되어 친구들에게 폭력적일 때, 학교에서 대화의 상대가 없을 때, 교칙(복장, 두발, 음주, 흡연 등)으로 인해 선생님과의 갈등이 심화될 때 부적응을 보인다.

2) 가족관계

부모나 가족으로부터 자신의 존재를 인정받지 못할 때, 어렸을 때부터 자신의 욕구와 관계없이 부모님이 모든 것을 결정했을 때, 칭찬 없이 잘못된 점을 지적받기만 했을 때, 집에서 대화가 없고 의사소통할 기회가 없을 때, 부모나 가족이 무관심으로 대하기만 했을 때, 부모가 지나친 통제와 간섭을 할 때, 자존감에 상처를 입는 말을 자주 들었을 때 학교부적응 양상이 나타난다.

3) 학습요인

학습에 적응하지 못할 때, 새로운 곳으로 전학 온 뒤에 학습과 분위기에 적응하지 못할 때, 학습에 대해 큰 부담감을 가지고 있을 때, 학습에 자신감이 떨어진 상태일 때 부적응을 보인다.

2. 학업부진

청소년기에 성적에 대한 관심과 염려는 학교를 다니는 청소년들에게는 중요하고 심각한 것으로 드러났다. 전체 80% 가량의 학생들이 성적하락을 본인에게 꽤 중요한 일로 지각하고 있었으며 성적이 떨어질 때 많은 걱정을 한다(전재일 외, 2011).

특히 중 · 고등학생들에게 좋은 성적은 개인의 장래를 좌우하는 데 중대한 영향을 미치는 것으로 여겨지고 있다. 학교에서 성적이 크게 떨어졌을 때는 학생 자신이나 가정 내의 부모들은 큰 실망과 좌절을 맛보게 되고, 심한 경우에는 가정에서 부모와 자녀 간의 싸움이 되기도 한다. 어떤 청소년의 경우는 성적하락으로 불안이나 우울과 같은 정신적인 장애를 나타내기도 하며, 극단적인 경우에는 자살을 생각하고, 그 중 몇몇은 실제로 목숨을 끊기도 한다.

1) 학업부진의 원인

성적이 떨어지는 아이들을 돕기 위해서는 성적하락과 관련된 선행요인들을 검토해 보는 것이 중요하다. 학업성취에 영향을 주는 변인으로는 가정 및 부모와 관련된 요인, 학교와 관련된 요인, 개인의 성격과 관련된 요인으로 나누어 볼 수 있다(홍봉선 외, 2011).

(1) 부모의 비현실적 기대

부모가 청소년 자녀에게 지나치게 높은 기대를 가지는 것은 도리어 아이의 학업 성취를 떨어뜨릴 수 있다. 이것은 우리나라의 많은 부모들이 빠지기 쉬운 함정 중 하나이다. 부모의 기대가 지나치게 높은 경우, 아이는 자신이 부모의 기대를 결코 만족시킬 수 없기 때문에 그러한 부모의 요구에 맞추려고 노력하는 것이 소용없는 일이라고 생각할 뿐 아니라, 극단적인 경우에는 심리적으로 자신을 지탱할 힘을 잃고 붕괴되기도 한다.

(2) 부모의 과도한 압력

부모가 아이에 대해 실패를 용납하지 않는 태도를 가질 경우, 실패는 위협과 공포의 대상이 된다. 실패가 공포감을 일으킬 정도로 무서운 것이 되어버리면 아이는 실패에 대한 공포를 내면화한다. 그러면 아이들은 너무 쉬운 과제를 선택하게 된다. 이러한 행동이 계속되면 적절하게 어려운 수준의 학습을 경험하는데 방해가 되고 결국 성적이 떨어지게 된다.

(3) 과제 자체로부터 얻는 보상경험의 결핍

자녀가 스스로 배우려고 하는 태도를 격려하거나 보상해 주지 못한 부모들은, 대체로 아이가 충분히 자신의 노력은 다하고 그 결과로 느낄 수 있는 성취감과 자신감을 느끼기도 전에 부모가 과제를 해주기 때문에 자녀를 미숙하고 의존적인 사람으로 만든다. 이렇게 과제해결 자체가 준 심리적 보상을 경험할 수 없을 때 성적이 떨어질 수 있다.

(4) 동일시할 수 있는 모델의 결핍

아이들이 공부하는 것을 본받을 만한 대상이 없을 때 공부하려는 태도를 기르기는 어렵다. 갑자기 성적이 떨어지는 아이들은 때때로 "우리 부모도 공부 안 해도 잘 사는데."라고 한다.

(5) 부모의 교육에 대한 편협한 가치

부모들은 공부와 그 밖의 성취지향적인 행동들에 대해 여러 가지 메시지로 그러한 행동들의 중요성을 알리고, 그 행동을 완수한 자녀들의 능력을 평가한다. 그러나 성취에 대한 부모의 태도가 일관적이지 않을 때, 또는 너무 여러 가지를 한꺼번에 바랄 때 아이들은 성취지향적인 가치와 행동을 하지 않게 된다. 부모의 교육에 대한 가치가 너무 편협되어 있어서 아이로 하여금 다른 가능성을 전혀 생각해 보지 못하게 하고 한쪽으로만 밀어붙인다면, 아이는 세상을 보는 눈도 좁아지고, 자기가 나아갈 길로부터 조금만 어긋나도 실패라고 생각하여 불안해한다.

(6) 가정의 분위기와 조력의 부재

안정되고 정서적으로 편안한 가정은 자녀의 인지 및 정서발달에 가장 중요한 요인이다. 부모 사이가 나쁘다거나 부모와 자녀 사이가 좋지 않아 자녀가 충분히 가정의 조력을 받지 못했을 때, 자녀들은 그들의 성취욕구, 인정욕구들을 충족시킬 수 없다.

(7) 수업 중 취침

학교는 단순한 지식만을 전달하는 학원과는 다른 곳이며, 전인교육, 인격수양을 통해 함께 살아가는 방법들을 습득하는 장이다. 그러나 학생들이 학교수업을 상대적으로 불필요하다고 인식하여 잠을 자는 경우가 점점 많아지고 있다. 이런 경우는 학업성적이 우수한 학생에게서 많이 나타나는데 '이미 학원에서 다 배운, 다 아는 내용'이기 때문에 수업시간에 자는 경우도 있다. 반면, 의지는 있으나 점점 공부에 흥미를 잃어 가는 학생, 공부보다 다른 분야에 관심이 많은 학생, 특정 과목에 전혀 관심이 없는 학생 등도 수업 중에 잠을 잔다.

학생들은 수업이 재미있고 수업에 참여할 수 있을 때, 담당 선생님이 아주 무서울 경우에는 아무리 잠이 와도 자지 않는다. 교수 학습 활동에서 학생들을 수업에 참여시키기 위해서는 학생들의 관심과 흥미를 불러일으키는 방법, 나아가 학생들이 스스로에 대해 자신감을 느낄 수 있는 방법을 모색해야 한다.

2) 학업부진의 양상

학업부진의 양상은 대체로 급격히 떨어지는 모습으로 나타날 경우가 많은데 특히 인문계 고등학교에서 뚜렷하게 나타난다. 중학생의 경우는 중 1 때 성적이 많이 내려가지만 상승 가능성이 있고, 인문계 고등학생은 고 1 때 급격히 하락한다. 실업계 고등학생은 중 3 때 성적이 많이 내려가고, 이후 고등학교에 와서는 대체로 성적을 유지한다.

성적이 떨어졌을 때 상위권인 학생들은 새로운 각오와 다짐을 하지만, 중위권 학생들은 자신을 무능하게 여기고 실망하며, 하위권 학생들은 포기하고 싶고 도피하고 싶어지며 심지어 죽고 싶어 한다. 많은 학생들이 성적이 떨어지면 부모님이 자기에 대해 실망하는 것을 가장 크게 우려하고 있으며, 본인들 스스로도 자기의 꿈이 좌절되고 진학하는 데도 어려움이 있을 것이라고 걱정하는 것으로 나타났다(전재일 외, 2011).

3) 학업부진에 대한 개입

성적이 떨어진 이후에 대책을 세우기보다는, 성적이 떨어지기 전에 성적을 유지하도록 하는 것이 더 효과적이고 경제적이다. 그러나 만약 성적이 갑자기 떨어진다면 다음과 같은 전략을 활용해 볼 필요가 있다.

- 지적 측면의 잠재력 평가
- 지적 측면 이외의 잠재력 평가
- 학업성취를 잠재력 수준으로 높이기 위한 선행조건의 체크
- 학습전략의 점검

3. 학업중단

1) 학업중단청소년의 개념과 현황

학업중단청소년은 학교 밖 청소년이라고도 불리며, 중 · 고등학교 과정에서 졸업하기 전에 학업을 중단하는 청소년을 의미한다. 청소년인구가 줄고 있지만 학생이 다른 학교로 전학하는 절차 없이 중 · 고등학교 과정에서 졸업하기 전에 학업을 중단하는 청소년의 수는 오히려 늘고 있다. 가족해체의 증가, 청소년

유해환경 확대, 학교부적응 학생의 지속적 증가 등으로 잠재적 학업중단 청소년의 비율이 높아지고 있다.

학업중단은 개인적 손실뿐만 아니라, 사회적 차원에서도 손실을 입게 된다. 즉, 건전한 사회 구성원과 노동력이 확보되지 못하며, 실업, 빈곤, 교정 등에 대한 더 많은 사회복지 비용의 지출을 의미하는 것이다. 정부와 사회가 그들을 돌보지 않는 한 부모나 다른 어떤 성인들도 책임지지 않거나 책임을 지려고 해도 너무 어려워 결국 방치하게 된다.

2) 학업중단청소년의 특징

(1) 개인 · 심리적 특징

만성화된 무기력으로 인해 새로운 시도를 하지 않으려는 경향을 갖고 있으며, 자발적으로 도움을 요청하지도 않는다. 순간적, 즉흥적인 판단으로 인생의 방향을 결정하는 성향이 있으며, 미래에 대한 장기적인 목표 수립 및 준비의 필요성도 부족하다. 특히 단기적이고 즉각적 욕구 만족에만 관심을 갖는다.

(2) 가정적 특징

학업중단청소년의 가족 구성원은 사회, 경제적인 지위가 낮으며, 부모의 기대도 낮다. 또한 양육자로부터 충분한 보호를 받지 못하여 심리적 불안감이 높다.

(3) 학교환경적 특징

입시 위주의 학교교육 풍토, 지나친 경쟁 위주의 교육, 학교에서의 소외현상을 갖고 있다. 심한 스트레스, 비합리적 학교조직 및 운영, 여가기회 및 시설 부족 등으로 인해 학업중단청소년은 부적응의 모습을 보인다. 획일적 교육과정, 통제적 학교문화도 학업을 중단하게 하는 요인이 되고 있다.

(4) 사회적 특징

자신의 어려움을 자발적으로 표현하지 않고, 타의에 의해 의뢰되어 연락이 두절되는 사례들의 경우 적절한 개입 시기를 놓칠 가능성이 큰 상황이다. 사회적 안전망이 구축되어 있지 못해 학업을 중단한 청소년에 대한 케어시스템을 갖고 있지 못하다.

3) 학업중단청소년의 문제점

(1) 학업중단 이후 지원 부재

학업중단청소년의 대부분은 '돈을 많이 벌고 싶다', 그 이외에도 '검정고시 준비', '전문능력 키우기', '취업이나 기술 습득' 등의 욕구를 갖고 있다. 즉, 학교를 떠난 청소년들이 학교로 복귀하여 학업을 지속하기보다는 취업을 하거나 전문적인 기술을 습득하고 싶어 하는 경우가 많은 것이다. 그러나 대안교육이나 사회적응 및 계속교육에 관한 시설 또는 프로그램이 미흡한 실정이다.

(2) 정부 부처, 학교, 학업중단청소년 지원 기관 간 연계협력체계 부재

지역단위별로 대안교육 기회의 확대와 내실화 방안으로 정규학교와 대안교육기관과의 상호 연계 추진이 필요하고, 교과별 대안교육 프로그램의 개발 · 보급 추진이 필요하나 미흡하다.

(3) 예방차원에서 학교와 지역사회의 협력 미흡

특기 적성 · 체험학습운영의 한계, 교사의 학생 지도 역량의 한계, 상담활동의 부재로 학교에서 학생들에 대한 지원이 제대로 이루어지지 못하고 있다. 그래서 학교중단청소년들은 대부분 일없이 보내거나 아르바이트나 배달 및 서빙 등으로 돈을 벌거나 선도보호시설에 수용되는 등의 양상을 보이고 있다. 실제로 학교를 그만둔 이후 겪는 어려움에는 계획실패에 대한 막막함과 심심함, 부모갈등, 우울감이 높아지는 것이며, 주의의 차별적 시선과 대우, 비행유혹 등으로 어려움을 겪는 것으로 나타났다.

4) 학업중단청소년에 대한 사회적 지원방안

(1) 새로운 진로 모색을 위한 정보 제공

대안교육(특성화학교, 학력인정 평생교육시설, 위탁형 대안학교, 비인가 대안교육기관 및 프로그램, 도시형 대안학교 등)에 대한 정보와 검정고시 및 기술, 취업, 국가자격증, 직업전문학교 관련 정보, 복학 정보 등이 체계적으로 제공되어야 한다.

(2) 대안교육 기회 제공

학업중단청소년들은 복교보다는 학교 밖에서 지속적인 교육 기회를 가짐으로써 적정 수준의 학력을 취득하기를 희망한다. 따라서 대안학교로의 전 · 입학 지원, 학력 인정 대안교육 프로그램 개발 및 운영, 검정고시 기관 알선 및 의뢰가 필요하다. 재학 여부와 상관없이 학교 안팎의 청소년 지원을 위한 범정부 공동대응체계도 마련되고, 사회부총리 주도로 학업중단 예방 및 학교 밖 청소년 지원에 관한 관계부처 협력을 강화하고 있다. 이밖에도 정부는 학업에 어려움이 있는 학생과 대안교육기관에 대한 실태조사를 기반으로 정책을 추진하고 있다.

(3) 전문 직업인으로 준비

전문기술을 습득할 수 있는 관련 직업학교 및 학원 연계, 고용안정센터의 진로탐색 프로그램 제공 등으로 개개인의 수준에 맞는 직장 알선이 필요하다. 즉

산업인력공단, 직업전문학교, 고용안정센터를 통해 학업중단청소년들에 대한 직업훈련 기회제공, 고용촉진훈련, 정부위탁훈련, 취업유망 분야 훈련 기회 제공, 기능사 양성과정에의 참여 등의 안내가 요구되는 것이다.

학교 밖 청소년이 자기주도적 진로탐색을 할 수 있도록 봉사활동 · 자기계발활동 · 신체단련활동 등 영역별 포상 수여도 하고 있으며, 학교 밖 청소년이 폴리텍 학위 · 비학위 과정에 지원할 경우엔 5%의 가산점이 부여된다. 진로상담부터 직업훈련까지 사회 진출을 통합적으로 지원하는 '자립 · 취업지원 서비스'가 실시되며, 메타버스 기반 플랫폼을 운영해 시간 · 장소와 관계없이 비대면 상담서비스를 받고 있다.

5) 학업중단청소년을 위한 복지서비스

(1) 학생맞춤통합지원서비스

학업중단 위기학생을 적기에 발굴하기 위해 '학생맞춤통합지원 체계'를 만들고 위기학생이 지역자원과 연계한 맞춤형 지원을 받을 수 있도록 교육복지안전망을 178곳(2024년)으로 확대하였다. 학업중단으로 이어지기 쉬운 '장기 미인정 결석' 학생에 대한 정기점검은 매년 두 번 실시하고 있다. 가정폭력 위기를 겪는 학생을 위한 '가정형 위(Wee)센터'와 보호소년의 학업지원을 위한 교육서비스도 제공되고 있다.

(2) 정신건강 회복을 위한 전문상담

학업중단 이후 갑자기 많아진 시간에 게임 중독에 빠지는 경향이 높고, 친구들과의 단절로 인한 소외감이 증폭되기 때문에, 우선 규칙적인 생활습관이 형성되도록 해야 한다. 그리고 중퇴 혹은 자퇴청소년이라는 사회의 부정적인 시각으로 인한 낮은 자존감이 가능한 빨리 회복될 수 있도록 전문 상담서비스가 제공되어야 한다.

신체 · 정신건강을 위해 건강검진 항목을 학생 수준으로 확대하고 정신건강 위기 요소를 조기 진단해 전문 상담기관으로 연계하며, 신체활동이 부족한 청소년에게는 지역 종목단체 및 지정 스포츠클럽과 협업해 맞춤형 스포츠 프로그램을 지원하고 있다. 학교 밖 청소년 전용공간을 확대하고 차별 없이 청소년 우대혜택을 누릴 수 있게 청소년증 발급을 확산하고 있다.

(3) 어려운 청소년을 위한 경제적인 복지 지원

검정고시 준비 및 기술 습득을 위한 학원비 보조, 교통비 지원, 프로그램 참여 비용 등의 지원이 요구된다. 서울시에서는 교육참여수당을 지급하고 있다.

(4) 학교 밖 길찾기를 위한 전문 심리평가

학교 밖 청소년의 욕구 파악, 의뢰 기관 선정 및 개입 프로그램의 서비스 만족도를 파악하기 위한 평가 시스템이 개발되고 있다. 서울시에서는 '친구랑'이라는 학교 밖 청소년들을 위한 도움센터를 운영하고 있다. 성 · 약물 · 폭력상담 및 의뢰, 어려운 청소년에게 경제적 지원, 다양한 문화활동 체험, 전문직(의사, 변호사 등) 멘토를 통한 일대일 후원 등이 필요하다.

6) 여성가족부 학교 밖 청소년을 위한 정책[8)]

- 학교 밖 청소년의 공적 지원체계로의 연계를 강화하여 지원의 사각지대 해소
  - 고등학교 단계 학업중단 청소년에 대해 사전 동의 없이 학교 밖 청소년지원센터(이하 '꿈드림센터')로 연계 가능하도록 법률 개정

8) 2024년 여성가족부 업무보고

- 교육부의 나이스(NEIS) 시스템을 통해 고등학교 단계 학업중단 청소년 정보를 동의 없이 꿈드림 정보망으로 신속 연계

• 학교 밖 청소년 지원 인프라 확대로 학교 밖 청소년의 접근성 제고
- 시공간 제약 없는 지원 및 대국민 홍보를 위해 메타버스 기반 학교 밖 청소년 홍보 · 발굴 및 서비스 플랫폼 운영(도서 · 산간 거주 청소년 및 꿈드림센터의 대면 서비스 이용이 어려운 청소년 대상으로 메타버스 플랫폼을 통한 비대면 교육, 상담, 행사 등 지원)
- 학교 밖 청소년의 학습 · 상담 · 직업진로 체험공간으로 이용이 가능한 전용공간 설치 확대 등 인프라 확충

• 상담 · 교육 · 건강 등 학교 밖 청소년 맞춤형 지원 강화
- 개별상담을 통해 개인별 특성과 욕구를 파악하고 우울, 불안 등 정신건강 상태 측정 후 위기도에 따라 청소년상담복지센터 등 연계
- 학습 멘토링, 검정고시 이수 지원 등 기초 학습역량 제고 및 청소년 발달 단계별 맞춤형 콘텐츠 개발
- 학교 밖 청소년의 활동사항을 대입자료로 활용할 수 있도록 '청소년 생활기록부' 지원 강화
- 동일 연령대 청소년인 학생과의 형평성을 고려한 동일한 기본 항목의 검사를 받을 수 있도록 건강검진 항목 개편 운영

• 학교 밖 청소년 진로 지원 강화 등으로 사회 진출 및 경제적 자립 지원
- 학교를 떠난 후 진로 찾기에 어려움을 겪는 청소년을 위해 직업역량 강화 프로그램을 운영하고 전문적인 직업훈련으로 연계 강화(진로상담 → 자립동기부여 → 기초기술훈련 → 직장체험 등 체계적인 진로 지원 프로그램)
- 자립 및 취업을 희망하는 학교 밖 청소년의 진로 지원을 위해 개인 특성

과 수요에 맞는 다양한 훈련과정과 일 경험 기회 제공(맞춤형 직업 훈련 → 인턴십 지원 → 취업 연계 관리)

• 고립 · 은둔 청소년 지원 사업 추진을 통해 가정, 사회로의 복귀 지원
 - 고립 · 은둔 청소년의 조기 발굴, 방문 상담, 맞춤형 서비스, 자립 지원까지 이어지는 원스톱 지원체계 구축 · 운영
 - 학교 밖 청소년지원센터에 전담인력을 배치하여 전문 상담, 맞춤형 서비스, 사후관리까지 단계적 밀착 사례관리 지원
 - 고립 · 은둔 청소년이 원활하게 사회에 적응할 수 있도록 사후 학교 밖 청소년지원센터 검정고시 지원, 자립 · 취업 지원 서비스 연계

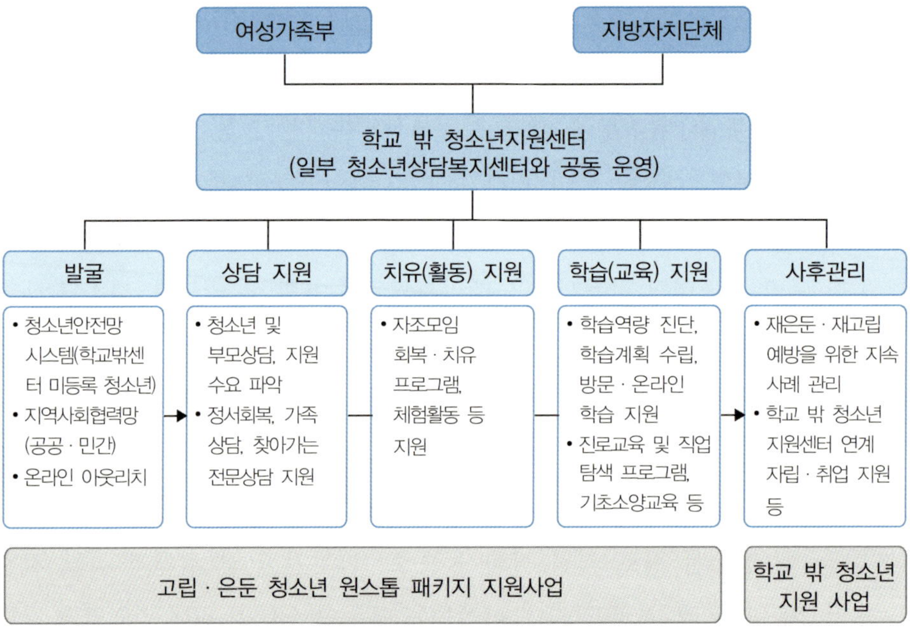

[그림 7-1] 고립 · 은둔 청소년 원스톱 패키지 지원 사업

출처: 여성가족부 2023년 성과관리계획.

• 학교 밖 청소년의 권리보장 및 인식개선을 위한 홍보 강화
  - 학교 밖 청소년 권리침해 사례에 대한 모니터링 및 개선조치 시행
  - 학교 밖 청소년 인식개선 및 지원센터 인지도 제고를 위한 홍보 강화

4. 체벌 및 징계

1) 체벌

(1) 개념

체벌은 신체에 의도적으로 고통을 줌으로써 처벌하는 것으로, 위법 행위에 대한 응징이나 부정행위자에 대한 훈육이나 교화 또는 받아들일 수 없다고 간주되는 태도나 행위를 단념시키고자 하는 목적으로 행해진다. 부모나 교사가 자녀나 학생에게 교육을 한다는 명목으로 행해지는 것이 일반적인데, 육체적인 고통을 수반하여 교육의 목표인 바른 방향으로 행동의 변화를 유도하는 행위이다(문영희 외, 2005).

(2) 유형

부모 또는 가정교육에 의한 체벌은 가정 내에서 어린이에게 가해지는 부모 또는 후견인의 비공식적인 체벌을 의미한다. 보통 체벌은 체벌을 위해 준비된 지팡이나 회초리, 곤장, 가죽 띠 등으로 엉덩이나 손에 가한다. 흔하진 않지만, 초등학교에서 정해진 방식에 의해 맨손으로 엉덩이나 손바닥을 때리기도 한다. 학교 체벌은 학교 내에서 잘못된 행동을 한 학생에 대하여 사전에 정해진 만큼 체계적으로 체벌하는 공식적인 행위를 말한다. 학교에서의 체벌은 정부나 지방 교육청의 공식적인 규정에 따른다. 이러한 규정은 체벌의 시행, 횟수, 교육청

직원들이 해야 할 일과 학부모에게로의 통지 또는 상담 등을 정의한다. 현재 학생에게 체벌을 가해야 할 경우, 학칙으로 정하는 바에 따라 훈육 · 훈계 등의 방법으로 하되, 도구 또는 신체 등을 이용하여 학생의 신체에 고통을 가하는 방법을 사용해서는 아니 된다고 명시되어 있다(안정선 외, 2010). 사법상의 체벌은 선고의 일부로서 법정에서 요구된다.

(3) 외국 사례

세계적으로 볼 때 체벌을 금하고 있는 나라가 적지 않으며 체벌이 교육상 꼭 필요한 경우가 있다고 하여 제한적으로 허용하는 나라들도 있다. 미국은 가정 내에서의 체벌이 허용되며, 부모들에게도 폭넓게 받아들여진다. 교내 체벌은 미국의 20개 주를 포함하여 일부 국가에서 여전히 적법하다. 하지만, 캐나다, 케냐, 일본, 남아프리카공화국, 뉴질랜드, 그리고 체코와 프랑스를 제외한 모든 유럽 국가들은 체벌을 허용하지 않는다.

(4) 체벌의 논란

학생이나 자녀들이 행한 잘못된 행동을 지도하기 위하여 체벌을 하던 것이 세계적 현상이었으나 그 부작용의 심각성이 드러나면서 인도주의적 반성과 교육학적 반성이 생겨나기 시작하였다. 특히 우리나라에서 체벌이 다시 논란의 소재가 된 배경은 사회가 점진적으로 허용적이고 자유방임적인 분위기를 조장하기 때문에 현재와 같은 청소년 범죄나 청소년의 이상심리가 증가하게 되었다는 비판의 목소리가 나오면서이다. 청소년들을 가정과 학교에서 엄격하게 다루지 않았기 때문에 버릇이 없게 되었고 인내력이나 포용력이 없는 인간으로 형성해 갔다는 것이다. 즉, 청소년문제를 넘어서 사회문제가 되고 있는 범죄, 이상심리를 예방하거나 고치려고 한다면 꾸중이나 체벌, 엄격한 훈련 등을 통해 이루어져야 한다는 것이다(이혜원 외, 2009). 학교 체벌의 지지자들은 체벌이 교내 기강 확립에 즉각적인 효과를 얻을 수 있으며, 이에 따라 학생들이 곧바로 수업에 참여할 수 있음을 제시한다.

이와 반대로 반대자들은 다른 징계 방법으로 체벌의 방법과 동등하거나 더 좋은 효과를 얻을 수 있다고 주장한다. 일부는 체벌이 폭력이나 학대에 가깝다고 여긴다. 그러나 학교에서 청소년의 인권은 체벌의 남용 등으로 위협받고 있는 상황이기도 하다. 학생들의 인격을 모독하는 행위가 학교에서 일상적으로 이루어지고 있으며, 불시에 실시되는 소지품 검사, 속옷 검사, 성적 공개, 우열반 편성 등으로 사생활이 공개적으로 침해되고 있다.

2) 징계

(1) 개념

학교의 장은 교육상 필요한 때에는 법령 및 학칙이 정하는 바에 의하여 학생을 징계하거나 기타의 방법으로 지도할 수 있다. 다만, 의무교육과정에 있는 학생을 퇴학시킬 수 없다. 학교의 장은 학생을 징계하고자 하는 경우 해당 학생 또는 학부모에게 의견진술의 기회를 부여하는 등 적정한 절차를 거쳐야 한다(이혜원 외, 2009).

(2) 유형

학교의 장은 징계를 학생의 인격이 존중되는 교육적인 방법으로 시행하여야 하며, 그 사유의 경중에 따라 징계의 종류를 단계별로 적용하여 학생에게 개선의 기회를 주어야 한다. 징계를 할 때에는 학생의 보호자와 학생의 지도에 관하여 상담을 할 수 있다. 또한 징계를 받은 학생을 교육하는 데 필요한 교육방법을 마련 · 운영하고, 이에 따른 교원 및 시설 · 설비의 확보 등 필요한 조치를 하여야 한다.

징계의 단계별 종류를 살펴보면, 학교 내의 봉사, 사회봉사, 특별교육 이수, 1회 10일 이내, 연간 30일 이내의 출석정지, 강제전학처분, 퇴학처분 등이 있다.

이중 퇴학처분의 경우, 그 대상자는 의무교육과정에 있는 학생 외의 자로서 품행이 불량하여 변화의 가망이 없다고 인정된 자, 정당한 이유 없이 결석이 잦은 자, 기타 학칙에 위반한 자가 이에 속한다. 학교의 장은 퇴학처분을 하기 전에 일정 기간 동안 가정학습을 하게 할 수 있고, 이미 퇴학처분의 징계를 내린 후에는 당해 학생 및 보호자와 진로상담을 하여야 하며, 지역사회와 협력하여 다른 학교 또는 직업교육훈련기관 등을 알선하는데 노력하여야 한다.

5. 기타 학교생활에서의 문제와 그 원인[9)]

1) 인권 침해

현재 우리나라 대부분의 학교는 학교시설의 노후, 그리고 학교 주변의 유해환경 등 물리적 환경이 매우 열악한 편이다. 창의력을 함양시킬 수 있는 토론식 수업은 불가능하고, 단지 교사 위주의 주입식 교육밖에는 다른 교육방법을 사용하기 힘들다.

학생들 개인의 개성과 능력, 그리고 각자의 상황에 적절한 생활지도를 하기도 매우 힘들다. 이 경우에는 담임선생님도 학생 개개인의 속사정을 일일이 파악하기 힘들기 때문에 교사와 학생들은 피상적인 관계로 서로 겉돌 수밖에 없다. 이러한 상황 속에서 사제지간의 진정한 교육적 관계의 형성이나 학생 개개인의 권리를 존중하는 교육이 이루어지기는 매우 어렵다. 따라서 학교는 획일적인 통제중심의 생활지도를 할 수밖에 없으며 그것이 심해지면 학생들의 인권

9) 민들레편집실 (2010)

을 침해하는 사태가 빚어질 수 있다.

2) 권위주의적인 학교문화

일제 강점기 체제하에서 근대적 학교 제도가 도입된 이래 우리의 학교문화는 권위주의적 위계질서하에서 엄격한 규율을 학생들에게 강요하며 순종적인 인간으로 길들이는 문화가 지배적이었다. 권위주의적 문화가 지배하는 학교현장에서 학생들은 학교와 사회가 요구하는 획일화된 가치체제와 규범에 순종할 것을 강요받았다.

대부분의 교사들 역시 통제 위주의 권위주의적 교육에 익숙해져 있었기 때문에 학생들과 함께 민주적으로 토론하고 협의해 나가기보다는 자신들의 명령과 지시에 복종할 것을 요구하였다. 이들은 학생들을 평가할 수 있는 권한과 상벌을 줄 수 있는 권력을 갖고 있기 때문에 감히 학생들은 그들의 권위에 도전할 수도 없고 해서도 안 되었다. 특히 최근에는 대학입학시험에서 내신이 차지하는 비율이 증가함에 따라 이러한 경향은 더욱 심해지고 있다. 학생들은 이의를 제기하고 싶어도 혹 감점을 받을지 모른다는 우려 때문에 참고 견딘다.

우선 학교에서는 불평등한 위계구조와 일방향적 의사소통구조를 가지고 있다. 학교는 지배구조의 문화를 재생산하기 위한 통제와 훈육의 메커니즘을 가지고 있으며 학교가 요구하는 규범은 공식적 교육과정 혹은 잠재적 교육과정을 통해 학생들에게 내면화된다. 교사는 특정 행동양식이나 의무를 학생들에게 요구하고 통제할 수 있는 힘을 가지고 있지만 학생들은 그것을 거절할 수 있는 권리가 없다. 뿐만 아니라 선후배 사이의 엄격한 위계관계도 군대식 권위주의 문화가 깔려 있기 때문에 학교폭력의 원인이 되고 있다.

그리고 학교의 일방적인 규칙도 청소년문제의 주요 원인으로 지목되고 있다. 학교는 교칙과 교훈 등과 같은 공식적 규칙과 그외에 암묵적으로 통용되는 비공식적 규범들을 통해 권위적 위계체제를 유지시키며 이를 상벌체제와 연결시켜 그 효과를 극대화하고 있다. 하지만 이러한 학교의 교칙이나 규율을 만들 때 학생들의 의견을 반영하거나 그들과 합의하여 만드는 것이 아니다. 대부분 학교가 원하는 대로 일방적으로 규칙을 만들어 학생들에게 따르도록 강요한다. 이러한 학교문화는 학생들을 자율보다는 타율에 길들여지도록 만들며 민주적인 인간이기보다는 강요된 질서와 권위에 순종하는 인간으로 만들기 쉽다.

학생들은 종종 학교에서 교사들의 비합리적이고 원칙 없는 힘에 굴복할 수밖에 없다. 예를 들어 교사의 언어폭력, 감정적인 체벌, 사생활에 대한 부당한 개입 등에 대해서 적극적으로 불만을 표시한다는 등 자신들의 의견을 표현하지 못한다. 왜냐하면 섣불리 반항했다가 찍히면 남은 학교생활이 고달플 뿐만 아니라 성적에 불리한 영향을 받을 수 있기 때문이다.

3) 학벌 위주의 입시제도

학생시절은 자유롭게 사고하고, 실험하고, 행동할 수 있는 자유의 시기이다. 그러나 입시 위주의 문화는 학생들에게 그러한 시간과 기회를 허용하지 않고 있다. 교육 당국은 학생들은 아직까지 미성숙하기 때문에 학교나 교사들의 간섭이나 제재는 당연하다고 하면서 그들의 실험정신이나 모험, 혹은 새로운 시도는 허용하지 않는다.

결국 이와 같은 학생들에 대한 사회, 심리적 지불연기 혜택의 철회는 청소년들의 각종 권리행사에서의 제한을 정당화하고 나아가 권리침해를 정당화하는 결과까지 낳고 있다고 할 수 있다.

입시 위주의 교육은 획일적인 가치기준에 따라 학생들을 표준화하고 있으며 그들의 개성을 무시하면서 모두를 동일시하고 있다. 사실상 청소년들에게도 자율적으로 자신이 원하는 삶을 선택할 권리가 있지만 현재의 입시제도는 자신들이 무엇을 하고 싶은지, 그리고 무엇을 잘 하는지도 생각해 보지 않고 그저 성적에 따라 인간을 배치하고 있다. 그 결과 개인의 다양한 요구나 특성이 무시된다. 그렇지만 모두들 입시경쟁에서의 승리를 위해 이에 감히 저항하지 못하고 순종적인 태도를 보이게 된다.

4) 질적으로 떨어지는 학교급식

청소년들은 대부분의 시간을 학교에서 보내게 되므로 학교급식은 그만큼 중요한 의의를 갖는다. 이렇게 중요한 학교급식은 국가적 차원에서 중요하게 정책과제로 추진하여야 할 사업이다. 급식은 1999년부터 국가적인 관심사로 채택되어 급속하게 확대되었으나 위생, 안전문제 등이 대두되었다. 이에 따라 2000년부터 학교급식의 정착과 함께 질 개선에 역점을 두는 시책이 추진되었다. 그러나 학교급식 자체가 학부모 부담에 의존한 유상급식이 빈곤학생에 대한 스티그마를 강화하는 요인으로 작용하고 있다는 문제점들이 부각되어 2012년 이후 초등학교부터 무상급식으로 확대되었다.

5) 학교보건

학교보건은 학생들을 대상으로 전개되는 신체검사, 건강상담, 예방접종, 긴급 간호 등과 더불어 안전점검, 환경위생검사, 조명이나 방음 등 각종 시설, 설비관리 등의 환경관리, 통학관계, 정신위생, 책걸상 등의 시설용기의 인간공학적 설계 등을 포함하는 광범위한 개념이다.

우리나라의 일부 도시나 농촌지역에 있는 학교 가까운 주변에 의원 또는 병원이 없는 경우가 허다하다. 따라서 모든 학교에 보건교사의 배치는 기본이며, 나아가 도시 저소득 지역과 농촌의 경우에는 학교 보건실의 규모와 기능을 더욱 확대하여 학생 및 그 가족의 일부를 관리하는 형태로 운영되는 것이 바람직할 것으로 본다.

6) 획일적인 의무교육

현재의 의무교육은 수업료 면제와 교과서 등의 제공만으로 이루어지고 있어 엄격하게 말하면 무상의무교육이라고 단언하기 어렵다. 앞으로는 통학 및 학용품 일체, 교복 및 체육복 등 학생을 위한 보편적 서비스 차원에서 무상의무교육이 하루속히 실현되어야 할 것이다.

2003년 의무교육이 확대 실시되어 중학생의 경우 대안교육을 위한 자퇴를 금지하고 있다. 하지만 질병이나 부득이한 사유가 있을 때 등의 제한적인 상황에 한하여 제도권 내의 중학생 대안교육이 가능하도록 이에 대한 대책이 시급하다.

7) 학생참여활동의 부재

교내 · 외 서클이나 동아리에 가입하여 활동한 경험을 조사한 결과, 전혀 경험이 없다는 응답이 절반 수준이었고, 서클이나 동아리활동을 하고 있는 청소년은 고등학생이 27.3%로 저조한 수준으로 나타났다. 동아리활동의 허용도 등 학생자치활동 전반에 대한 만족도도 낮은 것으로 나타났다. 학생들의 교육복지 수준 조사결과에서도 복장, 용모 등과 관련하여 자신들의 권리가 침해당하고 있다는 인식은 다른 것에 비해 높게 나타났다(은하출판사편집국, 2011).

8) 생활지도와 상담의 소홀

교사와의 대화 정도를 조사한 결과 하지 않는다는 청소년이 68%나 되었으며, 중 · 고등학생의 경우 교사가 학생의 마음을 이해하지 못한다고 생각하는 비율이 과반수나 되었다. 현재 고민이나 걱정거리가 있는지를 조사한 결과는 6.1%의 청소년만 고민, 걱정이 없다고 응답하였고, 매우 다양한 문제를 가지고 있었다. 이러한 고민은 주로 친구, 선후배와 상의한다고 응답하였고 학교교사와 상의한다는 응답은 0.8%에 불과하였다.

고등학생들을 대상으로 한 학교사회복지서비스 욕구조사에 따르면 가장 높은 서비스가 학생인성 및 학업 관련 상담이고, 그 다음이 학교교육시책 수립에의 참여, 학교와 지역사회와의 연결, 학생문제에 대한 사정 및 상담, 학교와 가정과의 연결 그리고 자원의 활용 및 변화 서비스였다.

교육부는 교육법과 교육법 시행령을 통하여 중 · 고등학교에 학교상담실을 설치하여 운영하도록 하였는데, 그 주된 내용은 진로지도와 상담활동을 위한 교도교사 및 진로지도교사 배치, 학교상담실 운영, 학생상담 자원봉사제도 운영 등이다. 상담 정책은 상담전문교사들이 아닌 교과를 담당하는 교사들이 단기간의 연수를 받고 이를 담당하게 한 점, 경력이 높고 보직이 없는 교사들에게 수업의 부담을 줄여 주는 보상 개념으로 활용된 점, 교사의 이중부담으로 질 높은 지도를 불가능하게 한 점, 교과를 담당하고 있는 교사와의 상담 상황을 회피하는 학생들의 태도 등 많은 요인들에 의해 거의 유명무실한 정책으로 판단된다.

이에 대한 대안으로 등장한 전문상담교사제는 학교 본래의 기능을 회복하고 학생들의 문제를 효율적으로 해결하기 위해 학교상담의 기능을 확충하고자 하는 취지를 담고 있다. 그러나 이러한 전문상담교사조차 일반교사에 대한 연수를 통하여 자격이 주어지고, 일반 교과목 수업을 병행하는 것이기 때문에 최초의 상담교사제도에서 나타나는 문제를 그대로 안고 있다고 볼 수 있다.

9) 정보접근권의 부작용

최근 들어 정보통신기술을 활용하여 교육의 내용과 방법, 교육의 형태를 개선하고 다양화할 수 있게 되었으며, 탄력적이고 효율적인 교육을 구현할 수 있게 되었다. 전국의 모든 학교와 교실을 인터넷으로 연결함으로써 다양한 정보의 교류가 가능한 선진화된 학교 정보인프라를 구축하였다. 이것은 세계 IT강국으로서의 면모를 보여 주는 예로, 다른 영역에 비해 신속하게 진행되는 것으로 평가될 수 있다.

그리고 교육행정 정보화를 위하여 정부는 많은 예산을 투여하여 현재 교육행정정보시스템(NEIS)을 구축, 완료하였다. 그러나 일부 교육단체에서 학생의 정보가 무분별하게 공개됨으로써 개인의 정보 노출에 대한 문제를 제기하여 심각한 갈등을 야기하고 있다. 전산화를 통한 사적 정보의 지나친 노출은 인권과 관련하여 부작용이 발생할 수 있는 경우가 있으므로 각별한 보완책과 개선이 요구된다(이혜연 외, 2006).

10) 교권상실과 교권회복

정당한 훈계와 지시마저 차별과 아동학대로 몰아가는 상황이 많아지고, 학생이나 학부모에 의한 지속적 일방적 민원이 늘어나면서 불필요한 오해와 분쟁의 소지가 증가하게 되었다. 교사로서 지녀야 할 자질의 문제인 경우도 있겠으나, 교사는 혼자인 반면 문제 학생과 학부모는 다수인 상황에서 교사만 인내와 책임을 종용받게 된다. 교사는 수업은 물론이고, 행정업무도 처리해야 하며, 지속적인 악성민원이나 학생과 학부모의 폭언과 폭행까지 더해진다면 교사의 교육에 대한 열정과 사명감은 사라지게 될 것이고, 교육의 질도 하락될 것이다.

그러므로 공교육현장에서도 교권침해 가이드라인이 시급한 상황에 놓이게 되었다. 아울러 민원 전담 상담교사 확충도 필요하게 되었다. 공교육이 무너지면 국가의 근간이 흔들린다. 사회적 규범이 설 자리를 잃게 되고, 공동체적 질서도 위협받게 된다. 공교육현장은 지식 습득 못지않게 사회성 함양을 위한 매우 중대한 학습적 시공간이기 때문이다(정성태 칼럼, 2023.7.30).

6. 학교 내 취약집단에 대한 지원

1) 저소득층 학생지원

(1) 학비지원

정부는 기초생활보장수급권자에게 사회가 요구하는 최소한의 교육 기회를 제공하여 줌으로써 부모로부터 가난이 세습되지 않고, 이들이 저소득층에서 벗어나도록 하기 위하여 학비를 지원해 주고 있다. 특히, 2002년부터는 중 · 고등학생의 입학금, 수업료 및 교과서 비용 외에 부교재 비용을 추가로 지원하여 해당 수급자의 가계 부담을 경감과 동시에 그 자녀가 학업에 전념할 수 있도록 하고 있다. 그러나 읍 · 면 · 동주민센터와 학교 간에 이루어지는 학비 전달과정에서 학생 신분이 노출되는 경우가 많이 있다. 따라서 감수성이 예민한 청소년 시기에 이것이 학교부적응의 한 원인이 될 수 있으므로 낙인이 주어지지 않는 비공개적 전달체계의 확립이 요청된다.

(2) 급식카드

저소득가정이나 한부모가족이나 소년소녀가정, 긴급복지 지원대상 가구, 보호자의 가출이나 장기복역, 사고 등으로 보호자가 부재한 가구 등의 아동에게 지원하는 IC 카드이다. 2005년 이후 각 지방자치단체에서 결식아동 지원사업의 하나로 도입했다. 학교 취학 여부와 관계없이 지원하는 경우가 대부분이다. 학교에서 급식을 먹지 못하거나 방학 등 급식을 먹을 수 없는 상황에서 식사를 해결할 수 있도록 지원하는 제도이다. 일정 금액을 선불로 카드에 충전해 제공하는 바우처제도로 편의점이나 식당 등 등록된 가맹점에서 결제할 수 있다. 지자체별로 운영하므로 사용하는 카드 이름은 지역에 따라 다르다.

2) 장애학생지원

현행 법제도상 만 3세 이상 되는 장애아동은 누구나 특수교육 대상자로 신청을 하기만 하면 적절한 학교에 배치되거나, 순회교육을 실시하여 무상교육 내지는 의무교육으로 유치원, 초등학교, 중학교, 고등학교 과정의 교육을 받을 수 있도록 규정하여 장애학생의 교육권을 보장하고 있다.

우리나라 특수교육의 정책방향은 장애학생이 일반학생과 함께 생활하고 공부하는 통합교육에 두고 있으며, 특수교육 운영의 기본방향을 장애학생의 교육기회 확대, 통합교육 내실화 기반 조성, 교육과정 운영의 효율화, 특수교육 지원체제 강화에 역점을 두어 추진하고 있다.

(1) 장애학생의 교육 기회 확대

장애학생에 대한 적합한 교육 기회의 제공과 적절한 교육적 서비스 제공을 위해 특수학교 및 특수학급을 연차적으로 증설하도록 하였다. 이러한 계획이 실제적인 효과를 거두기 위해서는 학교시설에서 장애학생들의 학습권까지 보장하는 보완이 뒤따라야 한다.

장애인의 고등교육 기회 확대와 장애인과 일반인의 통합교육으로 사회적응력 향상 및 사회통합 구현을 위해 국립특수전문대학인 한국재활복지대학을 2002년 설립하였다. 그러나 사립대학의 경우에는 장애인에 대한 특별한 마인드를 가지고 있다 하더라도 대학의 열악한 재정으로 이들의 학습권을 충분히 보장하기가 어려운 실정이다. 학교에 대한 정부의 재정지원이 뒤따라야 내실 있는 장애학생의 교육 기회 확대가 이루어질 것이다.

(2) 통합교육 내실화 기반 조성

특수교육 대상자의 일반학급 배치 확대, 시범학교 확대, 일반학교의 학급당 학생 수 감축, 교원정원 증원 등을 통해 장애인의 사회통합을 촉진할 수 있는 통합교육의 내실화 기반을 조성하고자 하고 있다. 더욱 과감한 재정지원을 통한 장애인 개별화의 실질적 담보 및 장애인들과 일반학생들과의 정서적 통합, 장애의 벽을 허물기 위한 프로그램 창안, 프로그램을 운영할 수 있는 전문가의 학교 내 배치가 요망된다.

(3) 교육과정 운영의 효율화

특수학교 및 특수학급의 다양한 운영모형 개발과 특수교육 담당 교원 연수 및 장애 유형에 적합한 직업교육을 실시함으로써 특수교육의 질적 수준이 향상될 것으로 기대되고 있다. 이러한 기대가 현실적으로 이루어지고, 그 수준의 향상을 위해서는 역시 전문가의 배치 및 획기적 예산 지원이 수반되어야 할 것이다.

3) 교육에 있어 복지의 강조

교육은 경쟁적인 교육풍토에서 지위상승을 위한 수단으로 인식되고 있는 것이 그 동안 우리의 현실이었음을 부정하기 어렵다. 그러나 교육은 복지사회 구현에 중요한 부분을 차지한다고 할 수 있다. 첫째, 교육은 복지의 한 영역이라는 관점이다. 교육활동 자체가 하나의 복지 또는 복지정책으로 간주되는 경우를 지칭한다. 대표적인 것이 무상의무교육이며, 현재 평생교육의 일환으로 실시되고 있는 성인교육 등을 성인의 재취업, 자활능력의 개발에 맞추어 복지정책의 일환으로서 지원을 강화해야 할 것이다.

둘째, 교육을 사회복지 실현을 위한 필수적인 과제로 보는 관점이다. 즉, 교육이 복지사회의 구현에 기여하는 경우를 의미한다. 대표적인 것으로서, 기능적 문맹의 타파, 교육 기회 및 평등의 실현 등이 있다. 교육개혁위원회는 교육은 국민이 향유하는 권리인 동시에 삶의 질을 높이는 복지의 하나라고 규정하면서 교육복지의 동기를 세계화와 정보화 시대의 국가 경쟁력 강화를 위한 인력을 양성하는 것이며, 동시에 국민의 삶의 질을 높이려는 열린 교육사회와 평생학습사회를 지향하는 것으로 보고 있다.

이를 통해 볼 때, 교육 부분에서 소극적으로 다루어져 왔던 복지 부분에 대해 정부가 보다 적극적인 입장을 취하고 있다고 볼 수 있다. 이러한 변화는 시대상황의 변화에 능동적으로 대처하는 방안이며, 교육계와 사회 전면에서 적극적으로 수용, 발전시켜야 할 이 시대의 과제다.

7. 진로지도 및 직업체험

1) 진로직업체험지원센터

진로직업체험지원센터는 직업체험지원 전담기구로서 권역별 일터 자원 및 일터의 관리를 담당하고, 학교와 직업체험장을 유기적으로 연계해 주는 허브(Hub) 역할을 맡고 있다. 또한 토요진로학교 및 상설 직업체험 프로그램을 운영하는 방식으로 초 · 중 · 고 학생들의 진로직업체험을 지원한다.

진로지도에 어려움을 겪는 학교관계자는 물론 학부모들도 이 센터를 통해 지역사회의 다양한 자원과 인프라를 이용한 실질적인 직업체험이 가능하게 하려면 시 · 도교육청뿐만 아니라 자치단체의 적극적인 협조가 필요하다. 체험센터는 앞으로 진로직업체험에 대한 학생과 학부모의 갈증을 채워줄 수 있는 다양한 프로그램의 개발은 물론 지역사회와 민관협의체 등을 통해 지역사회 중심의 직업체험을 지속적으로 꾸려나갈 수 있는 네트워크를 구축해 나가야 한다.

2) 직업체험프로그램

각 지역의 고용노동부와 교육청에서는 청소년직업체험과 관련된 프로그램을 직접 운영하거나 지원하는 등의 큰 관심을 보이고 있으며, 앞으로 지역사회 내에 위치해 있는 청소년직업체험 관련 기관 및 시설들과 더욱 체계적이고 조직적인 협력관계를 형성하여 이러한 프로그램을 추진해 나가야 할 것이다.

청소년수련관에서도 역시 청소년 스스로 진로와 직업선택에 대한 확신과 자신감을 가지고 자기주도적인 학습방향과 목표를 설정하여 성공적인 진학 또는 취업을 달성할 수 있는 계기를 마련할 수 있도록 현실적인 청소년직업체험활동 프로그램을 운영해 나가야 할 것이다.

3) 취업 및 아르바이트

(1) 청소년 아르바이트 실태

청소년 스스로 경쟁력 있고 만족과 보람을 느낄 수 있는 자신의 직업 선택에 대한 욕구가 커지고 있다. 아르바이트를 하는 청소년은 공통적으로 임금, 근로시간, 작업환경 등에서 심각하게 차별을 받거나 부당한 처우를 받고 있다. 대부분의 사용자가 근로기준법 등 실정법을 심각하게 위반하고 있는 실정이지만, 별다른 규제를 받지 않고 있다. 청소년의 노동권을 보장할 명목적인 법적 장치는 있지만, 실제 노동시장에서 청소년의 노동권은 방임된 상태에 있음을 알 수 있다.

구체적으로 청소년은 노동한 대가를 공정하게 받지 못하고 있다. 최저임금법에 따르면, 동거의 친족만을 사용하는 사업과 가사사용인을 제외한 모든 사업 또는 사업장은 최저임금법의 적용을 받고, 청소년을 포함한 모든 근로자는 국가가 정한 최저임금을 보장받을 수 있도록 되어 있지만 현실에서는 제대로 지켜지지 않고 있는 상황이다.

(2) 청소년 아르바이트 10계명

아르바이트를 하는 청소년들에게 '청소년 아르바이트 10계명'을 통해 최소한의 가이드라인을 제시하고 있다. 주된 내용으로는 만 13~14세 청소년들이 아르바이트를 하기 위해서는 첫째, 취직 인허증, 둘째, 부모님의 동의서와 나이를 증명할 수 있는 호적증명서 제출, 셋째, 근로계약서 작성, 넷째, 청소년도 동일하게 적용되는 최저임금, 다섯째, 휴일 근무 시 50%의 초과근무 수당을 받을 것, 여섯째, 유해업종 및 위험한 업무는 금지, 일곱째, 업무 중 상해에 대한 산재보험법이나 근로기준법에 따른 치료와 보상, 여덟째, 임금체불 및 부당한 처우를 당했을 때 도움을 받을 수 있는 곳, 아홉째, 근로시간 40시간 보장, 열째, 유급휴가 보장 등을 제시하고 있다(이예성, 2008).

(3) 청소년 아르바이트 상담센터

지역 내 청소년의 정당한 노동가치 보장과 청소년 노동인권보장을 위해서 '청소년 아르바이트 상담센터'를 개소하고 있다. 청소년들은 최저임금법은 물론 연소근로자를 위한 근로보호법 등에 무지한 경우가 다반사다. 이에 청소년이라는 이유로 차별받는 것을 당당히 거부하며 청소년 근로자의 정당한 권리를 찾기 위한 청소년 아르바이트 Blue Zone 사업을 정착시키고 있다.

이곳에서 청소년들이 아르바이트를 하면서 생긴 부당노동행위 및 임금체불 등에 대한 상담을 통해 청소년들의 권리를 찾아주는 노력을 하고 있다. 특히 주기적으로 노무상담 및 청소년이 알아야 할 노동법 교육사업을 실시하고 이 사업을 통해 모인 청소년들이 건전한 공동체 문화를 형성할 수 있도록 지원함으로써 지역사회에서 청소년들의 멘토 역할 및 다양한 활동을 벌이고 있다. 또한 노무사의 전문상담을 통해 상담사업과 교육사업의 일환으로 노동인권학교를 통한 노동법 바로 알기 교육을 운영하고 있다.

연구문제

01. 학교에서 청소년들이 겪게 되는 문제 유형을 다섯 가지 이상 나열하고, 본인의 청소년기에 학교에서 나타난 문제를 선택하여 그 이유를 설명하시오.

02. 학업이 부진한 이유를 일곱 가지 이상 나열하고, 효과적인 개입방법을 본인의 경우와 비교하여 설명하시오.

03. 학업중단청소년의 특성과 문제점을 서술하시오.

04. 체벌과 학생인권과의 관계에 대해 설명하고, 본인의 입장을 논하시오.

05. 청소년 아르바이트 10계명을 설명하고, 사회복지사로서 근로청소년들에게 개입할 때 가장 강조해야 할 부분은 무엇인지 설명하시오.

chapter

08

청소년과 성

contents

학습목표

- 청소년의 성의 개념에 대해 고찰한다.
- 성과 관련된 청소년문제를 이해하고 실태를 분석한다.
- 동성애에 대해 이해한다.
- 청소년 성문제에 대한 대안을 고찰한다.

1. 청소년의 성

청소년기는 신체적으로 왕성한 성적 변화가 일어나며 건전한 성정체감과 성윤리를 확립하는 것이 필요한 시기이다. 호르몬의 변화로 인하여 성적 욕구가 급증하고 생식력이 발달하는 과정 속에서 성적 행위와 관련된 인지발달(성적 자기결정, 자기의식 등)과 고민이 깊어지게 되기 때문이다. 그러므로 성욕을 조절하면서도 성을 사회적 관계로 성공적이고 적절하게 조화시킴으로써 성적 발달과업을 성공적으로 완수해야 하는 시기인 것이다.

그러나 청소년들이 무분별한 성행위와 성문제를 부추기는 유해환경과 접촉이 늘어나면서 청소년의 성범죄가 늘어나는 추세이다. 최근 청소년문제에 대한 전문상담소의 상담내용에 의하면 청소년이 가장 많이 고민하는 부분이 성(50.0% 이상)이었다. 그 이유는 청소년들의 성의식 부족과 인터넷의 확산으로 인한 무분별한 음란물 접촉, 그리고 채팅 등의 매체를 통한 성비행의 비약적인 증가 때문으로 설명하고 있다. 현재 성비행에 있어서 가장 사회적인 문제로 자리잡고 있는 청소년 성매매(원조교제)는 전체 성비행 중 약 49%를 차지할 정도로 심각한 수준이다.

이와 같이 청소년기의 성문제 원인은 학교나 가정에서 적극적인 성교육을 제대로 받지 못하고, 그 교육도 상당 부분 현실감이 떨어지는 경우가 많기 때문이다. 인터넷을 통한 청소년들에게 음란사이트 등의 인터넷을 통해 얻어진 왜곡된 성 관련 정보는 청소년들에게 성문제를 심각히 노출시키는 요인이 되고 있다. 예를 들면, 청소년 간의 성범죄, 즉 가해자가 청소년인 강간, 성추행, 성매수, 성매수 알선, 음란물 제작 등이 그것이며, 청소년의 임신, 낙태, 미혼부모현상과 그로 인해 나타나는 사회부적응, 빈곤 등의 문제도 나타나고 있다. 뿐만 아니라 청소년 성정체성 문제도 나타난다.

2. 성과 관련된 청소년문제

1) 왜곡된 이성교제

정상적으로 성장하는 청소년들은 누구나 이성교제에 대해서 관심을 갖게 된다. 사춘기 때는 서로 다른 성에 대한 호기심과 동경을 갖게 되고 신체적 · 정서적으로 다름에서 기인하는 사교적 차이가 있기 때문에 남자는 여자에 대해, 여자는 남자에 대해 알고 싶어 한다. 폭넓은 이성교제를 통해서 서로 다른 성을 알고 이해함으로써 바람직한 이성관을 갖게 된다.

이성교제란 여러 명의 이성친구를 통해서 동성이 갖고 있지 않은 그들의 사고, 관심 등을 이해하고 공유하여 자신의 인격과 지적, 정서적 성장에 도움이 되는 것이다. 그러나 사춘기는 성적 충동이 강한 때이므로 신체적 접촉을 원하게 되고 그래서 잘못되면 임신 등의 씻을 수 없는 상처가 남게 된다.

또한 이성교제를 통해 서로에 대해 너무 집착하다 보면 공부나 친구들에 대해 소홀해지는 경우가 생기기도 한다. 그리고 청소년기는 왕성한 지적 호기심과 성취가 높은 시기이며, 자신의 적성과 능력을 깨달아 자신에게 알맞은 진학의 길을 생각하여 그에 따른 준비를 해야 할 때이기 때문에 단둘이 만나는 이성교제로 자신의 시야를 막는 것보다는 여러 명이 어울려 토론과 놀이를 적절히 활용하는 것이 도움이 된다.

2) 청소년 임신과 낙태

(1) 청소년 임신과 낙태의 문제점

청소년의 임신은 청소년들에게뿐만 아니라 출산한 영아들에게도 매우 위험한 상황을 초래한다. 10대 임산부에서 출생한 영아들은 사망률과 질병 발생률이 훨씬 높고, 미숙아도 많다. 또한 임신한 청소년들은 학교를 도중에 그만두게 되어 저학력으로 인해 취업의 기회가 줄어들게 되고, 청소년으로서의 정상적인 발달에 방해를 받아 성인으로서의 자율성에 방해가 된다. 이러한 결과는 후에 빈곤의 문제로도 이어지게 된다. 그리고 유산할 것인지, 낳아서 기를 것인지, 입양을 보낼 것인지, 임신으로 원하지 않는 결혼을 해야 할 것인지 하는 고민에 빠져 우울증이나 무기력증의 정신적 고통도 심하게 경험하게 된다(이해경, 2005).

낙태를 결정한 경우에는 죄책감에 시달리게 되며, 남성의 변심으로 인한 심적 부담감에 성인이 되는 과정에서 심한 좌절감을 경험하게 되므로, 청소년의 임신과 낙태에 대해 상담과 지원을 해줄 수 있는 방안이 요청된다.

(2) 청소년 낙태의 현황

청소년 임신과 출산의 문제는 또 다른 청소년 비행으로 이어지고 있다. 청소년의 비행 동기가 여자친구의 낙태비용 때문인 경우도 많고, 여자친구가 출산한 아기를 여관 화장실 변기에 버려 숨지게 한 사건 등도 빈번히 일어나고 있다.

3) 청소년 미혼모, 리틀맘

미혼모란 미혼의 상태에서 혼전임신 및 출산, 인공임신중절과 별거, 이혼, 사별상태에서 배우자와 관계없이 아이를 출산한 경우를 의미한다. 미혼모가 되면 가정과의 결별과 소외, 산전 및 산후관리의 문제, 자녀양육 문제, 경제적 · 정신적 불안정 문제, 사회적 고립, 입양의 경우에 느낄 수 있는 상실감과 친모증후군 증세 등의 문제를 경험한다.

또한 아이에게도 부정적인 영향을 미치게 되는데, 양육에 필요한 경제적 문제, 자녀의 입적과 성장과정에서의 사회적 편견 등을 들 수 있다. 뿐만 아니라 미혼모의 가족도 영향을 받게 되는데, 미혼모의 부모는 자녀의 임신으로 인한 충격을 받으며, 손자녀의 양육문제로 인한 정신적 · 물질적 스트레스를 경험한다. 그리고 미혼부의 심리적 압박과 자녀양육에 대한 책임회피로 이어질 가능성이 높다.

최근 청소년기에 아이를 낳아 키우는 여성을 '리틀맘(little mom)'이라고 한다. 리틀맘은 출산 사실을 밝히고 사실상 결혼생활을 하는 어린 엄마를 뜻하는 용어이다. 이들은 남편과 함께 아이를 양육한다는 점에서 편모인 '미혼모'와는 개념이 다르다.

리틀맘은 임신 후 학교를 그만두고 시댁 혹은 친정이나 부모님이 얻어준 별도의 집 등에서 사실상 결혼생활을 하는 것이 특징이다. 남편은 대부분 학생이거나 자퇴 후 아르바이트 등으로 생활비를 댄다. 혼인신고는 뒤로 미루는 경우가 대부분이다.

아이의 출생신고는 할아버지 등의 호적에 올리기도 한다. 이들은 인터넷을 통해 육아 정보를 교환하는 등 공개적인 활동을 하기도 한다.

4) 청소년 성매매

(1) 청소년 성매매의 개념 및 현황

청소년 성매매는 미성년자가 성매매를 하는 것이다. 흔히 원조교제라고도 불리는데, 청소년의 성보호에 관한 법률에서는 청소년 등에게 금품이나 기타 재산상 이익이나 편의제공 등의 대가를 제공하거나 이를 약속하고 성교행위 또는 유사 성교행위를 하는 것이라고 규정하고 있다. 여자청소년들은 나이가 어릴 뿐만 아니라 여성이라는 점에서 대표적 약자라고 할 수 있다. 여자청소년에 대한 보살핌의 책임을 가정에만 전가하는 우리 사회에서, 여자청소년들은 가출과 동시에 경제, 관계, 학력, 주거 등 그나마 있던 필수적인 자원까지 상실하게 된다.

여기에 가출한 여자청소년들의 취약한 상황을 이용하려는 사람들 때문에 이들의 처지는 더욱 열악해진다. 여자청소년들이 집 밖에서 만나는 어른들이란 최저임금에도 못 미치는 월급을 주면서 임금체불까지 일삼는 고용주, 또는 성구매 남성들이다.

결국 여자청소년들은 처지가 비슷한 자기들끼리 모여 그 안에서 가능한 생존방식과 규범을 만들게 된다. 가출한 여자청소년들은 사회안전망과 자원이 부재한 상황에서 생존전략으로 또래집단을 구성한다. 그러나 또래집단은 여자청소년들에게 당장의 안식처는 돼 줄 수 있을지 몰라도, 결과적으로는 여자청소년들을 사회로부터 더 유리시키는 결과로 이어진다. 청소년 성매매는 어쩌면 제대로 된 사회안전망을 제공해 주지 못한 사회의 실패라고도 볼 수 있다(한국청소년정책연구원, 2008).

청소년의 성매매 동기는 생활비 마련이 가장 많고, 유흥비 마련, 성적 호기심, 친구의 권유 등을 들 수 있다. 청소년 성매매로 피해를 입는 청소년들은 매년 증가하고 있다. 이것은 성매매 연령이 점차 낮아짐과 동시에 청소년 성매매가 심각해지고 있는 상황을 단적으로 보여준다.

(2) 청소년 성매매의 처벌

폭행 또는 협박으로 아동 · 청소년을 강간한 사람은 무기징역 또는 5년 이상의 유기징역에 처하도록 되어 있다. 그리고 19세 이상의 사람이 13세 이상 16세 미만인 아동 · 청소년의 궁박(窮迫)한 상태를 이용하여 해당 아동 · 청소년을 간음하거나 해당 아동 · 청소년으로 하여금 다른 사람을 간음하게 하는 경우에는 3년 이상의 유기징역에 처한다. 또한 아동 · 청소년을 추행한 경우 또는 해당 아동 · 청소년으로 하여금 다른 사람을 추행하게 하는 경우에는 10년 이하의 징역 또는 1천500만원 이하의 벌금에 처하도록 되어 있다.

5) 음란매체

단순한 이성 간의 성행위를 넘어 변태성행위, 근친상간, 수간 등이 불량 출판물들과 음란영화에서 소개되고 있다. 그대로 방치할 경우, 온갖 비정상적이고 퇴폐적인 내용들이 다 제공될 것이고, 그렇게 된다면 우리 청소년들의 심리상태와 행동구조, 그리고 우리 가정의 건강에 매우 심각한 악영향을 끼칠 것이다. 그러므로 적정한 선에서 음란매체 내용에 선을 그어주는 것이 필수적이다(이해경, 2005).

청소년 유해매체를 규제하다가 창작의 자유, 표현의 자유를 제한하지 않을까라는 생각이 사회적으로 만연하거나 우리 사회가 돈 버는 자유를 청소년을 보호하는 것보다 더 중요시하는 풍토에서는 음란 및 폭력성 조장 매체에 대한 공적인 규제는 의미가 없다. 더구나 예술 혹은 문학을 빙자하여 청소년의 성욕을 자극하면서 돈벌이를 하는 상업주의의 속임수에 우리 사회가 속지 말아야 한다. 만약 예술과 청소년 보호 가운데 하나를 택해야 하는 상황이라면 청소년 보호를 우선 택하는 것이 원칙이다. 예술은 우리 삶에 있어서 하나의 사치지만 청소년 보호는 필수이기 때문이다(정혜원, 2010).

아동 · 청소년이용음란물을 제작 · 수입 또는 수출한 자는 무기징역 또는 5년 이상의 유기징역에 처하도록 되어 있고, 영리를 목적으로 아동 · 청소년이용음란물을 판매 · 대여 · 배포 · 제공하거나 이를 목적으로 소지 · 운반하거나 공연히 전시 또는 상영한 자는 10년 이하의 징역에 처하도록 되어 있다. 또한 아동 · 청소년이용음란물을 배포 · 제공하거나 공연히 전시 또는 상영한 자는 7년 이하의 징역 또는 5천만원 이하의 벌금에 처하고 있다. 그리고 아동 · 청소년이용음란물의 제작자에게 알선한 자는 3년 이상의 징역에 처하도록 되어 있다. 아동 · 청소년이용음란물임을 알면서 이를 소지한 자는 1년 이하의 징역 또는 2천만원 이하의 벌금에 처하고 있다.

어떤 매체들이 청소년들에게 유해한지, 그리고 유해하면 어느 정도 제재를 받아야 할지를 누가 결정하느냐 하는 질문은 항상 제기되어 오고 있다. 그리고 그것은 매우 중요한 문제이므로 심각하게 고려되어야 한다. 어떤 개인이나 기관도 매체의 청소년 유해성에 대해서 완벽하게 객관적이고 공정한 판단을 내릴 수는 없다. 그렇다고 하여 아무 규제도 하지 않을 수도 없다. 그저 가능한 한 객관적이고 공정한 판단을 내리려고 노력할 뿐이다. 그러므로 우리 사회의 건전한 가치관과 평균적 상식을 잘 대변하는 인사들로 윤리위원회를 구성하여 그들에게 판단을 위임하는 방법 외에 더 좋은 방법은 아직 발견되지 않았다. 다른 나라들에서도 그런 방법을 사용하고 있으며 우리나라에서도 청소년보호위원회와 같은 조직을 통해 수행되고 있다.

6) 성폭력

(1) 성폭력의 개념

성폭력이란 성적인 욕구를 충족하기 위해 강제적으로 행해지는 신체적, 언어적, 정신적 폭력행위를 말한다. 야한 농담이나 음담패설 등 말이나 행동으로 상대방을 놀리는 성희롱과 강제로 가슴이나 몸의 은밀한 곳을 만지는 성추행, 때리거나 겁을 줘서 억지로 성관계를 하는 강간 등이 이에 속한다. 이 밖에 성적 학대, 음란전화, 성기 노출 등도 성폭력에 해당한다.

(2) 성폭력의 현황

성폭력의 현황을 살펴보면, 우리나라의 성폭력 발생률은 세계 2위로, 34.4%가 성폭력의 경험이 있는 것으로 나타났으며, 그중 '성적 언어폭력', '성희롱', '성추행' 등 비교적 경미한 성폭력을 당한 경우는 81.6%였으며, '성폭행', '강간미수', '강간' 등 심각한 성폭력을 당한 경우는 응답자의 18.4%로 이는 전체 응답자의 6.7%에 달했다. 이중 13세 이하 청소년이 30% 이상, 19세 이하의 성폭력 피해자가 전체 피해자의 50%를 차지하고 있다. 뿐만 아니라 청소년 성폭력은 청소년기의 특수성으로 인하여 윤간 등의 집단 성향이 강해 그 충격이나 후유증이 크다는 것을 알 수 있다.

언제부터 경험한 것인가를 묻는 질문에 '최근 한두 번 경험하였다'라는 응답이 50.8%, '아주 어렸을 때 경험하였다'에 응답한 경우는 27.1%였으며, '어렸을 때부터 최근 얼마 전까지'라고 응답한 결과는 12.7%, '현재에도 반복적으로 경험하고 있다'라고 응답한 비율은 9.4%로 나타났다. 성폭행 가해자의 70% 이상이 피해자의 주변 인물로 밝혀진 만큼 우리 사회의 청소년 성비행에 대한 재인식과 가정, 학교, 국가 차원의 제도적인 측면에서의 지원이 절실히 필요한 때이다.

(3) 성폭력의 후유증

청소년 성폭력 피해자들은 신체적, 심리적으로 큰 충격을 받아 여러 가지 증상과 후유증을 겪는다. 공포, 불안, 분노와 우울, 불면증 등에 시달리거나 무기력, 자포자기, 신경쇠약이 생길 수 있다. 심할 경우 정신분열, 자살 시도까지 하게 된다. 신체적 후유증에서는 처녀막 파열, 질 손상, 성병 감염 등이 있고 두통이나 복통 등 여러 통증을 호소하기도 한다.

청소년 성폭력은 성 자체에 대한 거부감 이외에 남성 전반에 대한 혐오감과 불신감을 심어준다. 간혹 과도한 성적 호기심, 결혼 후 성적 불감증 등으로 어려움을 겪는 경우도 있다. 또 학교 가기를 거부하거나 무단결석을 하고 공부나 일에 집중하지 못해 눈에 띄게 성적이 떨어진다. 심한 경우, 가출이나 매춘을 하고 알코올이나 마약 등을 남용하기도 한다.

성폭력으로 인해 받게 된 피해에 대해 살펴보면, 가장 많은 응답은 '일이나 공부를 할 수가 없었다'로 피해 응답자의 34.7%가 제시하고 있다. 다음은 '심리적으로 불안정하고 극심한 공포감에 시달리게 되었다'가 30.6%, '사람들에 대한 불신 등으로 사람 만나는 것을 피하게 되었다'에 응답한 비율은 26.2%로 나타났다. 이처럼 성폭력 피해는 성병이나 임신과 같은 성적인 문제에도 영향을 주지만, 이보다 더 중요한 것은 공부와 대인관계와 같은 청소년들의 중요한 특성에 아주 심각한 악영향을 미치게 됨을 알 수 있다.

성폭력이 일어났을 때 어떻게 대처하였는가에 대한 조사결과를 보면 다음과 같다. 성폭력 피해 경험자의 31%가 '혼자서 문제를 해결하려고 노력하였다'고 응답하였으며, '어떻게 해야 할지 몰라서 아무것도 하지 않았다'고 응답한 비율은 29.7%로 나타났다. 그리고 '친구와 상의', 부모님과 상의', '상담소에서 상담' 순으로 나타났다. 이처럼 성폭력을 당한 학생들의 60% 정도가 외부에 도움을 요청하지 못했고, 혼자서 고민했으며 아무런 대처도 못한 것으로 나타났다.

이것을 다시 연령별, 학교급별로 살펴본 결과를 보면, 나이가 어린 초등학생의 경우가 부모나 친구, 상담소 등 외부의 도움을 많이 요청하였고, 연령이 높아질수록 아무것도 하지 않았거나 혼자서 해결했다는 응답이 높게 나타났다. 성폭력 경험 이후 가장 어려운 점에 대한 질문에서는 '성폭력을 당한 일이 남에게 알려질까 봐 겁이 난다'로 전체의 44.2%로 나타났고, '성폭력 때문에 나의 미래가 잘못될 것 같아 불안하다'는 생각을 갖고 있는 학생이 19.3%였으며, '성적인 지식이 없어서 구체적인 해결방안을 찾지 못했다'고 응답한 학생은 14.3%으로 나타났다. 이외에도 기타 '하소연할 곳이 없어 막막했다'나 '문제를 해결해 줄 전문기관이 별로 없다'도 있었다.

(4) 성폭력의 유형

① 데이트 성폭력

데이트 성폭력은 데이트 도중 상대방과 원치 않는 성적 행동을 하거나 강요를 하는 것이 특징이며, 상대방의 의사를 무시한 채 성폭력을 하는 경우가 많고, 연인 사이에 서로 좋아하는 감정이 있어서 피해자, 가해자 모두 성폭력으로 인식하지 못한다. 신뢰를 바탕으로 해야 하는 성관계에서의 성폭력이라 피해자의 상처가 다른 성폭력에 비해 크기 때문에, 상대방의 욕구와 의사에 귀를 기울이고 존중해야 한다.

② 친족 성폭력

친족 성폭력은 가족, 친척, 인척관계 내에서 일어나는 성폭력으로 성폭력 가해자가 오랫동안 가정에서 머물면서 성폭력을 하기 때문에, 연관된 사람을 별도의 기관에 분리시키는 것이 중요하다.

③ 사이버 성폭력

정보통신망의 채팅, 이메일, 쪽지 등을 통해 음란한 이야기와 장면을 보게 함으로써, 성적 수치심이나 위협을 느끼게 하는 행위다. 오프라인과 마찬가지로 성적자기결정권 침해와 안전한 환경에서 활동할 권리를 침해하는 범죄다.

④ 공공장소에서의 성폭력

주로, 지하철이나 버스에서 일어나며 사람들이 많은 장소에서 여성들에게 몸을 고의적으로 비비는 행위다. 이런 행위는 성추행이라고도 하는데, 여성들에게 불쾌감을 주게 된다.

⑤ 스토킹

스토킹은 싫다고 했는데 지속적으로 괴롭히는 행위를 말한다. 만남, 욕설, 협박, 반복적 연락 등을 해서 정신적, 신체적으로 괴롭혀 피해자의 인권을 침해하는 범죄행위다.

⑥ 직장 내 성희롱

주로 직장 내에 상사, 직원, 동료 등이 채용과정이나 근무기간 중에 상대방의 의사에 반하여 행하는 직접적, 간접적인 성적 접촉행위로 피해자에게 성적인 불쾌감을 준다. 피해자의 경제활동과 안전한 일자리 권리(노동권)를 침해하는 범죄행위다.

⑦ 성추행

성추행은 일방적으로 합의하지 않은 신체적 접촉을 하여 혐오감, 증오감, 성적 수치심을 유발하는 행위를 말한다. 강제추행은 여기에 더해 폭행과 협박이 추가된 형태를 의미한다. 통계에 따르면 성추행(폭행, 협박 미수반)을 경험한 비율은 여성 중 17.9%, 남성 중 1.2%로 여성이 10배 이상 높게 나타났다. 성추행은 이성 간 뿐만 아니라 동성 간에도 발생할 수 있으며, 학교 등에서 친한 친구끼리 엉덩이를 치거나 만지는 등 높은 비율로 한번쯤은 겪어봤을 흔한 행위만 해도 상대가 성적 수치심을 느끼면 충분히 강제추행이 성립된다.

(5) 성폭력의 예방

청소년 성폭력을 예방하기 위해서는 우선 후미진 길이나 늦은 밤, 이른 새벽에 혼자 걷는 것을 피한다. 강제로 끌려간다거나 옷을 벗기려 하는 위급한 상황이 되면 남자의 취약 부분을 발로 힘껏 차거나 손가락 꺾기, 물어뜯기, 소리지르기 등으로 상대방을 무력하게 만든다. 또 구토하는 흉내를 내거나 나쁜 병에 걸린 척 하여 도망갈 기회를 만드는 것도 지혜로운 방법이다. 가급적 낯선 사람과 단 둘이 엘리베이터를 타지 않는다. 엘리베이터 동승자가 성폭력범으로 돌변하기도 한다. 어쩔 수 없이 동승했더라도 만일의 경우를 대비해 비상벨 앞에 서 있도록 한다.

아는 사람에게서 성폭력을 당한 경우, 한 번으로 그치지 않고 지속적으로 이어지는 경우가 있다. 이것은 대부분 가해자로부터 협박을 받았을 확률이 크다. 평상시에 부모나 선생님은 어려움을 당했을 때 가장 좋은 도움자임을 인식시켜줘야 한다(전길양, 2010). 성폭력 피 · 가해라는 청소년의 행동 특성은 그들을 둘러싸고 있는 여러 심리적 환경과 밀접한 관련이 있다. 청소년들은 취약한 가족형태, 불만스러운 가족분위기, 학교생활이 불만스러울수록 유해한 환경에 노출될 수밖에 없다. 무엇보다 중요한 것은 행복한 가정, 가고 싶은 학교가 청소년들의 가장 좋은 성폭력 예방교육의 선행조건임을 기억해야 한다.

(6) 성폭력 후 대처법

성폭행이 일어났을 때 가장 먼저 해야 할 일은 자신을 중요하게 생각하고 돌보는 일이다. 성폭행이 범죄라고 인식하고 가해자의 범죄행위에 대해 법적인 대응을 해야 한다. 성폭력은 성폭력특별법, 형법, 아동 · 청소년 성보호에 관한 법률 등에 의해 가해자에 대한 법적 처벌이 가능하다.

몸을 씻지 않은 채로(혹은 씻었더라도) 병원에 가서 가해자의 정액 · 음모 등의 증거를 채취할 수 있다. 성병 감염 여부 검사, 임신 여부 검사, 응급 피임 처방 등을 받을 수 있다. 피해 당시 옷에 묻어 있는 정액, 음모, 체액 등이 증거가 되기 때문에 이를 종이봉투에 보관해 두는 것이 좋다. 진단서는 검사(혹은 진료)받은 병원에서 발급받을 수 있고, 경우에 따라서는 의사 소견서 등도 가능하다. 사진은 카메라를 이용해서 다친 부위와 전신사진을 함께 찍어둔다.

구체적인 장소 · 시간 · 날짜 · 목격자, 자신의 대응, 가해자의 태도와 행위 등을 육하원칙에 따라 자세히 기록해 두는 것이 필요하다. 법적 절차를 밟을 경우 중요한 증거 자료가 된다.

> **청소년 대상 성범죄자 신상공개제도**
>
> - 청소년의 성을 사는 행위 등 「청소년의 성 보호에 관한 법률」이 정한 범죄행위를 범하고 형이 확정된 자에 대하여 청소년보호위원회에 의해 신상공개가 결정된 자에 대해서 당해 범죄자의 신상 일부와 범죄 사실의 요지를 공개하는 제도이다.
> - 청소년의 성보호에 관한 법률에 규정된 신상공개 대상자는 아동 · 청소년 대상 성폭력범(강간, 강제추행 등), 청소년 대상 성매수범, 청소년 대상 성매수 알선자(성매매 업주 등), 아동 포르노 제작 · 수입 · 수출자, 아동 · 청소년 인신매매범 등이다.

3. 동성애

1) 동성애의 개념

동성애(homosexuality)란 같은 성(性)인 누군가에게 성(性)적인 그리고 감정적인 매력을 지속적으로 느끼는 것을 말한다(김춘경, 2006). 청소년기에서 한 가지 중요한 것은 자신의 성(性)주체성 혹은 성정체감(sexual identity)을 형성하는 것이다. 혼란과 격동의 시기인 청소년기에 자신의 성정체감을 갖고 자신의 성적 오리엔테이션을 확인하는 과정을 거쳐야 한다. 청소년기 동성 간의 친밀성은 성인의 동성애와 구별되어야 한다. 청소년 동성애자들도 청소년이므로 정상적인 발달과정을 거치고 정신건강을 유지할 수 있도록 가정과 학교에서 이들을 수용하고 이해해야 한다.

2) 동성애와 관련된 용어

(1) 호모와 게이 · 레즈비언

호모(homo)는 그리스어에서 사용되던 접두어로서 '닮았다'는 뜻을 가지고 있는 단어이다. 호모는 동성애를 뜻하는 homosexuality의 줄임말로, 동성애자를 의미하는 뜻으로 사용되고 있다. 남성 동성애자의 경우에는 게이(gay), 여성 동성애자의 경우에는 레즈비언(lesbian)이라는 단어로 사용되고 있다.

(2) 커밍아웃

커밍아웃(coming-out)은 come out of closet에서 유래한 말로 동성애자들이 자신의 성지향성을 공개적으로 드러내는 것을 뜻하는 말이다. closet은 '벽장'이라는 뜻인데 서구에서는 동성애자가 자신의 성향을 숨기고 살아가는 것을 벽장 속에서 사는 것으로 표현한다. 그래서 동성애자들이 자신의 성향을 긍정하고 드러내는 것을 '벽장 속에서 나오다'로 표현하는 것이다.

커밍아웃은 자신의 성지향성을 인정해 가는 과정이라고 할 수 있다. 스스로 동성애자임을 인정하고 긍정하는 것도 커밍아웃이라고 표현할 수 있고 동성애 사회나 동성애자들에게 자신의 성향을 드러내는 것도 커밍아웃이다.

(3) 호모포비아

호모포비아(homophobia)는 동성애공포증을 뜻한다. 동성애공포증이란 동성애나 동성애자에 대한 비이성적인 막연한 두려움, 억압, 그리고 혐오를 가지고 대하는 것을 말한다. 정확한 정보나 지식 없이 막연하게 동성애는 나쁜 것이고, 질병이고 전염병 혹은 정신병이다라는 생각, 또는 그런 생각을 가지고 동성애자를 대하는 것을 동성애공포증, 호모포비아라고 한다.

동성애공포증은 이성애자들에게만 있는 것은 아니다. 동성애자임에도 불구하고 주변의 영향과 그동안 받은 교육 등으로 인해 동성애공포증이 있을 수 있다. 심지어 동성과 지속적인 성관계를 갖고 있음에도 불구하고 동성애공포증이 있는 경우도 있다.

(4) 상징물

동성애의 상징물로는 레인보우 깃발, 분홍색 삼각형 등이 있다. 우선 레인보우 깃발은 동성애자와 동성애 문화를 상징하는 대표적인 표식이다. 1989년 웨스트 헐리우드에 사는 존스토우트라는 사람이 자신이 게이임을 나타내기 위해 그의 아파트 발코니에 레인보우 깃발을 내걸었다가 이를 금지한 집주인에게 소송을 제기해서 승리한 사건이 있었는데 이를 계기로 레인보우 깃발이 대중적으로 알려지게 되었다.

분홍색 역삼각형인 핑크 트라이앵글은 레인보우 깃발보다 오래된 동성애 상징이다. 이 분홍색 역삼각형은 원래 독일 나치의 수용소에서 동성애자를 식별해서 그들에 대한 탄압을 유용하게 하기 위한 마크로 사용되었는데, 그 이후로는 동성애운동과 게이 프라이드의 상징 마크로 널리 사용하게 되었다.

3) 청소년 동성애 현황

청소년 본인은 더 자유롭고 싶어서 커밍아웃을 하지만 부모들은 충격을 받으며 그것 때문에 학교도 그만두고 가출하는 청소년들이 많다. 청소년 동성애자들은 성인보다 커밍아웃하는 비율도 높고 인터넷 등을 통해 수많은 커뮤니티를 만들어 자신들의 목소리를 내고 있는 편이다. 성인 동성애자들 중 10대 때부터 자신의 성정체성을 고민했다는 사람도 물론 있지만, 대부분의 자각 시기는 스무 살 이후로 알려져 있다. 그러나 최근에는 이런 자각 시기가 점점 더 빨라지고 있다. 최근 동성애자 인권단체의 문을 두드리는 청소년들 중에는 중학생도 적지 않다고 한다.

그렇다면 10대 동성애자들의 증가는 절대적인 수치가 늘었다기보다 자신의 성정체성에 눈을 뜨는 연령이 낮아진 것을 의미한다. 갈수록 성에 대해 개방적으로 흘러가는 사회문화적 환경과 동성애에 대한 사회적 시각의 변화, 인터넷을 통해 쉽게 동류를 찾을 수 있게 되었기 때문이다.

동성애자들의 인권단체인 동성애자연합은 인권 개념이 자리 잡는 가운데서도 동성애자는 보수적 법 · 제도나 편협한 가족제도 때문에 자신들의 존재가 배제당하거나 차별당하고 있다는 것에 초점을 두고 성적 소수자들의 삶과 가치를 박탈하는 각종 도덕적, 정치적, 법률적 행위로부터 동성애자의 시민적 권리를 방어하기 위해 노력하고 있다. 또한 해외 성적 소수자들과의 국제연대 강화, 동성애 사이트, 엑스존의 유해사이트 결정에 대한 법정소송 연대, 트랜스젠더(성 전환자)의 호적 정정과 평등한 노동권 확보, 에이즈 감염 동성애자의 인권 및 치료권 확보 등을 추진하고 있다.

4. 청소년 성문제에 대한 대안

1) 성문화와 성의식에 대한 이해

성이란 터부시되어야 할 문제가 아니며, 올바르고 진실된 성문화를 이뤄나가기 위해 노력해야 한다. 특히 청소년 성소수자를 위한 사회복지적 지원방안에 대한 심도 깊은 이해가 요구된다. 청소년 섹슈얼리티에 대한 다양한 관점의 이해, 성소수자 청소년복지를 위한 방안, 성소수자 청소년에 대한 사회적 차별 대응의 노력이 필요하다.

2) 청소년 성교육

(1) 가정에서의 성교육

부모는 자녀와의 적극적인 대화를 습관화해서 특히 사춘기에 접어든 자녀의 성충동을 승화시키는 노력이 요청된다. 부모 자신의 정확한 성지식이 필요하며, 자녀와의 대화방법 및 자녀 성교육 기법 등을 습득해야 한다.

(2) 학교에서의 성교육

유치원에서부터 초 · 중 · 고 · 대학에 이르기까지 성교육을 정규교과로 설정해서 체계적이고 실질적인 성교육을 실시해야 한다.

(3) 성교육 전문교사 양성

사범대학 및 일반대학의 교직과정에 반드시 성교육 전공과정을 도입하고, 일반교과 교사도 성교육이 가능하도록 유도해야 한다.

3) 사회적 차원에서의 대안

(1) 인터넷 및 대중매체의 정화

인터넷 음란물에 대한 제재와 제도를 강화하고, 청소년에게 유해정보가 접근되지 않도록 차단프로그램 실시를 의무화해야 한다.

(2) 상담소, 청소년 광장 등 청소년 여가활동 및 쉼터 제공

보건소나 지역사회복지기관을 활용하여 무료 성상담센터 설치를 유도하고, 학교 주변과 산업체 주변 및 주택가에도 공공상담센터를 설치하며, 청소년들이 제공된 문화에 적극적으로 참여할 수 있도록 하는 지원방안이 필요하다.

(3) 유해환경의 감소

청소년들의 유해환경에 대한 노출을 가능한 줄이고자 하는 노력이 사회적으로 필요하다. 유해환경에는 음란서적, 음란비디오, 유흥업소 등과 같은 성적 감정을 자극하는 대상뿐 아니라, 음란 · 퇴폐적이고 선정적인 내용의 유해출판물 매체인 성인만화, 성인잡지, 주간지, 광고포스터 등이 포함되어야 한다. 청소년 유해환경을 감소시키기 위한 노력은 퇴폐적 성과 폭력적 성의 온상인 매매춘의 방지 및 유흥퇴폐업소의 규제, 대중매체 내용에 대한 정책결정과정에서의 참여와 대중매체 바로잡기 운동 등을 통해 구체화되어야 한다.

연구문제

01. 청소년기의 성과 관련된 문제 유형을 여섯 가지 이상 나열하고, 그 특성을 설명하시오.

02. 리틀맘의 개념을 설명하고, 문제점 및 사회복지적 개입 시 필요한 부분을 설명하시오.

03. 청소년 성매매의 원인과 대처방안을 논하시오.

04. 성폭력의 유형을 나열하고, 사회복지사로서 청소년들에게 교육 및 상담할 수 있는 예방 및 대처방법에 대해 설명하시오.

05. 청소년을 대상으로 한 성교육에 있어 사회복지사로서 강조해야 할 내용과 대안들을 설명하시오.

chapter

09

청소년과 정신건강

contents

학습목표

- 청소년 우울증의 특성과 원인, 예방에 대해 이해한다.
- 청소년 불안의 특성과 원인, 예방에 대해 이해한다.
- 청소년 자살의 특성과 원인, 예방에 대해 이해한다.
- 청소년 약물중독 및 남용의 특성과 원인, 예방에 대해 이해한다.
- 청소년 인터넷중독의 특성과 원인, 예방에 대해 이해한다.
- 청소년 게임중독의 특성과 원인, 예방에 대해 이해한다.
- 청소년의 부정적 또래관계의 특성과 원인, 예방에 대해 이해한다.

1. 우울증

1) 우울증의 개념

우울증은 감기에 걸리듯이 누구에게나 찾아올 수 있다. 특별히 질풍노도의 시기라 불리는 청소년들에게서 우울증은 성인보다 자주 그리고 더욱 심하게 나타난다. 청소년 우울증은 수면, 식사, 신체, 사고방식, 행동에까지 영향을 미치고, 몇 달 또는 몇 년간 증상이 계속되기도 하며, 또 재발이 잘 되기 때문에 치료를 제대로 받지 못할 경우에는 조울증상으로 장기간 고통을 받게 되거나 심하면 자살에까지 이를 수도 있게 되는 무서운 병이다(박영숙, 2010).

평생 동안 주요 청소년 우울증에 걸릴 확률은 남자가 5~12%이고 여자는 조금 높은 10~25%이다. 대략 10명 중 1명은 청소년 우울증에 걸릴 수 있다는 것이다. 요즘에는 아동들에게서도 점점 증가하는 추세이다.

2) 우울증의 원인

청소년기는 기분의 변화가 심하며 반항적이고, 감수성이 매우 예민하고 정서적으로 불안정한 시기이기 때문에 작은 충격이나 상처로도 쉽게 우울증에 노출될 수 있다. 또한 청소년들은 고민도 많고 갈등도 많은 시기이기 때문에, 개인에게 심리적인 좌절감과 스트레스를 주는 부정적인 요인들이 청소년 우울증의 원인이 된다.

3) 우울증의 증상

우울증은 침울한 정서적 상태가 특징이며, 의학적 정의로는 의기소침, 용기없음, 자신감 부족, 우울한 생각의 경향성 혹은 이유 없이 정신적으로 비참한 상태를 경험한다. 우울하고 슬픈 정서보다는 짜증을 많이 내고 부모에 대한 반항, 공격적인 행동, 무단결석, 가출, 도벽, 주의집중 곤란 등을 보이는 경우도 많다.

청소년들은 현실도피적인 문제해결방법으로 컴퓨터 게임, 영상물을 통해 즉각적인 욕구만족을 추구하기도 하고, 자신이 좋아하는 가수들의 음악에 몰두하기도 하며, 술이나 약물에 의존할 위험도 증가된다(은하출판사편집부, 2011).

4) 우울증의 유형

청소년 우울증은 증상의 정도에 따라 증상이 심한 주요 청소년 우울증과 증상이 상대적으로 덜 심한 감정부전장애(우울신경증)로 나눌 수 있다. 주요 청소년 우울증은 일상생활을 제대로 못 할 정도로 증상이 심한 상태로 자살사고, 환청, 망상 등을 보일 수도 있다. 감정부전장애(우울신경증)는 이보다는 증상이 약하지만 진행되면 주요 청소년 우울증으로 발전할 수도 있다.

또한 보통의 청소년 우울증과는 달리 잠을 지나치게 많이 자고, 많이 먹고,

몸이 천근같이 무겁고, 다른 사람의 태도에 예민한 반응을 보이는 비전형 청소년 우울증도 있고 계절에 따라 증상이 심해지는 청소년 우울증도 있다. 또, 여자의 경우 생리 전에 조울증세를 보이는 월경 전 불쾌장애라는 것도 있다(이호근 외, 2011).

5) 우울증의 치료 및 대처

청소년 우울증의 치료에는 약물치료, 정신치료, 인지치료, 행동치료 등이 있다. 청소년 우울증은 심리적 · 환경적 요인과 밀접한 관계가 있기 때문에 평소에 규칙적인 생활(식사, 수면, 운동)을 하고, 다른 사람들과 같이 어울릴 수 있는 취미활동을 하는 것이 좋다. 그리고 고민이 있을 때는 주위 사람들과 자주 대화를 하고, 지나친 음주나 약물남용을 피하는 등 미리 예방하는 것이 중요하다. 그러나 앞서 말한 증상들이 나타나서 일상적인 방법으로는 해결이 되지 않고 2주 이상 계속되는 경우에는 반드시 전문가에게 상담을 청해야 한다.

청소년 우울증 치료에 쓰이는 약물로 최근에는 세로토닌 선택적 재흡수차단제나 SNRI인 세로토닌 · 노르에피네프린 재흡수차단제 등 새로운 항우울제가 개발되어 부작용은 훨씬 적으면서 효과적으로 청소년 우울증을 치료할 수 있게 되었다.

우울증은 약물보다도 마음가짐이 더 중요하다. 절대로 부정적인 생각에 따라서 성급히 판단하려고 하지 말고, 가능하면 여러 사람이 모이는 기회를 자주 갖도록 하는 것이 좋다. 영화나 전시회 감상, 종교활동 등 즐길 수 있는 활동도 할 필요가 있다. 단, 너무 무리하거나 억지로 할 필요는 없고 스스로 하고 싶은 마음이 생길 때 가볍게 시작하는 것이 좋다(최은진 외, 2011).

2. 불안

1) 불안의 개념

불안(혹은 근심)은 공포의 일종으로 여러 가지 형태로 오는 불유쾌한 감정을 뜻한다. 부당함, 자의식, 공포, 신경질, 긴장, 죄의식, 침체 등의 증상으로 드러난다. 특히 청소년에게 불안증세는 매우 두드러지게 나타난다. 왜냐하면 청소년기는 신체적으로 급작스런 변화가 오고 이러한 신체변화는 감정의 변화를 수반하기 때문이다. 또한 성적 호르몬 분비의 증가로 정서가 성적인 색채를 띠기 때문이다(이호근 외, 2011).

2) 불안의 원인

청소년에게 불안을 가중시키는 원인에는 다음과 같은 것들이 있다. 자기의 능력이 부족할 때, 용모와 태도에 결함이 있을 때, 대인관계에서 대립이 있을 때, 자기의 요구가 환경적 제약으로 만족되지 않을 때, 성적인 동요가 있을 때, 2차 성징에 대한 근심이나 이성에 대한 관심이 있을 때, 경험이 없는 행동에 대한 충동을 받았을 때, 정신적 동요가 있을 때, 장래문제를 생각할 때, 성취경험이 없어 불만족할 때, 실패한 경험을 또 하게 될 때 등이다.

특히 자기를 불안으로부터 방어하기 위한 방어기제가 작동되는데, 예를 들면 불안한 감정을 억제하거나 다른 것에 몰두함으로써 이를 대체시키는 따위의 행동이 이에 해당된다. 방어기제는 불안을 감소시켜 주는 유익이 있으나 지나치게 사용되면 현실을 도피하는 나약한 사람으로 만들 우려가 있다.

3) 불안의 치료 및 대처

희로애락의 정서를 느끼고 이를 표현할 수 있는 것은 청소년기에 습득해야 할 하나의 과제이다. 이러한 감정들을 느끼지 못하거나 자신의 감정을 제대로 표현하지 못하는 정서장애인이 되지 않고 건강한 정서를 표현하는 능력을 갖추기 위해서는 다음과 같은 태도가 필요하다. 우선 자신의 감정에 솔직하게 임하고 자신의 감정을 적절히 표현할 수 있도록 한다. 사춘기 초기에는 느끼는 대로 자신의 감정을 다듬지 않고 그대로 쏟아버리지만, 나이가 들면서는 표현방법에 성숙함이 있어야 한다. 자기중심적인 자세에서 상대방을 먼저 생각하고 예의에 어긋나지 않으면서도 자신의 감정을 전달할 수 있어야 한다. 이때의 태도는 나의 감정만이 절대적으로 옳은 것이라는 폐쇄적 태도가 아닌, 상대방의 말에도 귀 기울일 줄 아는 개방적인 태도여야 할 것이다(최은진 외, 2011).

또한 자신의 감정을 조절할 수 있도록 한다. 극단적인 감정 사이에서 이를 조정할 수 있어야 하며 환경을 초월하여 건설적인 감정을 가질 수 있어야 한다. 현실세계에서는 자신의 모든 욕구를 그대로 다 충족시킬 수 없음을 받아들이고 절제하는 훈련이 필요하다.

특히 자신의 감정만 소중한 것이 아니라 남의 감정도 똑같이 소중함을 인식할 수 있어야 한다. 청소년 정서의 특징 중 하나가 자기중심성이다. 자신의 감정만이 절대적인 비중을 차지하므로 다른 사람의 입장은 생각하지 못하는 경우가 많이 있다. 자신의 입장과 남의 입장을 바꿔 생각하는 훈련을 통해 이를 키워나가야 한다(최인재, 2011).

뿐만 아니라 정서를 표현하는 방법에 있어 점차로 사회가 승인할 수 있는 양식으로 감정을 표출할 수 있어야 한다. 이를 위해서는 부모나 교사, 기타 지도하는 위치에 있는 사람이 먼저 건전한 정서를 가지고 있어야 한다.

3. 자살

1) 자살의 개념

자살이란 스스로 자신의 생명을 끊는 행위를 말한다. 청소년 자살은 다음과 같은 특성을 갖는다(최인재, 2011).

첫째, 분명한 동기가 있다. 오래전부터 자살 준비를 해오면서 직접적인 동기가 방아쇠의 역할을 한다.

둘째, 충동성이 강하게 작용하여 순간적으로 이루어진다. 성인의 경우 우울상태가 자살을 결정짓는 가장 큰 요소인데 반해, 청소년의 경우는 충동성이 매우 큰 결정인자가 된다. 그래서 청소년 자살은 예측이 어렵다. 자살 계획이나 준비가 안 된 상태에서 "나가 죽어버려라."라는 부모의 한 마디에 잠시 후 "좋아, 죽으라면 죽지." 등의 반응과 함께 충동적으로 아파트에서 뛰어내리는 행동을 보이기도 한다.

셋째, 피암시성이 강하여 동반자살이나 모방자살이 흔히 일어난다. 청소년의 경우 특히 같은 처지에 있는 여학생들 사이에서 동반자살이 흔히 일어난다. 이러한 자살은 가정, 학교, 또래집단으로부터 소외된 청소년들에게서 흔히 나타난다.

넷째, 치사도가 높은 자살 수단을 사용한다. 고층 아파트에서 뛰어내리는 등 청소년 자신도 죽을 의도가 심각하게 없음에도 불구하고 자살방법이 치명적이어서 희생되는 경우가 많다.

다섯째, 특이한 사생관을 가지고 있다. 겪고 있는 문제에 대해 외부의 압력이 강할 경우 생과 사의 세계를 혼돈하게 된다. 도피와 같은 심리적 기제를 적용하여 현실의 고민에서 벗어나 사후세계에서 해결하려는 의존성 때문에 꿈을 이루고자 하는 기대를 사후세계에 강하게 작용시킨다.

2) 자살의 원인

청소년 자살의 원인으로는 개인적 우울증이 가장 큰 비중을 차지하고 있다. 다음은 경제궁핍, 가정불화 등의 가정문제가 청소년을 자살하게 만드는 요인이다. 그리고 부모와의 갈등, 부모님의 잔소리와 꾸중이 자살충동을 일으키는 요인으로 나타나고 있다. 특히 베르테르 효과로 불리는 매스컴의 선정적 자살자 보도가 청소년 자살을 유발시키고 있으며, 고층 아파트의 주거환경이 청소년 자살을 용이하게 하는 원인이 되고 있다. 더욱이 인터넷의 보급으로 자살충동을 느끼게 하고, 이에 따라 동반자살로 이어지는 경우도 많다(김영화, 2012).

3) 자살 경고 표시

자살하겠다고 위협하거나 혹은 과거에 자살을 시도한 일이 있었다면, 다시 자살을 기도할 가능성이 크다. 부모나 다른 가족 구성원이 자살을 시도한 경우 또는 자살시도를 했거나 자살에 성공한 친구가 있는 경우에 그 가족은 조심해야 한다. 특히 죽음과 관련된 활동을 하는 경우는 주의를 해야 한다.

자살하기 전에 스스로 일정한 암시를 보낸다고 한다. 우선 식사 습관과 잠버릇이 눈에 띄게 변화한다. 평소 참가하던 행사나 활동을 그만두고 가족이나 친구들과 잘 어울리려 하지 않는다. 자살 표현의 말이나 메모가 보이며, 일기장이나 친구에게 죽음에 관한 내용을 암시하는 경우도 있다(박영숙, 2010). 자살에 관한 책을 읽거나 자살 관련 사이트에 가입, 활동하거나 글을 쓰는 경우도 있으며, 평상시 해오던 일생 활동을 거부하고 학업 성적이 계속 떨어지거나, 장기결석 또는 가출하는 경우도 있다. 사소한 일로 짜증을 내거나 도전적 발언, 평상시와 다른 반항, 파괴적 행동, 급격한 성격변화 등의 양상을 나타내는 경우가 있다.

평소에 순종하던 자녀가 사소한 일로 부모에게 짜증을 내고 비난하며 도전적 발언을 하고, 무모한 행동을 하거나, 평상시와 다른 반항과 파괴적 행동 및 급격한 성격 변화를 보일 때 자살의 위험성을 생각하여야 한다. 반대로 오랫동안 불안정하고 침울해 있던 자녀가 뚜렷한 이유도 없이 갑자기 평화스럽게 보이며 자기 주변을 정리할 때, 평소 아끼던 소유물을 다른 사람들에게 줄 때 등도 유념해서 살펴봐야 한다.

4) 청소년의 다양한 자살심리

청소년의 자살심리는 다음과 같다(은하출판사편집부, 2011).

첫째, 어려운 상황을 피하기 위한 도피성 자살이다. 불량청소년의 협박에 못 이겨 학교 가기가 두렵고 학교를 안 가자니 부모의 야단이 두려운 상황, 혹은 나쁜 짓을 한 것이 부모에게 탄로가 날까 두려운 상황에서 이러지도 저러지도 못하는 소위 딜레마 상황에서 문제해결 방법으로 죽음을 택해 도피해 버리는 경우이다. 대개 수동적이고 타인과 의사소통이 단절된 청소년에게서 흔히 볼 수 있다.

둘째, 보복심리에 의한 자살이다. 부모의 꾸중에 대한 반발로, 혹은 교사의 추궁에 결백을 주장하기 위하여 죽음을 선택하는 경우이다. 저변에는 부모나 교사에 대한 복수심, 적개심이 강하게 포함되어 있다. 대개 가족 내 갈등이 많은 청소년들에게서 흔히 나타난다.

셋째, 자기 처벌로서의 자살이다. 성취욕이 높은 아이가 자신의 기대 수준에 현실이 못 미칠 경우, 자신의 능력에 대한 회의로 인한 절망감, 주위 사람의 기대에 못 미친다는 죄책감으로 자신을 응징하기 위해 유서를 남기고 자살하는 경우이다. 입시경쟁이 심한 우리나라 청소년들의 자살 특징으로서 기존에 우울증이 있거나 자식에 대한 과잉기대를 하는 가정에서 많이 나타난다.

넷째, 욕구 좌절에 의한 자살이다. 청소년기에 접어들었다고는 하지만 소아적 의존적 욕구가 아직 많이 남아 대수롭지 않은 일로 자살을 하는 경우이다.

이는 욕구좌절 시 마치 새장에 갇힌 새가 자기 성질을 못 이겨 창살에 머리를 부딪치는 행동과 유사하다. 성질이 급하고 욕구 좌절 시 심한 분노 발작을 흔히 보이는 주의력 결핍, 과잉행동장애, 품행장애청소년에서 흔히 볼 수 있다.

다섯째, 저승에서의 재결합을 위한 자살이다. 현실 생활이 어렵고 불행하여 지친 나머지 차라리 먼저 세상을 떠난 부모, 형제를 따라 고통이 가득 찬 이 세상보다 저세상으로 가서 죽은 사람과 재회하려는 의도로 자살하는 경우이다. 청소년의 경우 친구의 죽음 혹은 유명 연예인의 자살에 영향을 받는다. 대개 정신적으로 의지할 만한 대상을 상실한 소외된 청소년으로서 결손가정 청소년에게서 흔히 볼 수 있다.

5) 자살방법

경찰청 자살자 통계를 보면, 자살방법으로는 끈 또는 띠를 이용한 자살과 음독이 많았다. 청소년의 경우 목매달기와 음독이 많았고, 추락사, 흉기 등의 순이었는데, 최근에는 아파트에서의 투신자살이 증가하고 있다.

6) 청소년 자살 현황

청소년들 간에 자살에 대한 충동이 상당히 넓게 경험되고 있는 것으로 나타났다. 전체 조사 대상자 중 20%가 자살 충동을 느꼈으며, 이들 중 9%는 실제 자살 시도의 경험이 있는 것으로 보고되고 있다. 우리나라에 믿을 만한 통계가 나온 것은 아니지만 15세부터 24세까지 청소년과 젊은 사람 중 자살은 청소년 사망의 30%를 점유하고 있으며, 두 번째로 많은 사인으로 알려져 있다. 최근 중 · 고등학생을 대상으로 자살에 대한 생각과 자살 시도율을 조사했는데 자살에 대한 생각이 7%나 되며 주로 여학생들에게 많았고 학년이 높을수록 많았다.

7) 자살의 치료 및 대처

자살하려는 청소년의 평소와 다른 행동은 도움을 요청하는 외침 혹은 무언가 문제가 있음을 알리려는 몸부림임을 깨닫고 이에 화를 내거나 심한 반박을 해서는 안 된다. 반드시 당사자가 겪고 있는 문제를 인식하고 기꺼이 도움을 주고 싶다는 의도를 당사자에게 알려야 한다.

자살을 시도하는 청소년은 부모나 가족, 친구로부터 소외되고 고립되었다는 느낌을 갖고 있기 때문에 이들의 이상행동에 적절하게 대응해야 하는 것뿐만 아니라 행동의 기저에 있는 원인을 파악하고 대처하는 것이 중요하다. 심리상담자, 신경정신과 의사, 청소년문제전문가 등 전문가의 도움을 받아 자살을 시도한 원인을 규명하고 나아가 당사자를 보호하고 도와줄 만큼 관심이 있다는 걸 알도록 하기 위해 입원이나 상담이 필요하기도 하다. 문제가 심각하다는 것과 당사자의 비관적인 느낌을 공감하고 있다는 것을 보여줘 당사자가 솔직한 심정을 털어놓도록 도와준다(박영숙, 2010).

자살 예방을 위한 대화기법으로는 이야기가 끝날 때까지 기다리며, 한 번에 한 주제에만 초점을 맞춘다. 상대방에게 절대적인 평가를 하지 말고 짧게 이야기하며 상대방이 이야기할 수 있는 기회를 준다. 차분한 목소리로 눈을 마주보고 이야기하며, 편안하게 앉아서 이야기한다. 당사자의 기분을 소중히 여기며, 당사자의 분노, 고통을 이해해 준다. 되도록 제안을 하고 요구를 하지 않으며, 상대방을 존중하는 방식으로 이야기한다. 내 감정을 상대방에게 반감을 사지 않는 방법으로 전달한다(최은진 외, 2011).

8) 정책적 접근

첫째, 자살 · 자해 등 고위기청소년 지원을 위한 인프라를 강화해야 한다. 고위기청소년 발굴을 위한 학교 내 및 시설 이용 청소년 등을 대상으로 위기 진단과 연계 지원체계를 강화해야 하며, 청소년쉼터 등 시설 이용 청소년을 대상으로 정서행동 특성 조사 및 위기 진단 등의 실시로 고위기청소년을 조기에 발굴해야 할 것이다. 특히 정서불안, 우울증 등 문제행동 평가(위기 스크리닝 척도) 등이 필요하다. 그리고 초 · 중 · 고 학생 및 대학교 신입생 등을 대상으로 정신건강 검사를 실시하고, 필요 시 상담복지센터 등 유관기관으로의 연계가 이루어지도록 한다. 특히 전국 청소년상담복지센터 내 고위기 집중심리클리닉 운영 및 시 · 도 센터 내 임상심리사 신규배치를 통해 고위기 특화 전문서비스가 지원될 필요가 있다.

둘째, 위기청소년 심리외상지원체계를 마련해야 한다. 청소년 심리외상지원에 대한 법적 근거를 마련하고, 상담복지센터 내 집중심리클리닉을 심리외상지원체계로 확대할 필요가 있다. 2차 피해 방지 및 사회 · 심리적 외상에 대한 적극치유를 위해, 시 · 도에 설치한 일시보호소, 청소년인터넷드림마을, 위스쿨 등과 연계해 프로그램을 추진해야 한다.

셋째, 정서행동문제 치유인프라 확대 및 사후관리 강화에 중점을 두어야 한다. 정서행동문제 청소년 기숙형 치유시설을 거점별로 확충하여 치유 기회 접근성을 높이고 치료재활센터와 학교 · 교육청 간 협업을 통해 청소년재활치료센터 이용 후 학교 복귀 청소년에 대한 사후관리를 강화해야 할 것이다.

4. 청소년 약물중독 · 오남용

1) 약물중독 및 약물오남용의 개념

약물남용이란 감정, 인식, 행동에 인위적인 변화를 일으키기 위해 향정신성 약물을 비의학적, 불법적으로 사용하여 건강, 가정, 사회 기능에 지장을 초래하게 되는 상태를 유발하는 행위를 말한다. 즉 약물을 필요 이상으로 섭취하며 이것이 지속적인 효과를 보이는 것이다.

약물이란 한번 사용하기 시작하면 자꾸 사용하고 싶은 충동을 느끼고, 사용할 때마다 양을 늘리지 않으면 효과가 없고, 사용을 중지하면 온몸에 견디기 힘든 이상증상이 나타나며, 개인에게 한정되지 않고 사회에도 해를 끼치는 물질이기 때문에 자라나는 청소년 시기에 매우 위험한 존재이다.

약물이 청소년에게 끼치는 영향은 어른에게 끼치는 영향보다 더 크다고 할 수 있다. 정서적으로 매우 불안한 상태에서 약물을 접하고 중독이 되어버리면 불행한 성인으로 성장할 가능성이 높다. 더욱이 청소년의 경우는 집단을 이루는 형태의 인간관계를 맺고 있는데, 한 아이의 호기심으로 시작된 약물오남용은 여러 아이의 약물남용으로까지 이어지게 될 가능성이 높다. 따라서 약물오남용의 문제는 청소년들에게 있어 더욱 심각한 문제라 볼 수 있다(최은영, 2005).

2) 약물오남용의 원인[10)]

(1) 발달적 요소

청소년기는 심리적, 사회적, 생물학적으로 급격한 변화를 경험하는 불안정한 시기이기 때문에 약물에 취약한 시기이다.

(2) 심리적 요소

스트레스와 연관된 감정상태를 다루기 위해 자가투약의 형태를 취한다. 정신병리의 증가, 정서조절 · 대상과의 관계 · 자신을 돌볼 수 있는 능력의 상실을 가져올 수 있다.

10) 김영화 (2012).

(3) 사회적 요소

가족의 영향(약물을 사용하는 부모, 결손가정), 낮은 사회 · 경제 계층, 또래의 영향, 대중전달매체의 영향을 받는다.

3) 약물의 종류

(1) 중추신경흥분제

중추신경계를 자극하여 흥분을 하게 하는 약물로, 니코틴(담배), 카페인(커피 등 카페인이 함유된 음료와 의약품), 필로폰(히로뽕), 코카인 등이 있다.

(2) 중추신경억제제

중추신경계의 자극을 억압하는 물질로 몰핀(아편), 헤로인, 코데인 등과 같은 마약을 포함하여 알코올(술), 본드나 가스 등 흡입제(유기용매), 수면제, 진정제, 신경안정제 등이 있다.

(3) 환각제

중추신경계에 흥분제로도 작용할 수 있고, 억제제로도 작용하는데 대마초, LSD, 메스카린, 실로사이번 등이 있다.

4) 약물중독 및 약물오남용의 증상[11)]

(1) 신체적 증상

충혈된 눈, 잦은 눈물, 손발의 경미한 떨림, 혀가 말린 소리, 흐릿해 보이는 눈, 눈곱 낀 눈, 졸음, 건망증, 콧물이 흐른 코, 팔의 주사자국, 체중감소, 경련,

11) 최은영 (2005).

영양부족(영양실조), 술 냄새가 나지 않는데 술 취한 사람처럼 비틀거리거나 폭력적인 언행의 증가, 옷에 물질이 묻어 있는 경우이다.

(2) 정신 및 행동증상

정신 및 행동증상으로는 환각, 피해망상, 헛소리, 과도한 흥분, 취한 행동, 초조, 불안, 공격적 행위, 사고력의 혼란 등이 있다.

(3) 정서적 증상

정서적 증상으로는 무책임한 행동들, 논쟁적인 행동, 동기의 결여, 건망증, 태만, 거짓말, 하루 종일 방에만 있는 등 혼자만의 행동, 새로운 다른 친구들이나 가족활동에의 불참석 등의 모습을 보인다.

5) 약물중독 및 약물오남용 대처

(1) 예방

약물남용의 발생 또는 확산을 줄이거나 안정시키는 활동으로 1차 예방은 교육 및 정보를 제공하는 것이고 2차 예방은 조기 개입으로 약물 차단, 스트레스 감소, 대처능력 향상, 가족관계의 복원을 유도하는 것이다. 3차 예방은 치료, 재활 및 재발을 막는 것이다.

(2) 인지행동적 접근

인지행동적 이론은 비합리적인 신념 혹은 왜곡된 인지를 직면시켜 사고를 변화시키고, 행동 패턴을 변화시키는 것이다. 즉, 약물 관련 신념을 바꾸어 주는 것이다. 청소년 스스로 통제 신념을 언어화하도록 하여 약물오남용의 부정적 결과를 인식하게 하고, 약물 사용 전에 반복되는 사건이나 감정을 인식하게 하여 대안적 행동을 탐색하며 연습하게 하는 것이다.

(3) 약물 거절 및 자기주장 훈련

약물에 대한 대안활동 리스트를 만들고 대안활동에 대한 장애를 예상하며 극복하는 전략을 수립한다. 특히 스트레스를 다룰 수 있는 준비를 하거나 친구 만들기 등을 통해 약물을 거절하고 자기주장을 하는 연습을 실시한다.

5. 인터넷중독

1) 인터넷중독의 개념

인터넷은 청소년들이 다양한 학습자료와 정보를 얻기도 하고, 오락과 여가를 즐기는 공간으로 활용되는 유익한 도구임과 동시에 많은 부정적 영향을 미치기도 한다. 특히 인터넷의 과다 사용으로 인한 중독현상은 청소년들에게 심각한 부작용을 초래하고 있어 사회적으로 커다란 문제가 되고 있다.

인터넷중독이란 채팅, 서핑, 음란물 등의 인터넷을 하다가 그만두어야 할 시간인데도 잠깐만, 잠깐만 더 하면서 스스로 그만두지 못하고, 처음 사용할 때보다 점점 사용 시간이 길어지며, 인터넷을 하지 않으면 우울하거나 짜증이 나고, 인터넷 때문에 생활 속에서 문제가 생기는 상태를 의미한다. 즉, 과도한 인터넷 사용으로 일상생활에서 신체적, 심리적, 사회적, 경제적으로 심각한 지장이 나타나는 상태를 말한다.

2) 인터넷중독의 증상[12)]

현재 인터넷중독의 정의와 진단체계가 확실히 수립되지 않아 학자들마다 다소 의견이 다르지만, 인터넷중독자들은 알코올이나 도박중독자들과 비슷하게 강박적 사용과 집착, 내성, 금단, 조절불능, 일상생활의 부적응과 같은 다양한 증상들을 나타낸다.

(1) 강박적 사용과 집착

메일이나 SNS를 확인해 보고 싶은 생각이 자꾸 떠오른다거나 컴퓨터나 모바일폰을 다시 하게 될 때가 몹시 기다려진다 등과 같이 인터넷을 한동안 사용하지 않으면 우울하거나 초조함, 답답함을 느끼게 되는 경우를 인터넷중독이라고 한다. 즉, 습관적으로 인터넷을 찾게 되는 등 인터넷에 중독된 사람들은 대개 컴퓨터나 모바일폰 사용에 대한 강박적 집착을 보이는 것으로 보고되고 있다.

(2) 내성과 금단

내성이란 이전과 똑같은 만족을 얻기 위해서는 인터넷에 몰두하는 시간이 점차 늘어나고 내용도 더욱 자극적인 것을 찾아나서는 것을 말한다. 온라인상에 있는 시간이 점차 길어지고, 컴퓨터나 모바일폰을 끄고 빠져나오기가 점점 힘들어진다. 금단증상이란 인터넷을 사용하지 않으면 왠지 허전하고 안절부절못하는 것을 의미한다. 인터넷을 사용하지 않을 때에도 채팅이나 검색 등을 할 생각에 몰두하고 이로 인해 집중력이 떨어지지만 인터넷에 접속하는 순간 불안하고 초조한 현상은 사라진다.

12) 송명준 외 (2006).

(3) 일상생활의 기능장애

인터넷에 중독된 청소년들은 전반적으로 학습능력이 떨어진 상태로 시험이나 과제를 하고, 학교생활에 과도한 부담을 느끼며, 공부시간을 효율적으로 사용하지 못하고, 자신의 성적에 만족하지 못한다. 그리고 비중독자에 비하여 친밀한 대인관계를 형성하지 못하고 스트레스에 취약하여 신체적인 증상을 호소하며, 자신의 기분을 잘 조절하지 못한다.

6. 게임중독

1) 게임중독의 개념

중독이란 일반적으로 중독의 대상이 되는 무엇인가에 의해 조절능력의 상실, 내성에 따른 지속적 사용 증가, 금단증상, 강박적 집착 또는 의존 등의 문제적 징후가 나타나 신체적, 사회적, 직업적, 심리적 문제를 일으키는 상태로 볼 수 있다. 따라서 게임중독이란 게임을 과도하게 하여 정신적, 육체적, 사회적인 어려움을 초래하는 상태를 말한다.

게임중독은 약물중독처럼 병적 집착, 내성, 금단증상, 일상생활의 장해를 초래한다. 중독된 청소년은 게임시간을 조절하지 못하고 점차 사용시간이 늘어나며, 게임을 하지 못하면 불안, 초조한 증상을 보인다. 학교성적이 떨어지거나 친구들과의 관계가 소원해지면서 심한 경우는 등교 거부가 일어나기도 한다.

2) 게임중독의 문제점

게임중독으로 정서장애에 시달리거나 정상적인 학교생활을 하지 못하는 청소년이 크게 늘고 있다. 게임중독에 빠지는 이유는 현실 속에서 경험할 수 없는 사고와 행동을 가상세계에서 실행할 수 있고 억눌러야만 했던 욕구와 불만들을 거침없이 발산시킬 수 있기 때문이다. 구체적으로 게임중독으로 인해 발생하는 문제점들을 살펴보면 다음과 같다(홍봉선, 2010).

(1) 가상과 현실의 몰구분, 현실적 자아상실

가상게임세계는 현실세계와는 달리 물리적 공간이 존재하지 않는 세계로서 현실적인 행위나 신체접촉의 가능성이 존재할 수 없다. 온라인게임은 게임일 뿐 게임과 현실 간에는 분명한 거리가 있음에도 불구하고 소수의 경우 가상과 현실의 구분을 혼동하는 상태에 빠지는 현상이 관찰된다. 가상현실에 대한 느낌이 일상적 삶에 영향을 주고 있는 것이다.

(2) 폭력 및 공격 성향 조장

현실에서의 외현적 또는 내재적 · 공격적 및 폭력적 성향이 게임에 대한 적정한 몰입으로 해소될 수도 있겠지만, 그 정도가 지나치고 오랫동안 억압되어 지속된 경우에는 게임에서의 폭력성이 현실에서의 폭력적 행위로 재현될 수 있다. 즉, 폭력의 부정성에 대해 무감각해지는 결과를 발생시키게 되는 것이다. 장기간 게임을 반복하고 중독성의 차원으로 들어간 경우 게임과 현실을 구분하지 못하는 경우가 나타나게 되며, 그 결과 현실에서의 폭력적 행위가 아무렇지도 않게 발생하게 된다.

(3) 매체의존성 강화, 물질주의 가치 강화 등에 의한 탈인간화

게임을 하기 위해서는 컴퓨터나 오락기, 모바일폰 등이 있어야 하며, 게임을 할 수 있는 조건을 충족하기 위해서는 기본적으로 돈이라고 하는 물질적 수단이 있어야 한다. 또한 청소년들에게 있어 게임을 포함한 신매체들에 대한 의존성은 절대적인 상태로 자리 잡고 있다고 할 수 있으며, 물질에 대한 의존 역시 이와 동일하다고 하겠다. 결국, 게임에 중독된 청소년의 경우 일상생활 속에서 모든 중요한 가치는 게임을 할 수 있게 해주는 물질적 도구들이라고 생각하며, 이것은 곧 철학적인 의미에서 접근해 볼 때 탈인간화의 모습이라고 표현할 수 있다.

(4) 충동적 행동

게임에 중독되는 경우, 게임과의 관계가 여타 사회적 관계보다 강하고 또 대부분을 차지하기 때문에 자아 간의 적절한 조화관계의 형성에 문제가 발생하게 되며 결국 본능적 행위가 보다 많은 작용을 하게 되어 행위의 충동성이 높아진다고 볼 수 있다. 게임의 중독성이 지니는 근본적 문제점 중 하나가 조절능력의 상실이라는 측면이기 때문에 자신의 충동성에 대한 조절이 어렵게 될 수 있다.

(5) 사회부적응

게임에 중독되면 현실에서 타인과의 관계가 배제됨에 따라 타인의 의미가 상실되고, 타인에 대한 흥미 자체도 감소되어 대인관계를 통한 다양한 사회적 기능을 습득하지 못하는 결과가 초래된다. 즉, 사회부적응이 발생하는 것이다. 집 또는 PC방에서 게임에만 몰두함으로써 사회부적응 현상을 보이게 된다.

(6) 게임에서의 대리만족에 의한 현실적 공허감, 우울증 유발

게임에 중독되어 게임의 모든 단계를 마스터하기 위해 모든 노력을 경주하여 결국 최상의 위치에 올라가는 청소년들은 결국 마지막에 공허감, 허무감, 우울감 등 비로소 게임은 게임일 뿐이라는 현실적 의미를 알게 된다고 한다. 또한 게임의 최대 목표를 달성하기 전까지도 이를 지키고 달성하기 위하여 지속적인 불안감을 경험하게 되며, 심지어 이로 인하여 일상생활을 할 수 없는 상태에 이르기도 한다. 게임중독이 가져다 준 게임의 현실적 욕망에 대한 대리만족이라고 하는 환상의 결과인 것이다.

(7) 신체적 악영향

게임을 장기간 오래 할 경우 의자에 앉아 있음으로써 요통, 견통, 손목 및 손가락 근육에 이상이 나타나며, 안구건조증, 시력 저하, 혈액순환장애, 소화불량 등의 현상도 나타날 수 있다. 특히, 혈액순환장애는 심장혈관에 이상을 초래하여 돌연사를 초래하기도 하는 등 여타 신체적 악영향을 발생시키는 원인이 되기도 한다. 또한 '마우스 신드롬', '터널증후군'으로 불리는 누적외상성장애나 수근관증후군이 나타날 수 있다. 누적외상성장애는 반복적으로 키보드나 마우스를 조작하면서 손과 팔의 신경, 힘줄, 연부조직, 근육 등에 생긴 손상이 충분한 휴식을 취하지 못해 생기는 것으로 나중에는 반영구적인 기능장애가 나타난다.

청소년의 경우에는 신체발달이 활발하게 이루어져야 하는 시기임에도 불구하고 영양섭취의 저조와 상기 원인 등에 의하여 신체발달이 정상적으로 진행되지 않을 수 있고, 또한 정서적 발달 및 지적 수준의 발달에도 커다란 문제가 야기될 수 있다.

(8) 게임 금단현상

금단현상이라는 것은 특정 행위에 대한 중독이 이루어졌을 경우 그로부터 벗어나기 위해 거치게 되는 탈중독현상의 대표적인 과정상 특징이다. 중독 대상에 따라 그 현상은 다양하게 나타날 수 있지만, 대부분 공통된 특징에는 중독된 행위를 하지 못하였을 때 불안하고 초조하며 환상이나 환영이 보이고 식욕이 저하되며 모든 일에 의욕이 저하되는 등의 현상들이 있다. 게임중독도 이로부터 벗어나고자 할 때 위와 같은 금단현상들이 발생하게 되는 등 심각한 심리적 문제로 발전될 수 있다.

(9) 가족과의 대화 단절

게임중독이 발생하면 앞서 살펴보았던 바와 같이 현실세계에서의 모든 사회적 관계가 중지되며, 따라서 가족들과의 대화 자체가 단절되는 경우가 발생한다. 청소년의 경우에는 대부분 청소년 문제행동들의 원인이 가족과의 의사소통 문제로부터 발생하고 있는 현실을 고려해 볼 때, 이와 같은 가족 대화의 단절은 매우 심각한 의미를 지닌다고 할 수 있다.

(10) 학습장애

게임에 투자하는 시간이 절대적으로 증가하고 모든 관심이 게임에 집중됨에 따라 심각한 학습장애가 발생될 수 있다. 학교에 등교하더라도 학습 내용에는 흥미가 없고, 더 심각해지면 등교를 거부하고 PC방 등에서 기거하며 게임을 하기도 한다.

(11) 불평등적 성역할의 노출

많은 게임에서 주인공들은 대부분이 남성이며, 여성은 현실세계에서도 그러하듯이 남성을 치장하는 보조적 인물들로 그려지고 있다. 또한 남성에 비해 여성 캐릭터들은 노출이 심한 상품화된 여성성을 나타내고 있다. 따라서 이와 같은 게임들에 장기간 몰입하는 경우 청소년들은 자신도 의식하지 못하는 상태에서 왜곡된 불평등적 성역할을 학습받게 된다.

3) 게임중독 현황

게임 중 청소년들이 가장 많이 이용하는 것은 인터넷 게임(52%)으로 알려져 있으며, 청소년들은 지나친 게임으로 인한 중독의 위험에 노출되어 있다. 실제로 국무조정실이 최근 한국갤럽에 의뢰해 일반인 · 학생 · 학부모 · 교사 등 1,386명을 대상으로 조사한 바에 따르면 청소년의 20~30%가 게임중독 위험이 있는 것으로 나타났다. 반면 치료 필요성을 느끼는 경우는 5%에 불과했다. 또 청소년의 73%는 자신이 게임중독에 빠져 있다 하더라도 치료를 받을 생각이 없는 것으로 드러났다.

그리고 게임중독으로 소비된 사회적 비용은 국내 온라인게임 시장 규모와 거의 맞먹는 수준이다. 남학생 게임중독 비율이 여학생보다 압도적으로 높았다. 게임중독 문제는 일부 취약한 가정이나 사회성이 결여된 개인의 문제로 치부된 경향이 있어 왔다. 그러나 이제는 개인이나 업계의 자율에 맡길 수 있는 범위를 넘어 하나의 사회적 병리현상이 되고 있다.

4) 게임중독의 발생원인

유치원 때부터 아이들은 오락실과 PC방, 때로는 문방구 앞에 쪼그리고 앉아서 게임을 익혀 왔다. 대부분의 부모들은 이런 아동들의 게임에 대한 노출과 학습을 사실 알고 있었으며 큰 문제가 되지 않으리라는 막연한 태도로 방치해 왔다.

그리고 한국에서 게임 문제의 심각성을 해결할 때의 어려운 점은 PC방의 존재이다. 아이들은 길을 가다가도 언제든지 온라인 게임에 접속할 수 있다. 또한 한국 청소년들은 늦은 밤에야 놀이가 가능하기 때문에 컴퓨터와 인터넷을 선택한다. 특히 지나친 학업 중심의 생활과 입시 스트레스는 아이들을 게임으로 인도하는 배경 중 하나이다. 가족놀이가 없는 것 역시 게임중독의 최대 취약성 중 하나이다(임선영 외, 2010).

5) 치료와 예방

(1) 개인적 차원

치료는 환자 스스로 게임중독증에 걸렸음을 인정하고 벗어나겠다는 의지를 갖는 것에서부터 출발한다. 게임의존성이 높은 상태에서 게임을 바로 끊기는 어렵기 때문에 대신할 수 있는 흥밋거리를 개발하고 우울증이나 스트레스성 성격을 개선하는 것이 선행되어야 한다. 보다 전문적인 치료로는 게임의 실체에 대해 냉철하게 이해하고 행동을 교정하는 인지행동, 치료와 입원 · 격리치료 또는 환자 모임에서의 토론치료 등이 있다.

이밖에 충동성을 줄여주고 우울증을 개선하는 선택적 세로토닌 흡수억제제를 투여하는 약물치료와 상담치료 등이 있다. 지나치게 게임에 빠진 청소년은 대인관계에서 재미나 성취감을 느끼지 못하고 사이버세계에 몰두하며, 극도의 불안장애와 심하면 자폐증세까지 겪게 된다. 게임에 빠지지 않기 위해서는 여럿이 함께하는 스포츠나 놀이로 유도하는 등 주위의 적극적인 노력이 필요하다.

(2) 가정적 차원

부모 자녀 간의 신뢰관계가 게임중독을 막는 가장 확실한 예방책이다. 부모의 통제가 증가할수록 청소년들은 게임중독에 빠질 가능성이 높은 것으로 나타났다. 반면에 학교교사의 인터넷 사용에 대한 통제가 높을수록 게임중독에 빠질 가능성이 낮았다. 평소 부모들의 자녀에 대한 관심, 믿음, 지지, 대화 등을 통하여 형성된 적절한 통제와 신뢰는 게임 사용을 효과적으로 억제할 수 있다는 것을 의미한다.

(3) 사회적 차원

게임중독을 막기 위해서는 중독증세를 예방하고 치료해 주기 위한 구체적인 프로그램을 구성하여 실행해야 한다. 청소년 게임중독과 몰입에 대한 정확한 이해를 바탕으로 중독이 발생했을 때 어떻게 해야 하며 몰입이 중독으로 전이되지 않기 위해서는 어떻게 해야 하는가 등에 대한 자생적 대처능력의 배양이 중요하다. 이를 위한 전문화되고 체계화된 프로그램이 필요하다(임선영 외,

2010).

부모와 교사, 청소년지도자들을 대상으로 한 청소년 게임과 관련된 이해를 위한 연수가 필요하다. 게임중독에 대한 올바른 이해와 정확한 지식을 습득해야만 청소년을 올바른 길로 이끌 수 있기 때문이다. 뿐만 아니라 청소년들의 일상생활에서 게임이 불가결한 요소가 되고 있음을 감안하여 게임에 대한 획일적인 규제와 통제보다는 게임의 긍정적인 기능을 강화하려는 노력이 필요하다. 게임에 대한 높은 선호도를 고려하여 오락적 기능뿐만 아니라 교육적, 치료적 기능을 갖는 게임의 개발을 지원하고, 학교, 청소년 관련 기관 등에서 활용할 수 있도록 해야 한다.

6) 피로도 시스템

게임중독 예방을 위한 피로도 시스템은 게임 과몰입 예방 · 해소 대책방안의 하나로 제시되었다. 한번 시작하면 중도에 그만두기가 매우 어려운 게임의 특성을 반영하여 일정 시간이 지나면 게임 진행을 늦추는 시스템이다.

7) 게임시간 선택제

2011년 여성가족부는 청소년의 과도한 인터넷게임으로 인한 피해를 최소화하여 건강한 성장을 도모하고자 게임사이트 가입 시 친권자 동의, 친권자 요청에 의한 이용시간 및 이용방법의 제한, 친권자에게 고지, 과도한 게임 이용 방지를 위해 밤 12시부터 다음 날 오전 6시까지 청소년의 접근을 제한하는 내용을 골자로 하는 셧다운제를 실시하였다. 그 이후 정부는 18세 미만 청소년 또는 그들의 법정대리인이 원하는 시간에 따라 게임 이용시간을 설정할 수 있게 해주는 자율적 방식인 게임시간 선택제를 도입하였다.

7. 부정적 또래관계

1) 부정적 또래관계의 개념

청소년기의 중요한 심리 · 사회적 발달과업은 자율성과 친밀감의 획득이다. 이 과업은 분화와 개별화 과정을 성공적으로 거쳐야 가능한데, 분화를 위해서는 부모와의 의존관계에서 또래와의 의존관계로 변화되어야 하며, 개별화를 위해서는 보다 상보적으로 동등한 관계로의 전환이 이루어져야 한다. 이런 점에서 청소년기의 친구관계는 매우 중요한 의미를 지닌다(노혁, 2010).

청소년의 또래집단은 크게 군집(crowd)과 배타적인 끼리집단(clique)으로 나누어볼 수 있다. 끼리집단은 배경과 관심사가 비슷한 소수의 집단으로 친밀성과 응집성이 높다. 반면 군집은 끼리집단의 세 배 정도 크기로서 응집성은 높지 않으나 활동에 대한 공통적 관심사 때문에 구성되며, 여기서 청소년들은 자신과 가치관이나 배경이 다른 사람을 이해하고 상호작용하는 방법을 배우며 이성친구를 사귀는 기회를 얻는다.

청소년의 친구관계는 다양한 기능을 한다(이용교, 2006). 첫째, 친구는 함께 시간을 보내고, 활동도 할 수 있는 친근한 대상이 된다. 둘째, 친구를 통해 흥미로운 정보, 신나는 느낌, 즐거움 등 자극을 받게 된다. 셋째, 시간, 자원과 도움 등 물리적 지원을 받게 된다. 넷째, 친구들이 지지와 격려를 해줌으로써 자기 자신이 유능하고 매력적이고 가치 있는 존재라는 느낌을 갖게 된다. 다섯째, 친구를 통해 자기 자신이 어느 수준에 와 있는지, 제대로 하고 있는 것인지에 관한 사회적 비교준거를 얻게 된다. 여섯째, 청소년은 친구관계를 통해 따뜻하고 신뢰성 있는 관계를 이루면서 그 속에서 자신에 대해 개방할 수 있는 친밀감 및 정서적 유대감을 얻게 된다.

2) 부정적 또래관계의 유형[13)]

(1) 지배적이며 조종하는 유형

이 유형은 힘센 아이들 중 자신보다 약한 아이들을 조종하여 자신의 욕구를 충족하려는 유형의 청소년이다. 이들은 리더의 기질을 보이나 또래들을 배려하고 돌보는 진정한 리더십은 없다. 이들 중 공부를 잘하거나 모범생으로 평가받는 경우도 있다. 교사나 부모들은 이들이 자신의 또래들을 괴롭히는 주범이라는 사실을 알아차리기가 매우 어렵다.

(2) 공격적이고 가학적 유형

이들은 또래들과 일상적인 관계를 회피한다. 그러나 자신의 기분이 나쁠 때 또래에게 폭력을 휘두르거나 괴롭힌다. 무법자이지만 평소에는 또래들을 괴롭히는 일이 드물다. 어떤 경우에는 또래들을 어린 아이 취급하기도 한다. 하지만 심기를 불편하게 하면 또래들은 피해를 당하게 된다.

(3) 기생적 유형

속칭 '똘마니' 유형이다. 독립적인 힘도 없으면서 힘센 아이 밑에서 그들의 힘을 믿고 또래들을 괴롭히는 아이들이다. 또래들 사이에서 갈등을 많이 만들고, 학교폭력을 주도하기도 한다. 자존감이 낮으며 강자에게는 약하고, 약자에게는 강자로 군림하는 비굴한 또래관계를 보인다.

(4) 고립적 의존 유형

또래들에게 정서적으로 의존하는 아이들이다. 대체로 이들은 친구가 1~2명 뿐이며 다른 또래들과 친밀한 관계를 맺지 못한다. 이들 중 1~2명의 또래에게

13) 전재일 외 (2011).

과도하게 의존하며, 그 관계가 위협받으면 심각한 부적응현상을 보인다.

(5) 경쟁적 질투 유형

누군가와 끊임없이 비교하며 그와의 경쟁에서 승리하려고 한다. 대인관계는 피상적이며 내적 갈등과 불안이 많다. 경쟁에서 지는 것을 못 참아하며 미워하는 또래들이 많고, 사소한 일에 적대감을 표출하기도 한다. 끊임없이 관심의 대상이 되고 싶어 하기 때문에 또래들로부터 배척을 당하기 쉽다.

(6) 좌절에 따른 회피 유형

또래관계를 두려워하며 피해의식을 가지고 있다. 이들은 또래관계를 원하나 오랜 대인관계에서의 좌절로 인해 또래관계를 회피한다. 상습적인 폭력 피해자의 경우가 많다. 심한 경우 정신질환을 겪는 경우도 있다.

(7) 나홀로 유형

이들은 또래관계를 맺으려 하지 않고 혼자만의 생활을 유지하려 해 늘 외롭고 우울하다. 흔히 또래관계에서 분위기 파악이 느려 형광등이란 별칭이 붙는다. 또래들은 이런 친구를 답답해하거나 재미없는 아이로 취급한다.

3) 부정적 또래관계의 원인

부정적 또래관계의 원인으로는 다음과 같다(문영희 외, 2005). 첫째, 낮은 자존감과 성공 정체감이 부족하다. 자기에 대한 왜곡된 평가나 사회나 자신에 대한 근본적인 불신으로 인해 대인관계가 어렵다. 둘째, 공감능력, 자기개방능력의 부족 등 세련된 사회적 기술이 부족하다. 이들은 자기개방에 대해 두려워하고, 자기개방의 속도를 적절히 조절하지 못하며, 또래에 대한 비현실적 기대를 가지거나, 대인관계에서의 감정관리 능력이 부족하다. 셋째, 지나친 이기적인 경쟁심이 대인관계를 어렵게 만든다. 넷째, 자신에 대한 부정적 신체이미지가 특히 청소년의 또래관계를 어렵게 한다. 자신이 자기를 보는 것처럼 남들도 그렇게 볼 것이라는 청소년기의 독특한 사고 특성으로 인해 대인관계에서 불안이 가중된다. 다섯째, 왜곡된 사회학습이 청소년들의 또래관계를 어렵게 한다. 매스컴에서 볼 수 있는 과장되게 그려진 비행집단의 행동은 청소년들의 또래관계를 왜곡시키기도 한다.

4) 부정적 또래관계의 현황

청소년들이 또래관계에 어려움을 겪고 있다. 또래관계에 어려움을 보이는 이유를 알아본 결과 모두 당사자의 성격문제(잘난 체해서, 너무 이기적이어서, 눈치가 없어서, 힘도 없고 마음도 나약해서, 소극적 성격이라서, 말을 잘 못해서, 마마보이라서)로 나타났다. 또래관계 문제의 원인을 당사자의 성격문제로만 보는 것은 주위 친구들의 공감적이고 협조적인 노력의 부족함을 나타내는 것이기 때문에 이에 대한 적절한 교육과 지도가 필요하다.

청소년들은 또래집단이 긍정적 영향보다는 편 가르기, 왕따 시키기, 교사의 학급통제 곤란, 집단 이기주의 등의 부정적 영향을 많이 끼친다고 지각하였다. 또래관계 스트레스 혹은 부정적인 또래관계로 나타나는 증상을 질문한 결과, '짜증이나 신경질이 난다'가 74.5%로 가장 많고, '공부에 집중하지 못한다'가 48.9%, '기운이나 의욕이 떨어진다'가 47.4%, '학교에 가기 싫다'가 42.0%, '잠을 잘 자지 못한다'가 21.4%, '죽고 싶은 마음이 든다'가 21.0%, '입맛이 없고 소화가 잘 안 된다'가 17.2%, '두통이나 생리통 등이 생긴다'가 8.7% 순으로 나타났다.

5) 해결방안

또래문제를 해결하기 위해서는 같은 또래들의 도움이 절대적으로 필요하다.

주위에 있는 또래관계가 좋은 친구들이 어려움을 겪는 친구들에게 다가가 이야기를 나누고 보호해 주며 적극적인 친구관계를 맺을 수 있도록 조력해 주는 것이 가장 효과적이다. 이에 일선 학교나 상담실에서는 어려움을 겪는 청소년을 도와줄 수 있는 청소년 또래상담자 또는 청소년 도우미집단을 구성하여 이들이 적극적으로 어려움을 겪는 청소년들을 도와주도록 할 필요가 있다(성민선 외, 2009).

또래집단의 형성은 대부분 학기 초에 형성되며, 또래관계와의 어려움도 학기 초에 시작되는 경우가 많다. 따라서 일선학교에서는 학기 초에 학생들이 원만한 인간관계를 형성하도록 또래관계 파악, 인간관계 프로그램 실시, 지난 학년이나 학기에 또래관계가 어려웠던 학생 파악과 그 대책방안 수립 등의 활동을 할 필요가 있다.

또한 또래집단의 장은 그 집단과 학급 전체에 큰 영향을 미친다. 부정적인 영향도 미치지만 잘 지도받으면 학급에 많은 긍정적인 영향을 미칠 수도 있다. 따라서 일선학교나 상담실에서는 또래집단의 장들을 개별적 또는 집단적으로 지도하는 방안을 마련하여 이들을 통해 또래관계의 어려움을 겪는 청소년들이 도움을 받을 수 있도록 하는 것이 필요하다.

청소년들의 또래관계 개선을 위해 부모와의 관계 또한 생산적으로 개선할 필요가 있다. 부모와 존중되고 수용되며 개방적인 관계를 유지하는 것은 청소년들의 또래관계 발전에 전제가 되기 때문에 청소년들의 생산적인 또래관계를 발전시키기 위해서는 우선적으로 청소년들과 부모와의 관계를 안정적이고 수용적으로 변화시킬 필요가 있다.

연구문제

01. 청소년의 정신건강을 나타내는 중요한 유형을 열거하고 그 특징을 설명하시오.

02. 청소년 자살의 원인과 대처방안에 대해 서술하시오.

03. 청소년 약물중독의 원인과 대처방안에 대해 서술하시오.

04. 청소년 게임중독의 특성과 문제점, 대처방안에 대해 서술하시오.

05. 청소년의 부정적 또래관계의 개념과 유형, 개선방안에 대해 서술하시오.

chapter

10

청소년과 가정

contents

학습목표

- 빈곤가정 청소년의 특성과 대안을 분석하고 이해한다.
- 한부모가정 청소년의 특성과 대안을 분석하고 이해한다.
- 계부모가정 청소년의 특성과 대안을 분석하고 이해한다.
- 소년소녀가정 및 조손가정 청소년의 특성과 대안을 분석하고 이해한다.
- 다문화가정 청소년의 특성과 대안을 분석하고 이해한다.
- 장애청소년 특성과 대안을 분석하고 이해한다.

1. 빈곤가정과 청소년

1) 빈곤가정 원인과 빈곤가정 청소년의 특징

(1) 빈곤의 개념

빈곤이란 물리적인 힘이나 살아가는 데 필요한 기본적 물자가 부족한 상태이다. 빈곤은 소득수준과 관련되는데, 빈곤선이라는 일정한 소득수준을 정한 후 그 이하로 생활하는 사람을 가난한 자로 규정한다. 빈곤은 절대적 빈곤과 상대적 빈곤으로 구분되는데, 절대적 빈곤은 개인이나 가구의 소득이 기본적으로 생활하는데 필요한 최저생계비에 미달될 때를 말하며, 상대적 빈곤은 불평등의 개념에서 자기가 다른 사람에 비하여 주관적으로나 객관적으로 소득, 교육, 능력, 기회 등이 박탈된 상태를 말한다.

(2) 빈곤가정의 원인

청소년기는 성인에게 의존해야 하는 시기이기 때문에 빈곤청소년은 독립적으로 존재하기보다 빈곤가족의 일부분으로 존재하는 경우가 대부분이다. 빈곤 청소년은 가족의 구조와 기능이 결여된 가정에서 자라면서 자신들을 보호해 줄 수 있는 울타리가 결핍된 청소년들이다. 특히, 빈곤가정은 구조와 기능의 결손형태에 의해 형성된다.

구조적 결손가정은 부모의 일부나 양친부모가 이혼이나 사망 등의 이유로 가족 내에 존재하지 않는 세대를 의미하며, 기능적 결손가정은 호적상 부모가 존재하나 빈곤, 가출, 질병 등으로 부모로서의 기능을 제대로 수행할 수 없는 세대를 의미한다(성윤숙 외, 2011). 기능적 결손가정의 경우에는 부모가 존재하기 때문에 보호의 기능이 제대로 수행되지 못하고 있음에도 불구하고 경제적 지원이 이루어지지 않아 청소년들을 빈곤, 비행, 범죄로 쉽게 노출시킨다.

(3) 빈곤가정 청소년의 특징

빈곤가정의 청소년은 태어나면서부터 신체 발육부진을 보인다. 실제로 빈곤가정의 청소년 중 10~20%는 심각한 신체적 장애가 있다. 전반적으로 빈곤가정 부모의 낮은 교육수준은 자녀들에게 적절한 교육을 시키거나 자극을 주지 못할 뿐 아니라, 때로는 지나칠 정도로 성취 압력을 가함으로써 현실성이 없는 환상을 갖게 하여 자녀들에게 무력감을 조성시키기도 한다. 빈곤가정 부모의 낮은 사회 · 경제적 지위와 교육수준, 그리고 열악한 주거환경과 유해한 환경 등이 청소년의 지적, 심리적, 사회적 발달에 부정적인 영향을 주게 된다.

청소년기의 빈곤 경험은 청소년 비행의 주요 원인으로 등장하고 있다. 그리고 빈곤은 청소년이 정상적 발달과업을 성취하는 데 장애를 가져올 뿐만 아니라 그 장애들이 누적되어 성인이 되어서까지 부정적 영향을 미치고, 나아가 세대 간에 그 빈곤이 대물림되는 결과를 낳고 있다. 빈곤 청소년들은 대개 10평 이하의 소규모 주택이나 지하주택 등의 불량한 시설, 8~14평 소규모 영구임대 아파트 등에 거주하고 있다.

빈곤 환경에서 성장한 청소년은 경제적 빈곤뿐만 아니라 결손, 장애, 질환

등이 복합적으로 작용하여 이중고를 겪고 있으며, 심지어 이들에 대한 방임으로 인한 애정결핍과 소외, 상대적 박탈감, 낮은 학업 성취율과 잦은 학업 결손, 가족의 맞벌이, 병고 등으로 가사, 병치레 등까지 분담해야 되는 경우가 많고, 문제행동(흡연, 음주, 약물, 성관계, 폭력, 가출 등)의 발생률이 높다. 빈곤 환경에서 성장한 청소년들은 미래에 대한 기대가 낮으며 이는 빈곤 청소년들이 안고 있는 문제를 더욱 악화시킨다(안향림 외, 2010).

2) 청소년과 빈곤가정 현황

한국은 아동빈곤율이 10% 이상인 국가군에 속한다. 이 수치는 도시 가계만을 대상으로 분석하였기 때문에, 농어촌을 포함할 경우 빈곤율이 더욱 상승할 것으로 보인다. 과거는 빈곤에서 벗어날 수 있는 최상의 길이 학교교육을 열심히 받아 적절한 소득이 보장되는 직업을 가지는 것이었지만, 오늘날 빈곤가정의 청소년들은 상급학교에 진학하는 것과 학교생활에 적응하는 것, 그리고 사교육 이용조차 어려워 학교생활을 통한 빈곤 탈출의 가능성이 점차 희박해지고 있다. 빈부격차는 갈수록 커지고 상류층으로 올라가는 중산층보다 절대 빈곤층으로 떨어지는 중산층이 훨씬 많아지고 있다. 경제적 어려움으로 인한 가정불화와 가족해체는 빈곤가정 청소년들에게 빈곤과 더불어 심리적, 정신적으로 큰 상처를 주고 있다.

대부분의 빈곤은 대물림되는 특성을 보이는데, 가난한 부모는 자녀에 대한 희망의 끈을 버리고, 빈곤아동은 미래에 대한 희망을 저버리게 된다. 이것은 사회통합에 큰 장애가 된다. 실제로 가난이 대물림된다는 국민인식 또한 널리 퍼져 있다. 저소득층 밀집지역 기초생활수급자(연령 35~55세) 조사에서 47%는 14세 때보다 생활이 나빠졌다고, 42%는 그 전과 동일하다고 응답했다.

3) 빈곤청소년을 위한 지원서비스

(1) 드림스타트사업

드림스타트사업은 금전지원의 확대만으로 청소년의 빈곤문제를 해결할 수 없다는 인식하에 빈곤청소년을 대상으로 집중적이고 예방적인 인적자본 개발을 통해 공평한 출발기회를 보장해 나가는 대표적인 아동 및 청소년정책이다. 기존의 청소년복지서비스가 문제의 발생 이후에 단편적으로 개입하는 사후관리서비스에 치중되었다면, 드림스타트사업은 빈곤청소년들의 신체적 · 정서적 · 사회적 능력 등 전인격적인 발달을 지원하는 새로운 형태의 사전 예방적 · 통합적 청소년보호서비스로 능동적 복지를 구현하고 있다.

드림스타트사업 프로젝트는 취약지역에 거주하는 저소득 임산부와 12세 이하의 아동 및 청소년가구를 대상으로 건강 · 복지 · 보육 등 맞춤형 통합서비스를 제공하고, 부모들에게는 직업훈련 · 고용촉진서비스를 제공하여 가족기능을 회복시켜 공평한 양육여건을 보장해 주는 프로그램들로 구성되어 있다.

(2) 디딤씨앗통장(CDA)사업

이 정책은 기존 저소득층 아동에게 지원되는 복지정책이 생계유지, 학비지원 등 최소한의 단기적 · 사후적 지원에 머무른다는 한계로 인해 빈곤아동들이 18세 이후 사회에 진출하여 성인이 되어서도 자립하지 못하고, 자신들의 빈곤이 대물림되는 안타까운 현실을 극복하기 위한 목적의 정책이라고 할 수 있다.

드림스타트 및 아동발달지원계좌와 같이 빈곤아동에 대한 적극적이고 예방적인 복지투자의 확대로부터 빈곤세습의 고리를 단절하고 인적자본을 축적하여 사회통합의 실현을 기대할 수 있으며, 이로 인해 나아가 향후 사회비용을 절감하는 효과를 기대할 수 있다는 점에서 더욱 확대 · 발전하는 사업으로 자리매김되어야 할 것이다.

(3) 방과후 돌봄 및 활동지원

① 지역아동 1318센터

지역사회 청소년을 위한 지역아동 1318센터는 청소년의 방과후 보호, 교육, 건전한 놀이와 오락의 제공, 보호자와 지역사회의 연계 등 청소년의 건전 육성을 위하여 종합적인 청소년복지서비스를 제공하는 시설이다.

② 청소년 방과후 아카데미

청소년 방과후 아카데미는 저소득 · 맞벌이 · 한부모 등 취약계층 가정 내 방과후에 홀로 시간을 보내는 청소년들에 대하여 학습능력 배양 · 체험활동 · 급식 · 건강관리 · 상담 등 종합 학습지원 및 복지 · 보호를 제공함으로써 이들이 건전하게 성장할 수 있도록 도와주고 있다.

청소년 방과후 아카데미의 시행은 여성가족부와 지방자치단체가 공동운영하고 있으며, 방과후 아카데미 실시 장소는 청소년수련관, 청소년문화의집, 공공청소년공부방, 청소년단체시설 등을 활용하고 있다.

(4) 가정보호사업

청소년은 가정 내에서 건강하고 행복하게 자라나야 한다는 원칙하에 부모의 빈곤, 실직, 미혼모 출산, 실종 등으로 인해 국가의 특별한 보호가 필요한 청소년에 대하여 입양, 가정위탁 등 가정을 제공해 주는 사업이다.

(5) 청소년 상담활동

① 지역사회 청소년통합지원체계(CYS-Net)

CYS-Net사업은 지역사회 청소년 관련 기관 간의 네트워킹을 통한 통합지원체계 구축과 위기청소년에 대한 전화상담 및 구조, 보호, 치료, 자립, 학습 등의 서비스 제공을 통해 위기청소년의 건강한 성장과 삶의 역량을 강화하는 것을 주요 목적으로 하고 있다.

② Help Call 청소년전화 1388

청소년 긴급전화 1388, 가출청소년 상담전화 1588-0924, 한국청소년상담복지개발원의 상담전화 및 청소년복지상담센터의 상담전화 등을 1388로 통합하여 지역사회 청소년통합지원(CYS-Net)의 종합 관문으로 운영하고 있다.

③ 위기청소년 자립 지원아카데미 두드림존사업

위기청소년은 가정, 사회로부터 정서적 소외 및 좌절로 인한 낮은 자존감과 사회적 기술 부족, 부적응으로 인하여 진학과 취업을 포기하는 등 사회에서 중도탈락하게 되는 경우가 많다. 따라서 기존에 운영되던 일반 청소년 대상의 자립지원사업과 별도로 위기청소년을 대상으로 하는 특성화된 프로그램 개발이 필요하였다. 이러한 사회적 요구에 부응하기 위해 2007년도 국무총리 복권위원회의 복권기금 공익사업을 유치하여 한국청소년상담복지개발원이 주관하는 프로그램 개발 및 시범운영센터를 추진, 설립하였다.

두드림존(Do Dream Zone) 프로그램은 청소년복지 및 상담, 대안교육, 직업교육 등 각계 전문가의 TF운영을 통해 개발되었고, 사전 상담의 접수면접 단계부터 실내교육 프로그램과 체험교육, 실제 자립 지원까지 총 4단계로 구성되었다. 두드림존사업의 특징은 직업장면을 테마로 교육장을 구성하여 간접적인 직업체험 기회를 마련하였고, 게임과 동영상 등의 다양한 교구재의 활용과 직업현장, 경제체험 기회 제공 등 위기청소년의 눈높이에 맞춘 교육(Edu-Work)을 통해 참가자의 동기를 증진시킨다는 것이다. 또한 기존 CYS-Net과의 연계를 통해 상담과 교육, 체험 제공, 청소년 동반자와 전문 멘토의 지속적 사후관리까지 원스톱서비스를 지원하는 일련의 과정(process) 중심의 프로그램이라고 할 수 있다. 두드림존이 제공하는 서비스는 자립 지원에 필요한 일상생활기술과 자기관리, 동기화 등의 교육적 서비스와 함께 상담과 인성프로그램, 동반자 등을 통한 정서적 후원과 정보제공 및 관계기관 연계지원 등이 포함된다.

4) 미국의 빈곤청소년 지원 대책

1964년 존슨 행정부에서 시작된 미국의 헤드스타트(Head Start) 프로그램은 취학 전 빈곤아동에게 언어, 보건, 정서 등 다방면에 걸친 포괄적 서비스를 제공해 빈곤의 악순환을 끊겠다는 취지로 만들어진 아동보육 프로그램이다. 이것은 빈곤에 대한 예방접종의 성격을 갖고 있다. 빈곤아동은 일반아동에 비해 인지발달이나 건강상태 등에서 뒤쳐지는 경향이 있는데 이것은 청소년기의 학업성취도 부진과 직결돼 결국 성인이 되었을 때도 가난에서 벗어나기 어렵다는 것이다. 따라서 어렸을 때 일반아동과 빈곤아동 간의 격차를 최소화하는 것이 빈곤을 막는 지름길이라는 것이 헤드스타트의 이론적 배경이다(김계현 외, 2009).

이 프로그램의 수혜자는 연방정부가 정한 빈곤선 아래에 있는 가정의 아동들이다. 1990년대 이후 헤드스타트에 대한 정부의 지원은 꾸준히 늘어났는데 1993년 27억 달러였던 예산이 10년 사이 두 배 이상 증가했고, 지원 대상 아동도 지속적으로 늘어났다. 지원아동의 30% 이상이 흑인이며 30%가 히스패닉이다. 아동 1인당 연간 프로그램 비용이 7,000달러 이상이었다.

빈곤가정이 손쉽게 접근할 수 있도록 미국 전역에 1만8,000여 개소에 달하는 헤드스타트센터가 연방정부의 지원금을 받아 설치되었다. 빈곤아동들은 센터에서 책 읽는 법, 숫자 세는 법 등을 배운다. 발육상황과 건강상태도 면밀히 점검된다. 헤드스타트에서 제공하는 서비스의 질은 일반적으로 다른 민간 보육기관보다 우수한 것으로 평가받고 있다.

5) 빈곤청소년을 위한 정책적 대안들

정부의 청소년 관련 복지정책은 저소득층 빈곤가정에 대한 정책으로 1991년 영유아보육법 제정 이후 아동들을 대상으로 하는 보육 프로그램에 집중되어 있다. 초등학생과 청소년들에 대한 정부의 정책은 저소득층 중 · 고생 자녀 학비지원 프로그램, 급식지원, 저소득층 학생에 대한 컴퓨터 무상보급 및 교육지원, 아동 대상 방과후 프로그램 등이다(천정웅, 2013).

우선 정부는 빈곤청소년의 기본생활을 보장해야 하는데, 이를 위해 '아동의 빈곤예방 및 지원 등에 관한 법률(2012년)'에 의거, 아동들이 복지, 문화, 교육 등 제반 분야에서 차별과 소외받지 않고 사회 구성원으로 성장할 수 있도록 지원하고 있다. 먼저 결식하는 청소년들에게 아동급식카드를 제공하여 청소년 결식을 해결하고 있다. 다음으로 빈곤청소년의 건강한 성장을 보장하는 것으로 정부는 매년 실시하는 학생의 신체검사를 학교지정의사가 아닌 종합검진기관에서 실시하도록 하여 검사의 질을 높여야 할 것이며, 각 학교 내에 배치되어 있는 양호교사를 통해 빈곤청소년들의 건강상태를 주기적으로 관리하도록 하고, 나아가 금연교육, 음주예방교육, 건전한 성문화 프로그램을 지도받도록 해야 한다.

다음으로 균등한 교육 기회를 보장하는 것으로 빈곤청소년들에게 가장 필요한 서비스 중 하나가 교육지원이다. 빈곤탈출에 교육의 역할은 절대적이지만 교육에는 일정한 경제적 비용이 수반되기 때문에 경제적 불평등은 교육 기회의 불평등으로 이어진다. 현재 저소득지역 청소년들을 대상으로 교육지원사업을 수행하는 기관에 사회복지관, 청소년 공부방 등의 확대가 필요한 실정이다.

뿐만 아니라 저소득지역 청소년들에게 자활지원은 교육지원 못지않게 중요한 프로그램이라고 할 수 있다. 빈곤을 벗어날 수 있는 확실한 방안 중 하나가 그들에게 일자리를 제공하는 것이기 때문이다. 이런 의미에서 현재든 가까운 미래든 직업을 원하는 청소년들에게 일자리 제공과 관련된 다양한 서비스를 제공해 주는 자활지원은 대단히 중요한 서비스이다(김현호, 2005).

2. 한부모가정과 청소년

1) 한부모가정의 개념

한부모는 배우자와의 이혼 및 별거, 사별 등으로 인해 배우자 없이 혼자 자녀를 키우는 아버지 또는 어머니를 말하며, 한부모가정은 이혼, 사별, 유기, 미혼모에 의하여 발생하는 가정으로 현재 18세 미만의 자녀와 살면서 자녀를 부양하고 부모역할을 담당하고 있는 한부모와 자녀의 집단을 의미한다.

2) 한부모가정 청소년의 특징

한부모가정의 부모는 이혼 및 사별 등 한부모가 되는 과정에서 상처를 받은 자녀들이 감정의 골이 깊어져 의사소통이 어렵고, 성격이 폭력적이며, 정서불안적 요소가 강하다고 느낀다. 또한 경제적으로 어려운 가정여건은 하고 싶은 것을 제대로 할 수 없게 하고, 한부모가정의 자녀라는 편견은 또래관계에서 어려움을 호소한다.

한부모가정의 경제적인 문제는 부자가정보다 모자가정에서 더 심각하게 나타나고 있다. 전체 한부모가정 중 저소득 한부모가구의 비율이 전체 한부모가구의 10%대이며, 그중 대다수가 여성 한부모가구가 차지한다는 것을 통해서도 모자가족이 심한 경제적 어려움을 겪고 있음을 알 수 있다.

특히 이렇게 아버지가 없는 가정에서 자란 남아는 아버지가 있는 가정의 남아보다 여성적인 경향을 보이는데, 이것은 남성다움을 배울 기회가 적기 때문이다. 또한 정서적으로는 모성 실조환경에서 자라는 아동은 성격이 원만하게 발달하지 못하여 위축되고 냉담하며, 다른 사람이 우호적인 태도를 보이며 접근해 와도 적대적이거나 거부적인 태도를 보이기 쉽다. 따라서 사회적 적응에 곤란을 보일 수 있으며, 원만한 대인관계를 형성하기 힘들다.

모자가정과 마찬가지로 부자가정의 대다수 역시 부의 저학력과 저소득으로 인해 경제적으로 빈곤한 상태에 처해 있다. 자녀양육과 가사일 양쪽을 다 신경써야 하기 때문에 이를 고려한 직업을 찾다 보면 직업 선택의 기회가 적어지고 전직의 가능성도 높아져 상황이 더 악화된다.

3) 한부모가정 청소년 현황

우리나라의 인구통계를 살펴보면 빠른 속도로 한부모가정이 증가하고 있다. 한부모가정의 증가로 인하여 한부모가정의 청소년 비율 또한 증가하고 있다. 한부모가정이 증가하는 직접적인 원인으로는 급속한 이혼의 증가와 배우자와의 사별에 의해서이다. 법적으로 이혼하지 않았으나 내용적으로는 별거생활로 실질적인 이혼상태에 있는 경우도 있으며 배우자가 교도소에 가 있는 경우, 오랜 기간 배우자가 가출한 채 연락이 없는 경우, 질병으로 배우자가 장기간 병원에 입원을 하고 있는 경우, 또는 미혼모의 경우도 있다. 배우자의 사별인 경우 일상적인 사고와 질병으로 인한 경우가 가장 많으며, 이혼의 경우에는 여성가구주의 증가로 나타나고 있다.

4) 한부모가정 청소년을 위한 서비스

한부모가족지원법하에서 그 자녀에게 지원되는 혜택이 제한적이고 한부모에게 지원되는 것 역시 매우 제한적이어서 이러한 가족에 대한 지원대책이 보완될 필요가 있다는 논의가 지속적으로 제기되고 있다. 특히 한부모의 경우 자녀양육 중 사교육비 부담을 가장 많이 지적하고 있는데, 교육은 빈곤탈출의 주요 경로라는 점을 염두에 두어, 공교육뿐 아니라 사교육에 대한 현실적인 지원을 검토할 필요가 있다.

현재 우리나라의 저소득 한부모가족 지원정책은 국민기초생활보장법에 근거하여 보호를 받는 저소득 편부(모)자가정과 한부모가족지원법에 근거하여 보호를 받는 편부(모)자가정으로 크게 분류할 수 있다. 국민기초생활보장법에서 지원되는 급여를 보면 생계급여, 주거급여, 교육급여, 해산급여, 장제급여, 자활급여, 의료급여 등이 있다. 이중에서 청소년에 해당하는 복지는 교육급여와 의료급여 정도이다.

지역사회복지관의 한부모가정 청소년 대상 프로그램 및 서비스를 살펴보면, 경제적 지원으로 학비지금, 학원비 보조 등이 있으며, 상담서비스는 개별상담, 집단상담, 자조모임 등이 이루어지고, 문화 · 여가지도, 학교 · 교사대상 옹호서비스, 자원봉사자와 일대일 결연 등의 활동, 교육서비스로는 방과후 교실과 특기지도, 야외학습 및 특별활동 등이 있다.

3. 계부모가정의 청소년

1) 계부모가정의 개념

계부모가족이란 두 명의 성인과 그들 중 한 배우자나 혹은 양 배우자 사이에서 태어난 자녀들로 구성되는 다양한 유형의 가족을 말한다. 따라서 계부모가정의 발생원인은 자녀가 있는 부모의 재혼이다. 우리 사회에 엄연히 존재하는 가족유형 중 하나임에도 불구하고 사회적으로나 학문적으로 별로 관심을 받지 못하는 영역 중 하나가 재혼가족이다. 그 결과 계부모역할이나 자녀관계 등에 대해서 부정적인 선입견이나 부정적 신화, 잘못된 통념만이 난무하여 왔다. 그러나 최근 우리 사회에서 관찰되는 가장 주목할 만한 변화는 재혼가족의 수적인 증가이다(성윤숙 외, 2011).

2) 계부모가정 청소년의 특징

재혼가정 청소년의 특징과 문제는 편부모가정에서 다시 양부모를 갖게 될 때 긍정적인 면이 있는 반면 부정적인 면도 있다. 그 구체적인 어려움을 살펴보면(이소희 외, 2005), 첫째, 청소년이라는 발달단계가 자신을 가족 내에서 분화시켜 나가는 것에 집중해 나가는 시기인데, 재혼가족은 가족 내 결속력을 요구한다. 따라서 재혼가정 청소년 자녀들은 두 가구로부터 자신을 분화시켜 나가는 것이 일반가정의 청소년 자녀들보다 더 어려울 수 있다. 둘째, 새로운 역할에 대한 혼란은 청소년에게 긴장과 스트레스를 더 가중시킨다. 셋째, 청소년은 한쪽 부모의 편을 들어 분열된 충성심을 해결하려는 경향을 가지게 된다. 넷째, 성적인 부분에 대한 스트레스로 계부모나 의붓형제에 대해 성적인 매력을 느끼는 경우이다. 다섯째, 청소년 자녀의 훈육과 수용에 대한 양육태도의 불일치로 가족 내 갈등과 불만이 높아지는 경향을 보인다.

3) 계부모가정 청소년의 현황

혼인 유형 중 재혼이 차지하는 비율이 계속 증가하는 추세이다. 특히 초혼인 남자와 재혼인 여자의 재혼 유형이 증가함으로써 남성 위주로 이루어지던 재혼이 여성에게도 확대되는 경향을 보이고 있다. 또한 이혼율의 증가에도 불구하고 유배우자율에는 별다른 변화가 없다는 것도 재혼이 증가하고 있음을 간접적으로 알려주는 현상이라고 하겠다. 이렇듯 재혼가정이 증가함에 따라 계부모가정의 청소년의 숫자 또한 증가했으리라 추정할 수 있다.

4) 계부모가정 청소년을 위한 서비스

(1) 법적 측면

대부분의 재혼가족은 계부모가족이며, 전체 재혼 중 두 부부가 다 재혼인 경우가 대부분을 차지하고 있다. 또한 여성들이 양육권을 갖는 비율이 증가함에 따라 재혼가족에서 자녀들의 지위는 중요한 문제가 되고 있다. 이혼 자녀의 양육에 관한 세계의 법은 자녀의 복지를 강조하는 방향으로 발전하고 있음에도 불구하고 우리나라는 사회적 제도와 관습 때문에 자녀를 이중 고통에 빠뜨리고 있는 실정이다.

법적인 혼인신고를 하고 재혼생활을 하는 경우 재혼가족 내 미성년 계자녀에 대한 계부모의 경제적 부양의무를 법적으로 명시해 주며, 일정 기간 계자녀와 긴밀한 접촉과 관계를 유지하고 경제적 부양에 기여함으로써 신체적인 양육을 해나갔다면 부모로서의 자격과 권리를 행사할 수 있도록 법적인 권한을 부여하는 법적 조치가 필요하다.

(2) 이혼적응교육과 재혼준비교육의 제도화

가족관계에 대한 예방교육을 통해 이혼을 예방하고 올바른 부모역할을 강조하며, 가족에 대한 복지에 국가가 적극적으로 개입하는 등의 제도적 지원이 필요하다. 가족문제는 가족만의 노력으로 해결될 수 없는 측면이 있으나, 사회적 자원과 함께 가족들 스스로의 자발적인 노력도 필요하다. 결혼준비교육, 부부관계교육, 부모준비교육과 같은 가족생활교육이 절실히 필요하다. 동반자적 결혼관을 새롭게 하는 것이 무엇보다 중요하며, 이러한 역할을 가족생활교육 분야가 담당하여야 할 것이다.

이제는 가족생활교육의 대중화를 위해 가족, 사회, 정부가 함께 나서야 한다. 우리나라의 경우 올바른 가족문화 정립을 위한 필요성과 그 내용에 대한 적극적인 홍보를 통해 대중에 다가가려는 노력이 중요하다.

(3) 재혼가족에 대한 새로운 시각의 정착

재혼가족은 가족의 재구성을 통하여 손상된 가족 기능을 회복하고 가족의 건강과 행복을 새롭게 도모하고자 하는 인간의 긍정적인 욕구의 표현이라고 할 수 있다. 그 안에서 가족 성원 중 어느 누구도 집단의 복리라는 미명하에 희생당하지 않아야 하고 개인의 성장과 발달이 억압당하지 않아야 한다. 따라서 이제는 재혼가족에 대한 부정적인 시선을 거두고 그들이 겪을 수 있는 어려움과 그에 대한 대처 등의 준비교육을 통하여 또 하나의 새로운 가족의 시작에 관심을 가져야 한다.

4. 소년소녀가정 및 조손가족의 청소년

1) 소년소녀가정 청소년의 개념

소년소녀가정의 청소년이란 행정 용어의 하나로, 부모가 사망하였거나 생존해 있어도 질병, 심신장애, 가출, 이혼, 재혼 등으로 인하여 부모의 보호 및 부양을 받을 수 없는 만 18세 미만의 아동이 실질적으로 생계를 책임지고 있는 가정의 청소년을 의미한다. 청소년들 자신이 실제적인 가장으로서, 부모 모두 부재로 인해 실질적으로 부모의 역할을 전적으로 대신해야 하는 경우, 반쪽가장으로 부 또는 모의 부재로 한 가정의 부 또는 모 역할만 해야 하는 경우, 만들어진 가장의 형태로 부모 모두 부재이되 경제적인 능력이 없는 직계혈족 내지 방계혈족과 함께 살면서 가장으로 만들어져 버린 경우 등이다. 부모의 이혼이라든가 별거, 가출 등의 사유로 부모가 생존해 있음에도 불구하고 버려지고 방치되거나 또는 학대 등의 사유로 소년소녀가정으로 지정되는 세대가 점차 증가하고 있다. 최근에는 소년소녀가장이라는 표현을 사용하지 않고 있다.

조손가족의 청소년은 만 18세 이하인 손자나 손녀와 65세 이상인 조부모로 구성되어 주거와 생계를 함께 하고 있는 가정의 청소년을 의미한다. 조손가족의 조부모와 청소년들이 겪는 가장 큰 어려움은 경제적 빈곤이다. 그 이유는 가구당 평균소득이 낮아 생계비와 의료비 부담이 크고, 건강 문제로 인해 노년층이 청소년들을 돌보는 데 어려움을 겪고 있기 때문이다.

2) 소년소녀가정 청소년의 특징

소년소녀가정 청소년의 수가 예전에 비해 증가하는 것은 실제 그 수가 늘어가는 경우도 있지만, 청소년 가장에 대한 인식이 높아져 더 면밀하게 조사하여 이들을 발견하기 때문이기도 하다. 상당수의 청소년 가장들이 친척과 함께 살면서 직 · 간접적으로 도움을 받고 있는 것으로 나타나고 있으며 또한 편부모나 조부모와 함께 생활하고 있는 경우에는 이들 부모가 질병이나 장애가 있다. 소년소녀가장 청소년들은 아직 성인의 보살핌을 받아야 하는 미성년자이면서도 한 집안의 가장이라는 역할을 부여받기 때문에 자신의 역할부조화에 따른 심리적 불안감과 부담감을 경험할 수밖에 없다.

또한 가족해체의 경험이라든가 부모나 보호자가 없다는 문제로 인해 열등감을 형성하거나 사회적 편견 및 고립의 문제에 처할 가능성도 높다. 그리고 이에 따라 학교생활이나 친구관계에 있어서 일반아동에 비해 과도한 스트레스와 정신적 부담감을 경험하게 된다.

조손가족은 부모가 없거나 부모의 양육능력이 결여된 경우, 조부모 등 친인척이 자녀를 양육하는 가정을 의미하기 때문에 조손가족의 조부모들은 청소년의 양육에 어려움을 갖고 있다. 특히 조부모 등이 노년기에 접어들었다면 더욱 어려움을 겪을 수 있다.

3) 소년소녀가정 청소년의 현황

소년소녀가장 세대에 관한 연구가 문헌에서 나타난 것은 1985년 이후부터이며, 그 이전에는 편부 · 편모가정과 함께 결손가정의 일부로 연구되어졌다. 소년소녀가정의 청소년 대부분은 아버지의 사망 후 어머니가 생존해 있지만 어머니의 가출, 행방불명, 재혼 등으로 가정을 포기하는 데서 발생하는 것으로 나타났다. 부모의 사망, 질병 등 가족의 결함으로 생활이 어려운 18세 미만의 소년소녀가 가족의 생계를 꾸려가는 세대는 계속 늘어나고 있다. 소년소녀가장가정은 부모가 모두 사망한 경우가 전체의 1/3 정도로 높게 나타났으며, 친척동거가구는 아버지가 사망하고 어머니가 가출하여 가정을 버린 경우가 많았고, 비혈족가구는 부모가 모두 사망하였거나 생존해 있어도 가출한 경우가 많은 것으로 나타나고 있다. 즉 부모의 생사 여부와 동거 여부는 소년소녀가장 가구의 형성에 영향을 주고 있다.

4) 소년소녀가정 청소년을 위한 복지서비스

소년소녀가정 청소년서비스는 가족의 생계와 가족원의 보호를 책임지는 부모 또는 양육자가 없는 경우, 청소년을 아동보호시설에 수용하는 대신 소년소녀가정으로 지정, 정부 차원에서 경제적 보조를 제공하여 원래의 가정에서 그대로 생활하게 하는 동시에, 각종 지원을 통해 청소년의 자립능력을 배양하고 건전한 사회인으로 성장하도록 육성, 도모하는 사업을 말한다.

정부에서는 이들을 국민기초생활보장수급자로 우선 책정하여 생계 · 의료보호 및 교육보호를 실시하도록 함으로써 가정생활을 영위하면서 학업을 계속할 수 있도록 지원하고 있다. 이외에도 피복비, 영양급식비 및 학용품비 · 교통비 등을 추가지원하고 있으며, 지역사회 그룹홈에의 입소를 통해 정서적인 측면에서 생활상의 어려움을 극복하고 자립의욕을 고취할 수 있도록 지원하여 건전한 사회인으로 육성되도록 하고 있다.

조손가족을 위해서는 '한부모가족지원법'을 통해 다양한 지원을 제공하고 있다. 이 법에 따라, 저소득 조손가족은 생활비 지원, 의료비 지원, 휴양 지원, 교육비 지원, 조손가족수당 등 다양한 혜택을 받을 수 있다. 이를 통해 조손가족이 안정된 생활을 하고, 손자녀들이 건강하게 성장할 수 있도록 도움을 주고 있다. 또한 조부모의 건강을 지원하고, 손자녀양육에 대한 부담을 줄여주는 다양한 프로그램을 운영하고 있다.

5. 다문화가정의 청소년

1) 다문화가정의 개념

최근 한국 사회에서 가장 급속하게 증가하여 사회적인 관심이 증폭되고 있는 가족 유형이 다문화가족이다. 아직까지는 다문화가족 청소년의 연령이 낮은 편이나, 향후 몇 년 후에는 본격적인 청소년에 도달하여 학교적응 및 정체성 문제, 낙인감, 사회적 편견 등 다양한 문제에 봉착하게 될 것으로 보인다. 따라서 이러한 예견된 사회문제를 예방할 수 있는 구체적인 전략 마련이 시급한 시점이다.

2) 다문화가정 청소년의 특징

다문화가정의 청소년들이 가정과 사회에서 접하게 되는 갈등구조는 대단히 다양하게 전방위적으로 나타나고 있다. 아직 배타적 인종주의에서 벗어나지 못하고 순수혈통주의를 고수하고 있는 사회의 다수는 이들 다문화가정이라는 사회적 소수이자 경제적 약자의 위치를 점하고 있는 사람들에게, 특히 그 자녀들에게 여전히 냉정한 차별의 시선을 보내고 있는 형편이다.

정상적인 취학과 진학에서 전체 평균에 많이 뒤떨어지는 다문화가정 청소년들은 초등학교부터 시작하여 중 · 고등학교로 올라가면 올라갈수록 진학 탈락률이 더 높아지는 현상을 보여준다. 이른바 왕따의 대상이 된다거나, 언어적인 장벽에 막혀 학습부진에 의한 중도탈락이 높아지고 있다. 중 · 고등학교로 진학한 다문화가정 청소년들의 경우 중도탈락률이 거의 20%대에 달하는 것으로 추정하고 있다.

3) 다문화가정 청소년의 현황

처음 우리나라에 유입되던 외국인들은 대개 합법이건 불법이건 취업 근로자들이 다수를 점하고 있었다. 그러나 앞에서 언급한 대로 점차 국제결혼 이민자들의 수가 증가하면서 다문화가정이라는 새로운 형태의 가족공동체가 등장하게 되고, 그들에게서 출산되는 자녀들의 숫자도 증가되었다.

국제결혼으로 인한 다문화가정의 자녀는 매년 증가하고 있으며, 중 · 고등학교 취학 연령대의 다문화 청소년들도 점차 늘어나고 있다. 점차 증가하는 국제결혼과 자녀출산을 예상해 보면 차후 상당한 숫자의 다문화가정 자녀들이 우리나라의 기존 사회 시스템에 편입될 것임을 알 수 있다.

4) 다문화가정 청소년을 위한 서비스

다문화가족지원법에 의거하여 다문화가족에 대한 사회적 차별 및 편견을 예방하고 사회 구성원이 문화적 다양성을 인정하고 존중할 수 있도록 다문화 이해교육과 홍보 등 필요한 조치를 진행하고 있으며, 결혼이민자 등이 대한민국에서 생활하는데 필요한 기본적 정보를 제공하고, 사회적응교육과 직업교육훈련 및 언어소통능력 향상을 위한 한국어교육 등을 받을 수 있도록 필요한 지원을 하고 있다. 또한 다문화가족 내 가정폭력을 예방하고 가정폭력으로 피해를 입은 결혼이민자 등을 보호 · 지원하고 있다. 다문화가족 구성원인 아동 및 청소년을 차별해서는 안 되며, 결혼이민자 등의 의사소통의 어려움을 해소하고 서비스 접근성을 제고하기 위해 다국어에 의한 서비스를 제공하고 있다. 특히 다문화가족 지원사업을 수행하는 단체나 개인에 대해 필요한 비용의 전부 또는 일부를 보조하거나 그 업무수행에 필요한 행정적 지원을 하고 있다.

(1) 다문화가정의 경제적, 사회적 안정을 위한 제도적 장치 완비

여러 통계에서 공통적으로 나타나고 있는 다문화가정의 경제적 빈곤은 그들의 다수가 농촌에 거주한다는 사실 외에도 국내의 배우자 외에는 경제적 능력이 전무하다시피 하여 빈곤의 악순환이 계속된다는 것이다. 물론 기초생활보장 등의 기본적 사회복지가 기능하고 있기는 하지만, 말 그대로 기초생활보장에 그치고 있으므로 이주여성이나 이주노동자들의 경제력을 근본적으로 향상시킬 수 있는 다양한 프로그램의 개발이 필요하다.

(2) 다문화가정의 문화적 장벽 극복을 위한 사회 전반의 의식 개선 및 교육

우리나라는 여전히 서양의 백인과 기타 선진국 사람들에게 인종선호도가 높다. 상대적으로 가난한 아시아권이나 아프리카 등의 지역에서 온 사람들에게는 차별적인 의식구조를 기본적으로 갖고 있기 때문에 다문화가정의 대부분은 사회적 편견과 무시를 받고 있다고 볼 수 있다.

이런 관점에서 보면 다문화가정 청소년들이 학교와 사회에서 받게 되는 싸늘한 시선들은 우리 사회 전체가 책임을 느끼고 해결해야 하는 과제일 것이다. 이를 해결하기 위해서는 일반 국민을 향한 의식개선 프로그램도 필요할 뿐만 아니라, 특히 청소년들이 직접적으로 마주치게 되는 학교 내의 교사와 일반 학생들에게도 다문화 수용성을 향상시킬 수 있는 심도 있는 다문화교육이 필요하다.

(3) 다문화가정 청소년들을 위한 전문교육 프로그램 개발 및 능력개발훈련

다문화가정의 청소년들에게는 그들이 안고 있는 언어적, 문화적 차이에 의한 약점을 보완할 수 있게 하는 전문교육이 필요하다. 일부 탈북자가정 청소년들에게는 별도의 교육시스템이 가동되고 있으나, 다문화가정 청소년들을 위한 전반적인 시스템은 아직 제대로 시행되지 못하고 있다.

다문화가정의 청소년들은 예민한 청소년기를 거치면서 각종 문제들이 더욱 증폭되어 나타날 수 있기 때문에 다문화가정의 다른 가족 구성원들보다 상대적으로 치밀하고 시급한 프로그램의 시행이 요구된다. 따라서 문화적, 정서적, 교육적 문제들의 해결을 위한 노력과 병행해서 그들 스스로가 경제적 능력을 배양한 상태에서 사회로 진출할 수 있도록 제도적 지원을 하는 것이야말로 다문화가정이 처한 빈곤의 악순환이라는 고리를 끊을 수 있는 보다 근본적인 해결책이라고 할 수 있을 것이다.

이중언어학교 등의 확대를 통해 다문화가족 청소년들이 글로벌인재로 성장할 수 있도록 돕고, 국내 청소년들이 다문화가족의 모국에 대한 문화인식과 언어학습 등으로 사회통합의 기틀을 마련해야 한다.

6. 장애청소년 가정

1) 장애청소년의 개념

청소년기본법과 장애인복지법의 규정을 바탕으로 장애청소년을 정의하면, 장애청소년은 장기간에 걸쳐 일상생활 또는 사회생활에 상당한 제약을 받는 9세 이상 24세 이하의 자를 말한다.

2) 장애청소년의 특성

장애청소년의 특성은 장애의 원인과 장애의 조별 및 정도에 따라 차이가 있기 때문에 어떠한 장애를 지닌 청소년으로 표기되는 것이 적절하다.

(1) 지체장애청소년의 발달특성

언어발달이나 인지발달은 비장애청소년과 거의 차이가 없으나 행동반경의 제한으로 사회성 발달이 지체된다. 다만 뇌성마비인 경우는 전 발달영역에서 지체를 보이는데, 영속적인 운동기능의 장애, 근육의 약화 및 무기력, 무의식적 동작, 경련, 자세의 불균형 등을 보인다.

(2) 시각장애청소년의 발달특성

시각장애청소년은 보행에 제한을 받아 운동기능이 뒤떨어지고, 사회성 발달이 느리다. 그리고 정보습득에 제한을 받아 개념 발달이 지체되는 대신 손가락의 촉각을 사용하여 사물과 사상을 인지하므로 이 부분은 매우 발달되어 있다. 중복장애가 있는 경우가 아니면 비장애청소년과 큰 차이가 없다.

(3) 청각장애청소년의 발달특성

언어발달의 지체, 특히 듣기와 말하기에 장애를 가진 청소년이다. 의사소통의 결여로 대인관계를 원활히 맺을 수 없으며, 동시에 사회성 발달도 늦다. 한편 신체 및 운동발달에서는 비장애청소년과 비슷한 발달을 보인다.

(4) 언어장애청소년의 발달특성

대인관계를 맺지 못하여 사회성 발달이 늦다. 또한 인지발달과정은 언어에 의해 촉진되는데, 언어장애로 인하여 인지발달 역시 다소 지체를 보인다.

(5) 발달장애청소년의 발달특성

발달장애는 개인차가 심하다. 모든 발달 영역에서 다양한 부차적 장애를 수반하므로 사회적 재활이 쉽지 않다. 장애발생 시기부터 적절한 재활이 이루어져 왔다면 미숙련직에는 종사할 수 있으며, 따라서 사회적 복귀가 용이할 수 있다.

3) 장애청소년 가정을 위한 서비스

(1) 의료비 지원서비스

국민기초생활보장법에 규정된 의료보호는 장애청소년이면 의료보호법에 적용을 받는다.

(2) 시설보호서비스

일반적으로 시설보호는 장애가 중증으로서, 가정 내에서의 생활과 통원에 의한 재활이 매우 어려운 경우에 실시되며, 장애를 지닌 청소년도 동일하게 적용받을 수 있다. 그러나 수용시설 보호는 가정은 물론 사회와 격리된다는 측면에서 사회통합이라는 궁극적 목표와 다소 상치된다.

(3) 재활서비스

장애의 정도가 비교적 경미할 때 적용될 수 있는 장애인복지법에 의한 장애인 이용시설들에서 제공되는 서비스를 의미한다. 구체적으로 장애인 재활시설, 장애인 요양시설, 장애인 유료복지시설, 장애인 이용시설, 장애인 직업재활시설, 점자도서관, 점서 및 녹음서 출판시설 등이 이에 속한다.

(4) 소득지원서비스

장애인을 위한 소득보장이나 경제적인 부담을 경감시켜 주는 시책은 장애인의 장애 정도, 발생 시기, 장애 연령에 따라 달라진다. 장애청소년에게 지원해 줄 수 있는 소득보장은 사회보험과 공적부조에서 혜택을 받을 수 있지만 장애인복지법에 의해서 제공되는 소득지원서비스에는 생계보조수당, 의료비 지원, 보장구의 교부, 교육비 지원, 경제적 부담의 경감 시책 등이 있다.

4) 장애청소년을 위한 대안들

장애인복지는 모든 장애인이 그가 생활하는 사회에서 차별과 편견 없이 평등한 삶을 누릴 수 있도록 하자는 것이다. 이러한 인권적 차원의 의의와 함께 청소년기가 지니는 발달 특성 때문에 장애청소년복지의 의의는 더욱 큰 의미를 가진다고 할 수 있다.

청소년기는 자신이 누구이며, 앞으로 무엇을 해야 할 것인가를 찾아서 확립하는 이른바 자아정체성 확립을 위한 주요한 시기이다. 이때 장애가 있다는 사실은 신체적 자아감에 부정적 영향을 미쳐 전반적인 청소년의 발달을 저해하기 쉽다. 따라서 장애청소년이 그가 지닌 장애를 절감, 제거해 줄 수 있는 제도적 조치 및 각종 재활서비스의 혜택을 받게 함으로써 사회통합을 돕는 것은 장애청소년 자신과 가정, 나아가 사회복지에 이바지하는 것이다.

5) 정책적 접근

장애 및 경계선지능 청소년 대상 지원체계 구축이 시급하게 필요하다. 장애청소년 자녀를 둔 부모 대상 심리상담 등 가족지원을 확대하고, 발달장애청소년 가정 부모상담 서비스를 확대하며, 중증장애아동 돌봄서비스 강화를 통해 양육피로도 해소에 노력을 해야 한다. 발달장애청소년 대상 놀이치료 등 지원이 필요하다. 특히 경계선지능 청소년 조기선별 및 관련 지원방안을 마련하고, 대상별 특성을 고려한 맞춤형 지원을 추진해야 한다.

범부처 차원의 경계선지능(느린학습자)에 대한 생애주기별 다부처융합정책 지원을 위한 정책연구 및 지원방안이 마련되어야 할 것이다. 경계선지능 청소년의 교육 사각지대 완화를 위해 특수교육대상자 지원 유형 및 대상에 느린학습자(경계선지능)를 명시하는 방안이 검토되어야 할 것이다. 쉼터 등 청소년복지시설 이용 청소년을 대상으로 진단 및 사례관리 등 지원이 필요하다.

연구문제

01. 빈곤가정 청소년의 특성과 지원서비스를 설명하고, 사회복지사로서 개입 시 어떠한 부분에 초점을 둘 것인지를 서술하시오.

02. 한부모가정 청소년의 특성과 지원서비스를 설명하고, 사회복지사로서 개입 시 어떠한 부분에 초점을 둘 것인지를 서술하시오.

03. 계부모가정 청소년의 특성과 지원서비스를 설명하고, 사회복지사로서 개입 시 어떠한 부분에 초점을 둘 것인지를 서술하시오.

04. 다문화가정 청소년의 특성과 지원서비스를 설명하고, 사회복지사로서 개입 시 어떠한 부분에 초점을 둘 것인지를 서술하시오.

05. 장애청소년의 특성과 지원서비스를 설명하고, 사회복지사로서 개입 시 어떠한 부분에 초점을 둘 것인지를 서술하시오.

chapter

11

청소년과 비행

contents

학습목표

- 청소년 비행의 개념과 특성에 대해 이해한다.
- 청소년 비행의 유형을 분석한다.
- 청소년 비행의 원인을 고찰한다.
- 가출청소년의 개념과 특성에 대해 이해한다.
- 청소년 비행의 예방대책을 고찰한다.

1. 청소년 비행의 개념과 특성

1) 비행의 개념

비행(delinquent)이라는 말은 라틴어의 '과오를 범하다', '의무를 태만히 하다'라는 뜻에서 유래된 것으로 소위 바람직하지 않은 행위를 비행이라고 부른다. 비행이라는 것은 본래 법률적인 용어로서 일정한 행위규범에 반(反)하는 행위 내지 인격적 태도를 지칭하는 것이다.

비행의 개념에 대하여 영(Young)은 개인적 · 사회적 붕괴의 위험성을 내포하고 있는 행위이며, 글류크(Glueck)는 특정한 시간과 장소에 있어서 법규범 및 법률 관계로부터 벗어나는 소년의 행동이라 하였고, 티판(Tappan)은 장래에 반사회적인 행위를 할 위험표시라고 정의하였다(김준호 외, 2009).

비행의 정의나 한계는 한 사회나 국가의 도덕, 전통, 관습 등에 따라 관점을 달리하며, 한 사회 내의 단체나 개인의 판단기준에 따라서도 견해를 달리하는 경향이 있다. 비행은 범법행위는 아니지만 범죄를 유발할 가능성이 있는 우범행위를 포함하기 때문에 범죄와 동일시하지는 않는다. 즉, 비행은 범위가 넓은 개념이고, 범죄는 법을 어기는 행위로 비행 중 일부에 해당된다고 할 수 있다.

이와 같이 청소년 비행은 실정법 위반뿐 아니라 공공의 사회적 가치를 침범하거나 도덕적으로 바람직하지 못하다고 간주되는 부도덕한 행위까지 포함된다. 따라서 비정상적인 행위로, 기술적으로는 법률에 저촉되지는 않지만 가정의 통제에서 벗어나거나 보호대상이 되고 있는 문제청소년 및 그들의 행동 역시 이 범주에 포함된다고 볼 수 있다.

이러한 비난의 대상이 되는 행위는 사회학적 면에서 사회규범으로부터의 이탈행위, 즉 제도화된 기대를 깨는 행위로 바라볼 수 있으며, 심리학적 면에서는 사회 혹은 소속집단에 대한 부적응 행동으로 정의된다. 또한 법률적으로는 과거의 객관적 행위뿐만 아니라 장래에 죄를 범할 가능성 및 환경의 영향 등까지를 포함한다.

2) 비행 관련 용어들

일정한 행위규범에 반하는 행위 내지 인격적 태도를 지칭하는 의미인 청소년 비행은 소년법에서는 '10세 이상 19세 미만의 소년에 의한 범죄행위, 촉법 행위 및 우범상태'를 명시하고 있으며, '이러한 행위를 하거나 상태에 놓인 소년을 각각 범죄소년, 촉법소년, 우범소년'이라 한다고 명시되어 있다.

- **범죄소년**: 14세 이상 19세 미만인 소년으로서 형벌 법령에 저촉되는 행위를 한 자를 말한다(형사책임을 진다).
- **촉법소년**: 10세 이상 14세 미만의 소년으로 소년법에 저촉되는 행위를 한 자를 말한다(형사책임은 없으나 보호처분의 대상이 된다).
- **협의의 범법소년**: 형사처벌은 물론 보호처분도 할 수 없는 10세 미만의 소년
- **우범소년**: 10세 이상 19세 미만의 소년으로서 보호자의 정당한 감독에 복종치 않는 성벽이 있거나, 정당한 이유 없이 가정에서 이탈하거나, 범죄성이

있는 자 또는 부덕한 자와 교제하는 등의 사유로 장래 형벌 법규에 저촉되는 행위를 할 우려가 있는 자를 말한다.

- **불량행위소년**: 비행소년은 아니나 음주, 흡연, 싸움, 기타 자기 또는 타인의 덕성에 해하는 행위를 하는 19세 미만인 자를 말한다.
- **요보호소년**: 비행소년은 아니나 학대, 혹사, 방임된 소년, 또는 보호자로부터 유기 또는 이탈되었거나 그 보호자가 양육할 수 없는 경우, 기타 경찰관직무집행법 또는 아동복리법에 의하여 보호를 요하는 자(미아, 기아, 가출아 등)을 말한다.

3) 청소년 비행의 특성

청소년 비행은 사회나 문화의 병리적 현상을 반영하는 척도라 할 수 있으므로 비행의 개념이나 발생현상은 각국마다 다소 차이가 있으나 매스컴의 발달에 의하여 변천하는 국제정세나 사회적 변화에 따라 어느 정도 공통점을 발견할 수 있다(한영옥, 2005).

(1) 조폭화 경향

청소년 범죄의 급격한 증가는 세계적 공통현상이며 그 질에 있어서 조직화 또는 악질화되어 가고 있다. 우리나라 청소년 범죄의 경우, 주로 폭행, 상해, 협박, 공갈 등을 행하는 조폭범들이 매년 격증하는 추세를 보이고 있기 때문에 청소년 범죄의 조폭화 경향을 쉽게 발견할 수 있다.

(2) 집단화 경향

청소년 비행 내지 범죄의 집단화 추세는 청소년들이 정신적으로나 신체적으로나 미성숙한 사회적 약자이기 때문에 집단화를 통해 자신들의 능력을 발휘하여 목적을 달성할 수 있다는 인식에서 기인하는 것으로 이해된다. 비행집단의 형성과정은 처음에는 욕구불만 내지 사회에 대한 저항감에서 시작, 이탈감을 느끼다가 비슷한 생각을 갖는 사람들끼리 우연히 만나 대화를 나누게 되면 일정 기간에 걸쳐 공동체적으로 그 문제에 대한 해결방법에 동의하게 된다.

(3) 저연령화 경향

청소년 비행이 증가하면서 그 연령이 점차 낮아지는 Low-teen화 현상을 보이고 있다.

(4) 도시화 경향

범죄가 주로 도시에 집중되는 경향을 보이는데, 이것은 도시에 인구가 집중되어 생긴 필연적인 결과이기도 하지만, 범죄 유혹이 많을 뿐만 아니라 비행의 기회 및 대상이 많고, 은신, 도피, 장물처분이 용이하며, 소년의 비행에 대한 주변의 무관심과 부모의 감독 소홀, 불량청소년과의 교우 용이성 때문으로 볼 수 있다.

(5) 재범 증가 경향

청소년 범죄에서 재범 내지 주범의 발생빈도가 높은 것은 청소년기의 단순심리 내지 판단력 부족, 범죄적 요소 극복의 미숙 등에 연유한다고 볼 수 있다. 즉, 후회 내지 반성의 도덕적인 생활방향을 재설정하기도 전에 재범이나 지속적인 우범의 늪에 빠지게 되는 것이다.

(6) 성범죄의 증가 경향

현대사회의 윤리관 타락과 정조관념의 희박성 그리고 성개방 풍조는 그대로 청소년의 의식에도 영향을 미쳐 성범죄의 증가현상으로 나타나고 있다. 청소년 범죄 중 강간범죄는 계속 증가세를 보이고 있다. 성교육의 부재현상과 유해환경의 범람, 방송매체와 활자매체의 영향, 불건전한 유흥장 등 유해한 사회환경의 영향으로 성범죄가 증가하고 있다.

2. 청소년 비행의 유형

비행을 성인 범죄와 구분하여 범주화하는 데 있어 다양한 기준을 두고 있는데, 청소년들의 비행 행위를 다음과 같이 네 범주로 구분하고 있다.

첫째, 대인 비행으로 패싸움, 흉기 소지, 폭행, 공갈협박, 금품탈취, 강도, 강간 등이 이에 포함된다.

둘째, 대물 비행은 방화, 절도, 공공기물 파괴, 등록금 유용 등이 포함된다.

셋째, 약물 비행은 대마초 흡연, 환각제 또는 본드 사용, 마약 사용 등이 포함된다.

넷째, 지위 비행으로는 무단결석, 가출, 음주, 유흥장 출입, 흡연, 음란물 경험, 성경험 등을 포함하고 있다.

이러한 행위 중에는 단 한 번의 경험으로 법적 제재를 당할 수도 있으며, 특별히 잘못이라고 생각하지 않으면서 쉽게 행하는 행위들도 포함된다. 따라서 비행청소년이란 비행을 한 청소년과 일반청소년들을 구별할 때 적용되는 개념이다.

3. 청소년 비행의 원인

가치구조의 혼란 및 파괴, 인간관계 파괴, 물질만능주의, 사회질서 규범의 파괴 등은 청소년에게 가치관의 갈등과 혼란을 가져왔고, 나아가 인간생활의 기본이라고 할 수 있는 공동체 의식과 정서생활의 불안을 초래하게 되었다. 비행의 배경과 원인은 매우 다양하나 여기에서 가정, 학교, 사회의 요인으로 나누어 볼 수 있다(이성구, 2000).

1) 가정환경

가정은 사람이 출생하면서 최초로 갖는 인간관계이고 가장 기본적인 사회단체로서 범죄 또는 비행의 가장 중요한 환경인자이다. 또 가정은 가족을 구성원으로 애정, 존경과 신뢰를 정신적 요소로 상호 협조하여 살아가는 혈연적 공동단체이다. 더욱이 가정은 청소년의 일상생활과 관심의 본거지이기 때문에 성인보다 훨씬 환경감수성이 예민한 청소년의 인격 형성에 대하여 결정적인 영향력을 가진다.

따라서 어느 시대를 막론하고, 가정은 자녀들의 인격을 구축해 주고, 세상을 살아나가는 지혜를 습득시켜 주는 사회화 기관이며, 좋은 학교이고, 부모는 교사 중의 교사이다. 결국 가정이 그 기능을 상실하면 가정 구성원은 대체적으로 주체의식의 결핍현상을 나타내게 된다. 하지만 가정이 건강할 때는 건전한 주체성이 형성되며 나아가서 건전한 시민정신을 가질 수 있게 된다.

2) 학교환경

학교도 가정 다음으로 소년들의 인격 형성에 영향을 미치는 곳으로 장래의 사회적 · 문화적 활동의 기본적 태도를 습득해 나아가는 수련장이라고 할 수 있다. 그런데 학교가 청소년을 위하여 사회적 · 문화적 활동과 삶에 대한 적응력, 그리고 창조의 능력을 배양시켜 주어야 하지만, 오늘날의 학교교육은 건전한 인격을 길러내지 못하고 단지 상급학교 진학만을 위한 수단이 되므로 그 문제는 심각하다 하겠다.

학교환경에 문제가 있으면 학생의 사회적 태도, 가치관, 노력의지 등의 발달에 지장이 나타나 반항적 또는 도피적 태도, 권위의 경시, 비행집단에의 동일화 등 위험한 상태가 일어난다. 학교에의 적응장애로는 성적불량, 학업태만, 무단결석 등이 있고 이것이 소년범죄 내지 비행의 원인이 된다고 할 수 있다.

3) 사회환경

현대사회가 산업화·공업화로 발전됨에 따라서 경제성장과 함께 도시와 농·어촌의 소득의 격차는 심화되고 있으며, 소비격차 또한 높아짐에 따라 성인들의 부도덕하고 퇴폐적인 행위의 난무는 청소년 비행의 직접적인 요인이 된다. 또한 청소년 탈선의 요인이 TV, 라디오, 신문, 잡지 등의 대중매체라고 볼 수 있다. 청소년들은 쇼와 대중가요, 폭력 및 범죄영화 등에 민감한 반응을 보이며 만화와 잡지 등에서 음란함과 허영심이 싹트게 되는 것이다.

4. 가출청소년

1) 가출청소년의 개념

가출청소년이란 부모나 보호자의 동의 없이 적어도 하루 이상 집을 나간 청소년을 말한다. 과거 청소년가출의 원인을 청소년의 개인적인 면에 초점을 두었다가 최근에는 가정환경이나 모든 환경들을 고려하는 종합적인 개념으로 정의하고 있다.

구체적인 요인을 살펴보면 청소년의 가출은 집 밖으로 내보내는 방출요인(가정이나 학교 요인), 집 밖으로 끌어내는 유인요인(사회환경적 요인), 가출행위를 유발시키는 촉발요인(충동, 친구 요인) 등 복합적이고 역동적인 작용에 기인

한다(한국청소년상담복지개발원, 2012).

2) 가출청소년의 유형[14)]

(1) 가출 동기에 따른 유형

가출 동기에 따라 탈출형(runaway from)인 개인이나 가족문제로부터 도망하는 청소년과 추구형(runaway to)인 모험, 쾌락, 새로운 경험을 찾고자 하는 청소년, 목적추구형(runaway for)인 경제적인 이유로 인하여 가출을 선택한 청소년으로 구분된다.

(2) 가출 기간에 따른 유형

가출 기간에 따라 단순가출인 일시적 가출청소년과 만성가출로 집으로 돌아갈 수 없는 상황에 놓인 청소년으로 나눌 수 있다.

(3) 가출 원인에 따른 분류

시위성 가출은 가족들의 관심 획득을 위한 것으로 온건하고 제한적인 성격을 갖는다. 현실탈피형(도피성) 가출은 긴장유발적인 특성을 가지며, 전면적 · 적극적인 성격을 띤다. 추방형(추출성) 가출은 가정으로부터 버려지거나 쫓겨나는 형식을 말하며, 동정형 가출은 사회로부터 동정과 보호를 받고자 하는 형태를 말한다.

(4) 준비성에 따른 분류

가출을 어떻게 준비했는가에 따라 충동성 가출과 계획적 가출로 구분되는데, 충동성 가출은 계획이나 의사 없이 충동적인 경우, 계획적 가출은 시간적 여유

14) 한국청소년상담복지개발원 (2012).

와 준비기간을 갖는 특징이 있다.

3) 가출 요인

(1) 개인적 요인

발달단계상 욕구 불만족 상태, 생활사건으로 인한 스트레스, 개인의 내적인 문제, 우울적 성향, 병리적 성향, 신경질적 기질 등이 가출에 영향을 준다. 약물 남용, 비행, 부적절한 성적 표현, 공격성, 적절한 통제의 어려움, 피해의식, 자살 시도와 연관되어 있다. 가출을 청소년기에 있어서 극히 정상적인 행동으로 보는 관점, 즉 독립과 자율성 획득을 위한 발달기능의 하나로 보는 경우도 있다. 생활사건 요인, 스트레스를 유발하는 생활사건에 대한 대처능력의 결함이 가출을 유발하기도 한다.

(2) 가정환경 요인

가족의 구조적 해체(방임, 빈곤), 가족기능의 결손, 핵가족화와 여성의 사회참여로 인한 자녀양육의 부재, 이로 인한 가족 내의 교육적 · 심리적 기능의 약화, 가정 안에서 신체적 · 성적 학대가 있는 경우, 빈곤가정, 교육수준이 낮을 경우, 부모의 수입이 낮은 경우 등이 가출할 확률을 높인다.

(3) 학교환경 및 또래집단 요인

입시 스트레스, 학교폭력, 친구요인 등이 있는데, 가족 내의 구조적 · 기능적 결함 혹은 부가된 사회 표준에 대한 반발이 가출에 대한 방출 요인인 반면 또래집단은 가출을 수용하는 성격의 요인이다. 예를 들면, 줄줄이가출, 집단가출 등이 이에 속한다. 또한 입시 위주의 교육으로 인한 압박감과 열등의식 조장 역시 가출의 한 요인이 된다.

(4) 지역사회환경 요인

청소년에 유해한 지역사회환경, 사이버공간이 가출을 조장한다. 또한 도시화와 산업화로 인한 사회 구성원의 결속력 파괴와 도덕심 약화 또한 가출의 중요한 요인이 된다.

4) 가출청소년 현황

경찰청에 신고된 가출청소년 가운데 9~13세가 차지하는 비중이 꾸준히 늘고 있는 추세이다. 가출 이유 1순위는 가족적 요인이고 그 다음은 심리적 요인, 학교적 요인, 친구 및 이성친구 요인의 순이다. 남자의 경우 학교적 요인, 비행 요인이 상대적으로 높은데 비해, 여자의 경우 심리적 요인, 친구 및 이성친구 요인이 가출의 주요 요인이다.

5) 가출청소년이 경험하는 사회문제

(1) 심리 · 정서적 문제

가출 이후 청소년은 우울, 불안, 두려움, 분노 등 심리적 문제들에 당면하게 된다. 불안정한 정서는 외부환경에 대하여 공격적이거나 충동적으로 대처하는 경향으로 나타난다.

(2) 건강 및 성문제

의식주의 보장 없이 불규칙한 생활로 영양결핍 상태가 많으며, 음주, 흡연, 약물남용 등 신체적 · 정신적 손상에 노출되어 있다. 자발적이든 비자발적이든 성문제에 노출되는 경우가 많다.

(3) 비행문제

가출과 비행의 상관관계가 매우 높은 것은 많은 연구에서 나타나고 있다. 가출 자체의 행위가 비행의 한 부분일 수 있으며, 나아가 가출의 행위가 비행을 촉진할 수도 있기 때문이다. 가출한 남자청소년은 절도, 강도, 약물판매 등, 여자청소년은 성매매 행위로 연결될 가능성이 높다.

(4) 경제 및 주거문제

가출 후 가장 큰 어려움은 의식주와 관련이 있는데, 남자청소년이 더욱 주거문제에 어려움이 있는 것으로 나타나고 있다. 주거문제는 청소년 노숙으로 이어지고, 뿐만 아니라 이들이 비행문제나 유해한 환경에 쉽게 노출될 위험성을 높이는 주된 원인이 되고 있다.

6) 가출청소년을 위한 복지서비스

(1) 가출청소년을 위한 법적 지원체계 마련

최근 가출청소년은 '단순히 집을 나간 청소년'보다는 '돌아갈 집이 사실상 없는 청소년'과 '성문제에 노출된 청소년'으로 구분해서 볼 수 있다. 또한 가출청소년을 문제아 개념으로 접근해 '선도의 대상'으로만 보기보다는 '보호'(care)와 '서비스'(service)의 대상, 즉 '복지'(welfare)의 대상으로 이들에 대한 시각 자체를 바꾸는 것도 중요하다.

이러한 가출청소년의 보호문제는 귀가조치만으로는 해결할 수 없다. 가출청소년을 제대로 보호하기 위해서는 상담, 일시보호, 중 · 장기보호기관이 적절히 만들어져야 하고, 그 기관 상호 간의 협력체계가 구축되어야 한다(윤철경 외, 2005).

또한 국가와 지방자치단체 서로 간의 책임과 서비스 전달체계를 명시해야 하고, 전문인력이 이 사업을 수행할 수 있도록 하는 예산을 충분히 반영해야 한다. 그리고 현재 청소년보호법, 아동 · 청소년의 성보호에 관한 법률, 아동복지법, 소년법 등에서 거시적인 청소년문제를 다루고 있기는 하지만 특별히 청소년 가출문제에 대한 구체적인 해결장치로는 미흡한 점이 많은 것이 사실이다. 나아가 이들 청소년에 대한 정책의 일관성과 효율성을 확보하기 위해서 관련 부처의 조정과 협의가 필요하다.

(2) 청소년쉼터의 확대설치 및 기능보완

6개월 이상의 장기가출의 경우는 집으로 되돌아가기 어려운 상황이 많기 때문에 가출청소년의 동기나 원인별로 대처방안의 차별화가 요구된다. 그러므로 가출청소년의 상황에 맞는 서비스가 제공되어야 하고, 쉼터운영도 이에 적합하도록 운영되어야 할 것이다.

청소년쉼터의 활성화를 위해서는 우선, 돌아갈 집이 없는 가출청소년을 보호할 중 · 장기시설이 필요하다. 그리고 쉼터의 역할을 정립하고 전국적으로 고루 설치하기 위해서는 법적 뒷받침을 강화해야 한다. 특히 청소년쉼터가 합리적으로 운영되기 위해서 사업에 대한 표준화되고 전문성 있는 운영지침이 필요하다. 또한 쉼터의 조직, 책임자와 실무자의 역할과 자격, 직원의 임금과 근로시간 등이 포함된 근무조건 등이 합리적으로 규정되어야 한다. 뿐만 아니라 청소년쉼터의 운영에 필요한 적정한 인건비, 운영비와 사업비 등을 국가와 지방자치단체가 현실에 맞게 지원해야 한다.

(3) 가출 예방을 위한 교육

가출의 위험성을 알리는 범죄예방교실운영과 같은 예방교육에 중점을 두고 청소년 개개인이 판단력과 책임의식을 갖도록 노력해야 한다. 한편 가출청소년 발견 시에는 신속한 가정 복귀를 최우선으로 하여 가출청소년이 비행문화에 합류되지 않도록 해야 한다.

(4) 아웃리치(outreach)서비스 제공

24시간 상담전화 및 아웃리치서비스를 제공할 필요가 있다. 이것은 현재 청소년이동쉼터(드롭인센터)를 통해 진행되고 있다. 이동기능으로 35인승 버스를 구입하여 9인승으로 개조하고 내부에 의자와 테이블을 재배치하여 상담과 서비스를 할 수 있도록 구성하고 있다. 드롭인센터는 가출에 노출되어 있는 청소년이라면 9~24세까지 남녀 구별 없이 서비스를 제공하고 있다.

아웃리치서비스는 가출청소년들의 조기 발견을 통해 잠재적 위험의 노출로부터 보호하고, 가출청소년들의 쉼터 방문을 유도하여 쉼터 이용을 활성화시킨다. 그리고 지역사회 내 가출청소년에 대한 이해와 지역사회 주민의 참여를 유도하여 자원봉사자의 가출청소년에 대한 이해도를 높이고, 성취감을 획득하게 한다.

5. 청소년 비행의 예방대책

1) 가정의 예방대책

청소년들이 건전하게 성장 · 발전할 수 있게 해주는 가정환경의 가장 중요한 여건은 대화의 분위기를 만드는 것이다. 대화부재는 모든 문제발생의 원인이 되고, 특히 문제 있는 행동이나 비행의 원인이 되고 있다. 부모에게서 받은 스트레스는 부모를 통해서 해소시키는 것이 가장 바람직한 일이며, 이 일은 대화를 통해서만 문제 해결이 가능하다.

그리고 청소년들도 어린아이들처럼 그 부모로부터 자기가 사랑을 받고 있다는 사실을 알고자 하기 때문에 부모들은 자녀들에 대한 지나친 기대나 방임 대신 항상 따뜻한 관심과 배려의 모습으로 애정을 보여야 한다. 부모들이 무심코 내뱉은 말로 심각한 상처를 받고 자살까지 하게 된다는 사실을 기억해야 한다. 부모교육, 지역사회단체를 통한 아버지학교, 어머니학교 등 프로그램 활성화가 요구된다.

또한 이혼이나 편모, 편부, 편부모의 생이별과 고질적인 가정불화로 인한 허술한 가정구성과 가정교육 부족, 유기, 학대 등으로 비행에 접어들지 않도록 사회복지적 대책이 강구되어야 할 것이다. 우리나라에서는 가정폭력범죄의 처벌 등에 관한 특례법, 가정폭력방지 및 피해자 보호 등에 관한 법률 등에 의거하여 청소년들을 보호하고 있다.

2) 학교의 예방대책

비행 예방을 위한 학교교육환경의 여건은 학습지도와 생활지도의 조화와 균형 있는 전인적 교육을 갖는 것이라 할 수 있다. 전인교육은 교화활동과 특별활동, 학습지도와 생활지도가 어느 한쪽으로 치우침이 없는 서로 보완적인 관계를 유지하는 교육이기 때문이다. 그리고 비행의 잠재력이 있는 청소년을 건전한 방향으로 승화시키고 이들의 에너지를 건전하게 분출하게 할 수 있는 방법인 특별활동을 활발히 전개해야 할 것이다. 교사는 문제가 있는 청소년의 입장에서 이해하고, 잘못을 관용으로 받아들이며, 학생과의 대화를 많이 가짐으로써 융통성 있게 학생선도에 임해야 한다.

또한 학교에서는 학생의 개인문제, 가정의 문제, 학생과 교사 사이의 문제 또는 학교와의 문제 등에 개입하여 중재, 조정 또는 치료를 담당하는 학교복지 서비스를 제공해야 한다.

3) 사회의 예방대책

비행청소년을 위한 사회 예방대책으로는 우선 유해환경의 정화이다. 감수성이 예민한 청소년들은 사회환경으로부터 영향을 크게 받는다. 성인들을 위한 각종 유흥업소, 공연장, 관광업 등의 환경은 불건전하고 퇴폐적인 면이 많고 이들이 쉽게 가까이 할 수 있으므로 이들로 하여금 성인 모방심리를 더욱 자극하여, 사치와 유흥 등에 휩싸여 더욱 불량한 또는 범죄행위에 빠지게 만드는 결과를 가져오게 된다. 그러므로 청소년들이 좋은 환경에서 건전하게 자랄 수 있도록 모든 기관과 단체가 긴밀한 협조관계를 맺어 환경 정화에 힘써야 한다.

둘째, 청소년을 위한 건전한 여가문화시설을 마련해야 한다. 우리 사회는 정치 · 경제 · 문화 그 어느 면에서도 일찍 경험하지 못했던 심한 변화를 겪고 있으며 이와 같은 변화 때문에 청소년들은 심한 욕구불만에 빠지고 있다. 이들의 욕구불만과 넘치는 정력을 건전하게 해결할 수 있게 하는 방법은 청소년을 위한 건전한 각종 시설을 마련하는 길이라 생각한다.

셋째, 매스컴은 사회교육적 기능을 제고하고 그 역기능을 최소화해야 한다. 최근 국민생활수준의 급격한 향상과 SNS 사용 청소년들이 급격히 늘어남에 따라 그 내용이 청소년에게 미치는 영향 등이 크게 사회문제가 되고 있다.

문제청소년들은 매스컴에서 흥미 본위의 선정적 콘텐츠에만 민감하다. 뿐만 아니라 오락 및 만화 위주의 콘텐츠 경향으로 모방성, 범죄성, 폭력화, 음란성, 허영심, 유행의 동경 등 문제를 나타내고 있다. 또한 어른 중심으로 만들어진 매스컴의 내용으로 인해 젊은이들로 하여금 현실세계를 피상적으로 보게 할 가능성이 있다. 그러므로 매스컴에서는 청소년을 위해 좋은 콘텐츠를 만들 수 있도록 강력한 자체적 반성이 이루어져야 할 것이다.

넷째, 기성세대의 의식순화가 요구된다. 청소년들의 눈에 비치는 성인사회는 부패와 향락의 과정이 전개되는 곳이고, 기성인들은 부정과 부패를 일삼으며 자기 자녀들에게 듣지도 보지도 말라고 강요하는 강압적인 사람임을 깨달아

가면서, 그들의 마음속에는 기성세대에 대한 불신과 반항의식이 싹트게 된다. 이 사실을 감안할 때, 기성세대에게는 청소년들에게 행동의 모범을 보임과 동시에 청소년들의 비행성 행동을 방관하지 말고 어느 곳에서나 내 자녀와 같이 지도할 수 있는 적극적인 자세가 필요하다.

4) 정책적 접근

비행청소년을 예방하기 위해서는 정책고객인 위기청소년의 요구와 눈높이에 맞는 새로운 서비스를 개발하는 등 청소년 트렌드에 맞춘 복지시스템의 지원이 있어야 하며 이를 통해 이들이 실질적인 서비스의 혜택을 받을 수 있도록 해야 한다. 그리고 쉼터 및 상담센터 등 지역 현장과의 주기적이고 지속적인 의사소통을 통해 다양한 의견과 제안사항 등을 신속히 검토하여 해결방안을 강구함으로써 지역특성과 실정에 맞는 복지시스템을 지원해야 한다. 특히 지역사회 위기청소년복지지원 강화를 위한 지역사회 공공기관과 민간 분야의 활용자원을 적극 발굴, 활용함으로써 부족한 자원의 한계를 극복해야 한다.

이를 위해 첫째, 위기청소년 조기 발굴 및 지원체계를 확충해야 한다. '찾아가는 온라인 상담서비스(사이버아웃리치)' 운영인력 확대와 청소년유해환경감시단 등 활용으로 온 · 오프라인 전반에 걸친 위기청소년 발굴을 강화해야 할 것이다. 그리고 청소년 대상 찾아가는 맞춤형 사례관리 및 위기수준별 상담서비스를 제공하기 위한 청소년 동반자를 확대하고, 청소년 동반자가 장기근속을 통해 전문성을 강화할 수 있도록 급여체계 개선, 활동비 인상 등 처우개선도 추진해야 할 것이다. 또한 상담복지센터 내 의학, 법률 등 전문가로 구성된 '1388청소년지원단'을 구성하고, 위기청소년 지원 역량강화를 위해 청소년상담 관련 교육을 제공할 필요가 있다. Wee클래스, Wee센터, Wee스쿨의 효율적 운영으로 학교부적응, 학업중단위기, 학교폭력 피해 등 위기청소년에 대한 상담을 강화해야 할 것이다.

둘째, 법 위반 유발 청소년에 대한 선도 · 보호를 강화해야 한다. 신분증 위 · 변조 등 사업주의 법 위반을 유발한 청소년 선도 필요 시 경찰 선도제도 연계 등 지원을 추진하고, 법 위반 유발 학생 · 청소년의 재발방지를 위한 회복적 보호조치를 강화해야 할 것이다.

셋째, 소년범죄 관련 정책기반을 강화하고 제도 개선에 노력해야 할 것이다. 체계적인 소년범죄 통계 관리시스템을 구축하여 현재 소년범죄 관련 통계가 경찰, 검찰, 법원 등에서 개별적으로 생산 관리 중이므로, 이를 개별 관리하는 것 외에 종합 공유 시스템으로 운영할 필요가 있다. 또한 소년분류심사원 시설 확충 및 소년원 교육기능을 강화해야 하며, 소년분류심사원 시설 확충을 통해 비행 예방교육 · 분류심사 기능 전문화 및 과밀 수용을 해소해야 한다. 소년원 학교의 교육 기회 보장과 차별 없는 교육서비스 제공을 위해 법무부, 교육부, 여성가족부 간 협업을 확대해야 할 것이다.

넷째, 청소년회복 관련 시설을 확충하고 지원을 강화해야 한다. 재비행 예방 강화를 위해 청소년회복지원시설 확충해야 할 것이다. 보호자의 실질적 보호를 받지 못하는 소년법 1호 처분 청소년을 안전하게 보호하고 상담 · 학업 · 자립할 수 있도록 회복서비스를 지원하고, 메타버스 등 디지털플랫폼(스마트꿈드림센터)을 활용하여 청소년회복지원시설 청소년 대상으로 다양한 서비스를 지원해야 한다. 또한 보호관찰 청소년을 대상으로 상담복지센터, 치료재활센터 연계 등을 통한 상담 지원, 재범 방지 및 사회복귀를 위한 멘토링 지원 등을 추진해야 한다.

연구문제

01. 청소년 비행의 개념을 설명하고, 그 원인을 나열하시오.

02. 청소년 비행의 유형을 나열하고, 본인의 청소년기 경험을 서술하시오.

03. 청소년 비행의 경향성을 설명하고, 그 원인을 설명하시오.

04. 청소년 가출의 특성과 그 원인을 설명하시오.

05. 청소년 비행을 다루는 사회복지사로서 예방대책은 무엇이고, 재범을 막기 위해서 어떤 점에 초점을 두고 개입할 것인지 서술하시오.

chapter

12

청소년과 문화

contents

학습목표

- 청소년문화의 개념에 대해 이해한다.
- 청소년문화의 특성에 대해 고찰한다.
- 청소년과 여가문화에 대해 이해한다.
- 청소년과 음악문화에 대해 이해한다.
- 청소년과 의상문화에 대해 이해한다.
- 청소년과 춤문화에 대해 이해한다.
- 청소년의 인터넷문화(사이버일탈)에 대해 고찰한다.

1. 청소년문화의 개념

문화는 역사적으로 전승되어 사회의 성원이 학습하고 공유하고 있는 것이며, 사회 성원의 행동지침이고, 통합된 체제 또는 형태를 갖고 있어 사회 성원의 경험조직의 표준이라는 특성을 갖고 있다. 청소년문화란 청소년들이 공유하고 있는 청소년세대 특유의 삶의 방식으로서 청소년집단 간에 명시적 · 잠재적인 사회화를 통해 형성되고 전수되는 청소년세대의 행동방식과 정신적 지표를 일컫는데, 젊음을 풍기는 영상, 젊은이다운 행동, 젊은이 나름대로 쓰는 말을 통해 표출되는 총체적인 것을 의미한다.

2. 청소년문화의 특성

청소년기의 개념적 특성 중 청소년문화와 관련하여 반드시 알아야 할 몇 가지 사항들을 정리하면 다음과 같다(김건태, 2012). 첫째, 청소년기와 청소년문화의 출현과 발전은 사회 · 역사적 산물이며, 특히 근대산업사회의 출현 및 변화과정과 밀접히 연관되어 있다는 점이다. 즉, 근대산업사회 출현 이후 과학기술과 문명이 발달되면서 성인사회로 들어가기 위한 준비기간이 필요하게 되었고, 이와 같은 문화에서는 청소년기가 길어질 수밖에 없다.

둘째, 현대사회에서 청소년기가 점차 확장되고 있다는 점이다. 청소년들 스스로는 성인으로의 진입을 서두르지 않고 있으며, 부모에 대한 의존에서 맛보는 안락함과 학교생활의 멋을 만끽하면서, 청소년기를 좀더 즐기고자 하는 성향이 점차 증대되고 있다. 이와 같이 청소년기의 연장으로 인해 청소년층이 양적으로 확대되면서 청소년들은 사회적 주변인의 위치에서 점차 사회의 중심으로 다가가고 있다. 그들의 새로운 감각과 라이프스타일들은 사회 전체의 문화를 바꿔놓을 만큼 그 위력이 강해지고 있다.

3. 청소년과 여가문화

1) 청소년 여가문화의 개념

여가는 시간으로서의 여가뿐만 아니라 활동으로서의 여가, 목적 그 자체로서의 여가 등을 포함하는 포괄적인 개념이다. 즉, 자유로운 시간에 일상활동으로부터 벗어난 특별한 활동을 통해서 기분전환을 하고 생활에 활력을 찾는 적극적인 의미로 해석할 수 있다. 이처럼 여가란 단순히 남는 시간 혹은 쉬는 시간의 개념이 아니라 교육, 문화, 학습, 자유, 예술 등의 함축적인 의미를 지니고 있는 매우 폭 넓은 의미의 용어라고 할 수 있다.

청소년의 여가문화는 청소년의 자연적 · 생리적 욕구의 충족을 위해 필요한 시간 및 노동이나 의무로부터 벗어난 자유시간에, 자발적인 의사에 의하여 자기계발 및 자아실현, 자기발전을 위해 투여하는 시간과 활동의 총합체로 정의할 수 있다.

2) 청소년 여가문화의 현황

우리가 청소년의 다양한 문화 중 여가문화에 관심을 갖는 이유는, 놀이란 특히 발달시기에 있는 청소년기에 단순히 공부와 분리된 개념으로서가 아니라 학업을 더욱 증진시키고, 성장기의 다양한 신체적 · 정신적 · 사회적 발달을 촉진시키는 중요한 역할을 수행하기 때문이다.

하지만 우리나라 청소년들은 가정과 학교에서 공부하는 것 이외에는 특별한 여가활동을 거의 하지 못하는 것이 현실이다. 입시 지향적 교육에 얽매여서 방과후에는 대학입시 위주의 교육을 위해 학원이나 독서실 등에서 공부를 하고 있다. 이러한 생활 속에서 심리적 · 육체적으로 여가를 즐길 만한 여유를 가지기는 당연히 힘들다.

3) 청소년 여가문화 활성화 방안

청소년의 여가문화를 건전하고, 청소년의 정서함양에 도움이 되도록 하려면 진정한 의미의 문화지향적 전환(cultural turn)이 필요하다. 이를 위해서는 청소년에 대한 인식 전환과 청소년을 둘러싼 환경변화에 대한 인식 전환을 출발점으로 삼아야 한다. 청소년을 창의적인 문화실천 주체이자 변화 추진자로 인식하고, 사회구조와 문화환경의 변화에 따른 청소년 라이프스타일의 다양화와 청소년집단의 이질화에 주목하면서, 청소년문화정책의 패러다임을 전환시켜야 한다(한국청소년문화학회, 2003).

청소년 여가문화는 문화의 공공성과 청소년의 자율성이라는 두 가지 원칙을 양립 가능하도록 해야 한다. 이를 위해서는 청소년문화를 현재 청소년이 좋아하고 즐기는 문화에 국한시키지 않고, 청소년이 문화적 주체로서 자신을 표현할 수 있는 여러 가지 수단을 체득하도록 도와주는 것, 자신과 다른 문화적 취향과 문화적 정체성에 대해 이해하고 비판할 수 있도록 해주는 것, 문화적 다양성을 존중하면서도 자신의 문화에 대한 자긍심을 잃지 않도록 해주는 것 등이 필요하다.

4. 청소년과 음악문화

청소년들이 음악을 듣는 것은 여가를 즐기는 하나의 방법이다. 그들이 음악을 듣는다는 것은 혼자만의 괴로움과 외로움으로부터 탈피하여 음악과 대화하려고 한다는 의미와 밀접한 관계가 있다. 따라서 청소년들에게 있어서 음악은 대화를 보조해 주는 역할을 하며, 결국 청소년들은 음악을 듣는 것을 통해 그들 상호 간의 신뢰성 및 공감대와 공동체 의식을 형성하게 된다. 그렇기 때문에 청소년들의 음악은 성인 세계의 음악과는 다소 이질적일 수밖에 없는 것이다(한국청소년문화학회, 2006).

청소년이나 성인이나 음악을 듣고 즐기는 데 있어서는 크게 다를 바가 없지만, 다만 연령에 따라 음악을 다르게 받아들이고 그들만의 활발한 하위문화를 정립시켜 나가고 있기 때문에 청소년의 음악문화는 성인들의 그것과는 다른 독특성을 갖는다고 볼 수 있다.

한편 노래는 남녀노소를 불문하고 가장 짧은 시간에 쉽게 그들의 감정을 표출하고 능동적으로 참여하도록 하여 상호공감대를 형성하게 하는 힘을 갖고 있다. 그러므로 청소년들이 노래를 부르고, 새로운 노래 문화를 형성하는 것은 그 자체로서 창조성과 예술성을 가지고 있는 것이므로 그들만의 노래문화를 위한 독자적인 공간이 마련되어야 한다.

5. 청소년과 의상문화

청소년들은 현대사회 실정에 맞으며, 유행하고 있는 형태의 옷을 입으려 하며, 성인들과는 다른 독자적인 고유한 의상을 입고 싶어 하는 욕구가 강하다. 그렇기 때문에 획일적이고 개성이 없는 의상, 즉 교복에 대해 거부감을 나타내어 성인들과 많은 갈등현상을 빚는다.

청소년의 의상문화는 청소년의 내면적인 의식 · 도덕 · 가치관의 형성이나 일탈행위, 사치 및 소비성향 등 일시적인 자극과 충동에 의해 영향을 받기도 하기 때문에 교육과 통제가 필요한 영역이다. 하지만 성인의 의상세계가 있는 것처럼 청소년들도 그들만의 의상문화가 있음을 인정하고 이해하려는 방향에서 청소년 의상문화를 보는 것도 커다란 의의가 있을 것이다.

6. 청소년과 춤문화

기존에 불건전한 것으로 인식되어 오던 춤문화에 대한 사람들의 인식이 많이 바뀌어 외국의 경우처럼 청소년들이 받는 스트레스를 해결해 주는 하나의 수단으로 춤문화의 장을 마련해 주는 노력이 이루어지고 있다. 예를 들면, 각 지방자치단체마다 비보이 등 청소년들의 댄스경연대회를 개최하고 있으며, 각 청소년단체에서도 청소년댄스페스티벌이나 유스데크 등을 통해 청소년들의 끼를 발산하는 공간을 마련해 주고 있다.

단순히 연예인들의 춤을 따라하는 수준을 넘어 창작활동으로의 영역으로 춤이 옮겨가고 있으며, 탈선의 공간에서 주로 이루어지던 청소년 춤문화가 건전한 지역사회의 영역으로 확대되고 있다.

7. 청소년의 인터넷문화(사이버일탈)

1) 사이버일탈의 개념

(1) 일탈의 개념

공동체나 사회에서 많은 사람들에 의하여 받아들여지는 규범에 순응하지 않는 행위(Giddens, 1993)를 일탈이라고 한다.

(2) 일탈의 유형

- **합의범죄**: 사회 구성원들은 그 행위가 범죄를 구성한다는 것에 대해 특별히 이의를 제기하지 않음(살인, 강도, 유괴, 절도 등 전통적인 폭력범죄 등)
- **갈등범죄**: 형법에 의해 범죄로 규정되나 범죄 여부에 대해 논쟁적인 여론이 존재(안락사, 인공유산 등)
- **사회적 일탈**: 사회적 관습이나 전통, 조직의 규율 등을 위반하는 행위(청소년들의 음주나 흡연, 학칙 위반, 패싸움, 폭주족 등)
- **사회적 다양성**: 일반적이고 평범한 행동에서 다소 벗어나는 행위이나 사회적 처벌은 없는 경우(머리염색, 개성에 대한 지나친 표현 등)

즉, 네티즌들이 현실세계의 사회공동체적 규범을 가상공간에 적용하여 만든 가상공동체 구성원들의 규범을 위반한 모든 행위를 지칭한다.

2) 사이버일탈의 특징

사이버일탈의 특징은 다음과 같다. 첫째, 익명성과 비대면성으로 자신의 신분을 노출시키지 않은 채 활동한다는 것이다. 둘째, 리셋 신드롬과 공동체 유대가 결여되어 있어 언제든지 관계의 고리를 임의로 끊어버릴 수 있다. 셋째, 시간과 공간을 초월하는 특성을 갖고 있다. 즉, 물리적 장소의 구속성에서 벗어나 탈공간성과 비동시성의 특징을 갖는다. 넷째, 빠른 전파성의 특징을 갖는데, 정보의 공유를 특징으로 하는 컴퓨터 네트워크를 매개로 다른 대중매체와는 달리 급속한 정보전달력을 갖는다.

3) 사이버일탈과 청소년문제

(1) 사이버상 청소년 성매매범죄

인터넷에서 성매매를 알선하는 사이트를 개설하거나 혹은 개인 간에 성매매 의사를 담은 메시지를 띄워 성매매를 가능하게 하는 모든 행위를 말한다. 사이버 성매매 피해자가 청소년들에게까지 확대되고 있다.

(2) 사이버범죄

사이버범죄의 가장 대표적인 유형은 인터넷 사기, 컴퓨터 해킹, 컴퓨터 바이러스 유포, 불법사이트 운영, 불법복제판매, 아이디 도용, 인터넷도박 등이다. 사이버일탈에 참여하는 청소년은 10대가 14% 정도이며, 20대가 35%를 차지하는 등 연령이 점점 낮아지는 경향을 보인다.

(3) 문제행동으로서의 부적절한 행위

유언비어와 타인 비방, 비속어와 언어폭력, 욕설 등 무례하거나 적대적인 언어의 사용, 인신공격 및 인격모독적인 발언 등이 이에 속한다.

(4) 다양한 사회적 격차 및 불평등 심화

기본적으로 정보기기 구입비, 정보이용료, 정보활용 지식을 얻기 위한 비용 등 금전적 혹은 비금전적 비용을 지불하게 된다. 정보사회의 각종 편익은 경제적으로나 시간적으로 여유가 보다 많은 중상류계층 혹은 엘리트계급에서 가장 먼저 차지하게 된다. 저소득층이나 농 · 어민층, 주부 및 노인계층은 상대적으로 정보화로부터 소외되는 현상이 일어난다.

(5) 불건전한 유튜브 제작 및 SNS 전파

사회적으로 통용되기에 부절적한 혹은 가짜정보들이 담긴 유튜브 콘텐츠를 제작하여 배포하거나 SNS를 통해 전파함으로써 사회적 문제로 대두되고 있다.

4) 사이버일탈에 대한 사회적 대안[15)]

(1) 자율규제

컴퓨터 사용자를 위한 윤리강령(code of practice)이 필요하고, 가상공간에서 타인들에게 해가 되는 행위를 삼가야 한다. 가치관이 확립되지 못한 청소년들은 윤리강령이나 윤리실천강령을 지키기보다는 거부하고자 하는 심리가 내재해 있기 때문에 청소년들의 올바른 인터넷 사용을 위해서는 부모의 행동요령이 필요하다. 인터넷 사용시간을 강압적으로 통제하기보다는 자녀와 협의한다. 부모도 컴퓨터에 대해 알고 인터넷을 활용할 수 있도록 한다. 컴퓨터는 가족이

15) 송명준 외 (2006).

공유하는 장소에 둔다. 학습을 돕는 긍정적인 인터넷 사용을 격려한다. 자녀가 여가시간에 인터넷 사용 이외의 다른 취미활동을 할 수 있도록 유도한다. 자녀의 평소 생각이나 고민에 대해 관심을 보여준다.

(2) 미디어 교육

1970년대 미국에서 텔레비전의 사회적 영향력, 특히 청소년들에게 미치는 악영향이 커다란 사회적 이슈로 등장하였을 때부터 대두되기 시작한 교육이다. 현재, 정보사회의 발전과 인터넷의 사회저변 확대로 인터넷의 역기능이 심화되고 있다. 미디어 교육은 정보사회에서 가장 기본이 되는 가치관을 주입시키는 교육이라고 할 수 있다. 미디어 교육을 받은 인터넷 이용자는 스스로 정보화의 역기능과 순기능을 판단하여, 그 피해를 최소화하도록 노력해야 한다.

(3) 법 · 제도

가상공간에서 새롭게 등장하는 일탈행위들에 적절히 대처하기 위하여 새로운 정보통신 관련법들을 제정해야 한다. 국제적인 사이버 테러나 아동 포르노그래피의 제작 · 유포 행위에 대한 국제 사법기관들 간의 공조체제가 형성되어야 한다.

그러나 인터넷서비스 제공자에게 엄격한 책임을 추궁하는 등의 사전검열을 강화하게 되면, 결국 정보제공자나 표현행위자에 대한 위축효과를 유발하게 된다는 부작용이 발생할 수도 있다.

(4) 기술

해킹을 방지하기 위한 방화벽(firewall) 기술이나 미성년자들이 부적절한 정보에 접근하는 것을 차단시켜 줄 수 있는 인터넷 내용 선별 소프트웨어 또는 성인인식 기술 등이 필요하다.

5) 정책적 접근

사이버일탈 청소년을 예방하기 위해서는 첫째, 디지털을 매개로 한 유해요소에 효과적으로 대응할 수 있는 방안을 마련하는 것이 시급하다. 디지털을 통해 청소년이 직면하는 유해상황을 모니터링하고 디지털매체 환경에서 발생할 수 있는 유해상황 대응 및 선제적 보호 강화를 위한 디지털미디어 기업, 디지털미디어 이용자, 청소년 및 보호자 등의 각 이용대상별 가이드라인 마련이 중요하다. 둘째, 디지털 유해상황 차단 및 보호를 위한 기능을 확대해야 한다. 디지털 매체로 전달, 확산되는 유해정보 및 콘텐츠 차단을 위한 제도를 정비하고, 디지털 매개 유해행위 등 발생 시 신속하게 지원할 수 있는 체계를 구축해야 한다. 디지털 플랫폼(인터넷개인방송, SNS, 커뮤니티, 검색포털 등)의 청소년 보호조치 이행점검 및 청소년 보호협력 강화, 자율캠페인 전개 등이 필요하다.

셋째, 청소년의 미디어 과의존 예방 및 치유 지원을 강화해야 한다. 인터넷 · 모바일폰 과의존 조기발굴 등 예방을 강화하고, 인터넷 · 모바일폰 이용습관 진단조사를 내실화해야 한다. 진단 · 발굴-치유지원-사후관리로 이어지는 통합지원 강화를 위해 지역사회 내 관련 치유기관 간 협력을 강화할 필요가 있다. 넷째, 건전한 디지털 미디어 문화를 조성해야 한다. 청소년 및 부모 등 대상 디지털 · 미디어 교육제도 기반을 확충하고, 학교, 가정, 지역 연계를 통해 청소년, 보호자 · 양육자 특성 맞춤형 교육 콘텐츠 개발 · 보급, 체험형 교육프로그램 등을 운영해야 한다. 교육과정 · 교과목 내 모바일폰 과의존 예방교육 편성 · 운영으로 학교 안 디지털 · 미디어 관련 기초교육을 제공해야 할 것이다. '아름다운 인터넷 세상' 주간캠페인이나 '스마트 쉼 문화운동' 등 올바른 인터넷 이용문화 확산 캠페인을 전개할 필요가 있다.

다섯째, 청소년 개인정보보호 실태파악 및 지원에 노력해야 할 것이다. 개인정보 관련 청소년 권리에 대한 교육을 강화하고, 디지털 서비스 이용 시 개인정보 수집 · 활용, 개인정보 자기결정권 등 관련 인식을 제고해야 한다. 개인정보침해신고센터 내 아동 · 청소년용 신고 페이지 추가 등으로 청소년의 개인정보 침해신고를 지원하며, 부모 · 양육자 대상으로 청소년의 디지털 매체환경 및 개인정보의 활용에 대한 이해를 돕는 교육프로그램을 개발해 제공해야 할 것이다.

연구문제

01. 청소년문화의 특성을 설명하고, 본인이 생각하는 청소년문화와 현재 우리나라의 청소년문화와의 차이점을 서술하시오.

02. 현재 우리나라 청소년 여가문화의 특성을 설명하고, 그 문제점과 이유를 설명하시오.

03. 현재 청소년의 음악, 춤, 의상문화에 대해 과거 본인의 청소년기와 비교하여 설명하시오.

04. 청소년의 사이버일탈 문화의 유형을 나열하고, 그 특성을 설명하시오.

05. 사이버일탈 문화를 방지하기 위한 사회적 대처방안에 대해 서술하고, 본인이 가장 효과적이라고 생각하는 좋은 방안을 설명해 보시오.

chapter

13 청소년복지의 과제와 전망

contents

학습목표

- 청소년복지정책의 과제를 분석한다.
- 우리나라 청소년복지의 전망에 대해 이해한다.
- 청소년복지의 발전방향을 제시한다.
- 청소년복지 세부 추진방안을 분석한다.
- 청소년정책기본계획에 대해 이해한다.

1. 청소년복지의 과제

우리나라에서는 지속적으로 청소년복지에 대해 관심을 기울여 왔지만 여전히 많은 청소년문제들이 존재하고 있다. 따라서 본 장에서는 이러한 문제의식을 바탕으로 우리나라 청소년복지의 한계점 및 문제점에 대해서 총체적 · 다각적으로 분석하고자 한다.

1) 행정의 전달체계의 문제

청소년정책을 담당하는 행정조직체계가 다양해짐에 따라 협력성 · 일관성 · 통합성이 취약하여 처리에 있어서 비능률성 · 혼란성을 초래할 수 있다. 특히 지방자치행정조직은 중앙행정조직의 다양한 요구에만 부응하는 수동적인 상태로 전락할 수 있다.

청소년정책을 중앙행정조직이나 지방자치 행정조직이 직접 수행하기도 하지만, 중앙행정조직이 지방자치 행정조직을 혹은 중앙행정조직과 지방자치 행정조직이 민간단체를 지원하여 수행하기도 하는데, 이 경우 청소년행정과 정책이 매우 자의적으로 이루어질 수 있다.

2) 전문성 결여 및 전문인력의 부족

청소년행정과 정책은 비정형적이고 높은 전문성이 요구되는데, 관련 기관의 난립은 그에 대한 고유성이나 전문성을 확보하지 못하고 국가의 정책방향에 따라 구색을 맞추는 부수행정업무 영역으로 전락할 수 있다. 이와 더불어 청소년 비행 예방과 선도를 위한 전문인력의 부족과 비전문성이 또 다른 문제점이 되고 있다.

또한 장시간 근무 등 열악한 작업환경과 다중적인 역할 수행 등 과중한 업무로 인하여 실무자들의 지속적인 자기계발의 기회가 제한되어 있고, 이러한 열악한 근로환경은 실무자의 소진과 잦은 이직을 초래하여 안정적인 서비스 제공을 어렵게 만드는 요인으로 작용하고 있다.

매년 가출청소년, 약물 오 · 남용 청소년, 폭력피해 청소년들의 수는 지속적으로 증가하고 있지만 현재 이들의 발달특성과 욕구를 반영한 체계적인 보호서비스는 매우 미흡하다. 이것은 실무자로서의 가치관과 실무자의 청소년 관련 업무에 대한 사전지식이나 준비가 부족하고, 또한 실무자들의 지속적이고 전문적인 업무활동을 위한 슈퍼비전이나 교육 훈련 등의 관리체계가 마련되어 있지 않음에서 기인한다(임령택, 2007).

3) 재정의 부족

청소년정책의 예산이 각 중앙행정조직에 분산되어 있어 그 실체를 정확히 파악하기가 힘들고, 예산편성의 기복이 매우 심하며, 정책적인 우선순위도 아니어서 행정조직에서 청소년정책에 관한 재정 확보 문제에 대하여 적극적으로 대처하지 않을 수 있다. 즉, 현행 청소년복지서비스의 가장 두드러지는 문제점은 예산이 부족하다는 것이다. 수급자에게 다양하고 질 높은 서비스를 제공하기 위해서는 충분한 재정이 확보되어야 한다. 하지만 대부분의 청소년 관련 기관들은 재정적인 어려움을 겪고 있다.

아직도 정부나 지방단체의 지원 등이 미흡하고 기업과 일반 사회기관의 협찬 또한 매우 어려운 실정이다. 국가가 보조하는 몇몇 단체를 제외하고는 모든 기관들이 예산을 자체 충당하거나 프로젝트사업에 의존하고 있는 형편이어서 프로그램의 연구 · 개발을 위한 예산배정은 엄두도 못 내는 실정이다(이경상 외, 2011).

4) 청소년복지시설의 접근성 결여

청소년복지 전달체계는 서비스가 생산되어 수혜자에게 제공되는 과정이기 때문에 수혜대상자들의 접근이 용이해야 하며, 각 전달체계들 간에 유기적인 연계성과 적절한 환류가 필요하다. 하지만 현재 운영되고 있는 우리나라 청소년복지서비스는 연계체계의 미흡으로 접근에 어려움이 있다(임령택, 2007).

5) 공급자 중심의 단편적 서비스

한 개인의 문제나 욕구를 해결하는 과정에서는 각 개인마다 필요한 서비스의 종류와 질이 다양해야 한다. 하지만 우리나라의 청소년복지서비스는 그 수급절차의 복잡성과 간편성을 위해 이러한 원칙을 무시하고 획일적이고 단편적으로 이루어지는 경우가 많다. 그리고 청소년이 지니고 있는 문제의 복합성과 전인적 · 종합적인 서비스를 필요로 하는 서비스 수혜자인 청소년의 입장에서 볼 때 서비스 수급절차가 복잡하고 불편하다. 뿐만 아니라 단편적인 서비스 제공이라는 측면에서도 효율성과 전문성이 결여된 서비스를 제공하게 되어 재정 여건이 미흡한 상황에서 재정 낭비를 더욱 초래하고 있다(임령택, 2007).

6) 청소년복지서비스 관련 기관 간의 정보 부족

클라이언트를 의뢰하거나 또는 서비스를 연결하는 공동사업을 추진하려면 서비스 제공기관과 제공되는 서비스에 대한 정보가 필수적이다. 하지만 현재 청소년복지서비스에 있어서 관련 기관 간의 정보망이 구축되지 못해 정보 연계가 부족한 상태이다.

예를 들면, 청소년 비행을 예방하기 위한 대책은 국가 차원의 정부정책으로 계획되고 집행되거나, 민간 부문에서는 청소년 관련 단체나 기관 그리고 청소년 비행과 관련된 시민단체에서도 수행되고 있고, 청소년의 대부분이 학생이기 때문에 학교 차원에서도 여러 각도의 대책이 강구되고 있다. 하지만 지금까지 이러한 각개 각처의 노력에도 불구하고, 매년 실시되는 청소년 폭력에 관한 실태조사 결과에서 볼 수 있듯이 청소년 비행은 줄어들지 않고, 질적으로도 완화되지 않고 있다.

그 원인은 비행청소년 복지서비스기관 간의 정보 부족과 연계 미흡으로 서비스가 누락되고 중복되어 제공되기 때문이다. 이러한 정보 부족은 기관 간 클라이언트와 프로그램 등의 정보를 공유하지 못하게 하고 있다. 또한 기관 연계 후 청소년 비행에 대한 업무를 처리할 때 상대 기관의 폐쇄적이고 방어적인 부분도 연계를 어렵게 하고 있다(금명자 외, 2005).

7) 사회복지사업과의 낮은 연계

청소년복지사업의 가장 큰 문제점은 사회복지사업과 연계성 없이 이루어진다는 점이다. 청소년기본법은 사회복지사업 수행의 기본이 되는 사회복지사업법과 연계가 없는 상태이다. 때문에 청소년복지의 수행을 위해서 불가피한 사회복지법인의 등록, 사회복지사의 채용, 사회복지시설에 대한 국가의 책임 등이 모두 배제되고 있는 셈이다. 청소년사업의 하나로 청소년복지가 논의되고 있지만, 현재 한국 청소년복지사업은 사회복지사업체계에서 누락되어 있기 때문에 대부분의 청소년복지시설은 법적 · 행정적 지원을 받지 못하고 있다.

8) 청소년 관련 법체계의 문제점

청소년복지서비스의 제공과 실천에서 청소년보호 관련 법체계의 정립은 매우 중요한 요소 중 하나이다. 하지만 우리나라의 청소년보호 관련 법체계는 비체계적이고 획일적인 특징으로 다음과 같은 문제점을 지니고 있다.

첫째, 상위법이나 하위법과 같은 포괄적인 법체계가 없다. 현행 기본법상 최상위정책 기능이 '청소년육성정책'이고, 하위기능에 보호, 복지, 활동 기능이 있는 것으로 되어 있으나 육성정책을 청소년정책의 최상위 기능으로 보기 어렵다. 그리고 각 대상별로 급히 만들어진 법으로 인해 보호대상이 중복되거나 누락되는 문제가 발생하고 있다.

둘째, 청소년 관련 법령의 가짓수는 많으나 청소년복지지원법과 같이 내용이 부실한 경우가 있다. 또한 법령별로 연령 기준이 달라 지방자치단체 등의 법 집행에 혼란을 주고 있고, 청소년보호법은 너무 많은 분야에 대한 규제를 하고 있어 규제력의 한계로 특별법의 성격을 충분히 살리지 못하고 있다(윤철경 외, 2005).

2. 우리나라 청소년복지의 전망

1) 청소년인구의 감소 및 가족구조의 변화

저출산 · 고령화의 영향으로 9세에서 24세 사이의 청소년의 인구가 지속적으로 감소하는 추세를 보이고 있다. 1980년에 청소년인구는 전체 인구의 36.8%이었지만, 1990년에는 31.6%, 1995년에는 28.3%로 감소되었으며, 2005에는 22.6%, 2011년에는 21.6%, 2019년에는 17.3%, 2024년에는 15.3%로 감소하였고(통계청, 2024), 2060년에는 10%로 전망하고 있다.

특히 가족규모가 감소하고 세대구성이 단순화되고 있으며, 여성의 경제활동 참여 및 이혼과 재혼 등으로 가족구조가 다양화되고 있다. 실제로 이혼가구가 증가되고, 조손가정도 증가하고 있다. 이와 더불어 가족이 함께하는 시간 감소 등으로 가정의 자녀양육 및 보호기능이 약화되어 사회적 차원의 청소년들의 복지서비스 제공 및 관심이 크게 요구되고 있다고 볼 수 있다.

2) 청소년의 생활환경의 변화

지나친 학업경쟁으로 청소년은 불균형한 생활패턴을 갖게 되었다. 실제로 한국 청소년의 학습시간은 OECD 가입국 중 최고 수준이며, 여가나 수면시간 부족으로 불균형적인 발달과 행복감이 매우 낮은 수준이다.

청소년의 유해매체는 해마다 증가하고 학교폭력현상도 심화되고 있다. 특히 초 · 중 · 고 청소년 전반에 걸쳐 인터넷과 게임의존 성향이 증가하여 인터넷중독자가 성인의 1.6배에 달하고 있다. 모바일폰의 빠른 확산으로 청소년의 SNS 이용률이 증가하고 이를 통한 친구들과의 관계증진 및 정치와 사회참여가 확대되고 있다.

3) 한국 사회의 사회 · 경제적 환경의 변화

소득양극화로 인한 중산층 감소 및 빈곤가구의 증가가 청소년의 삶의 질에 부정적인 영향을 미치게 되었고, 국제결혼, 외국인노동자, 탈북민 증가 등 다문화가족의 가속화로 다문화가정의 청소년들이 소외됨으로써 취약위기집단화의 가능성이 커지고 있다.

뿐만 아니라 청년노동시장의 위축 및 고용불안전성 증대로 직업을 갖는 연령이 높아지고 경제적 자립시기가 지연되고 있다. 또한 개인주의적 가치관과 노동시장에서의 경쟁 심화 등으로 결혼, 출산 지연 및 기피현상이 매우 뚜렷해지고 있다.

4) 청소년의 복지 및 인권에 대한 관심 증대

여러 통계를 보면 아동 · 청소년 빈곤층이 줄어들지 않고 오히려 증가하고 있음을 알 수 있는데, 이는 경제적인 양극화와 실업 및 비정규직 증가, 탈북 및 다문화가정 등 신빈곤층의 확대와 맞물려 있는 것으로 보인다. 아동 · 청소년 빈곤층은 학업성취 수준에서도 다른 아이들과 커다란 격차를 보이고 있어 가난이 구조화되고 되물림되지 않을까 하는 우려를 많이 하고 있다. 또한 빈곤층 고등학생의 경우, 방과후 특기적성교육 지원보다는 전세자금이나 주거개선 지원을 바라고 있는 경우도 비일비재하다.

대도시의 빈곤층 밀집지역을 대상으로 실시되는 교육격차 해소를 위한 교육복지가 선별적인 지원 중심의 프로그램이라는 점 때문에 가난이라는 사회적 낙인이 지속되면서 대상 학생들로부터 냉소적인 거부반응이 나타나는데, 이러한 시선을 받지 않도록 하는 청소년의 인권에 관심이 매우 커지고 있다.

5) 청소년의 안전문제에 대한 관심 증가

가출청소년들을 대상으로 한 성매매와 성폭력 발생문제가 지속적으로 사회이슈가 되고 있다. 서울시 가출 십대여성 실태조사에 따르면 가출 십대여성의 25.1%가 성매매 경험이 있으며, 40.7%가 성폭력 피해 경험이 있는 것으로 드러났다. 최근 성매매로부터 청소년이 안전한 마을을 만들기 위해 연합거리상담인 'sum-day' 등과 같은 지역사회 내 지원체계를 강화하려는 추세를 보이고 있다.

그리고 청소년들이 성폭력 · 가출 · 학교폭력 등의 예방교육을 통해 다양한 위기상황에 노출되는 것을 예방하고 대처할 수 있는 능력을 향상시키는 데 관심이 커지고 있다. 이를 위해서는 섹슈얼리티와 피임방법, 성정체성 바로알기 등 성교육 프로그램과 청소년의 근로권 보장을 위한 교육, 가상 자립계획 세우기 등 현실에서 실질적인 도움이 되는 교육이 필요하다. 특히 가출 및 성매매 등 도움이 필요한 청소년들을 위해서는 상담 및 먹을거리 제공, 보호시설 연계 등에 대한 지원이 필요하다.

6) 청소년범죄의 폭력화 경향 및 비행청소년의 질적 악화

전문가들은 청소년범죄 가해자들의 절대적 다수가 편부, 편모인 경우가 많아 부모의 관심이 약화된 상태에서 또래집단에 의존할 때 범행을 저지르기 쉽다고 입을 모으고 있다. 저연령 범죄는 나이가 어리니 교화의 가능성이 높을 것 같지만 현실은 그렇지 않다.

모바일폰, 인터넷 등으로 범행을 함께 저지른 또래집단은 개별 연락체계를 갖추고 있어서 주변의 관심이 조금만 떨어져도 다시 이들과 교류할 가능성이 높다. 이런 악순환이 반복되면 학교생활 부적응, 재범 등으로 이어지며 14세 이후에는 심각한 수준의 범법자가 될 우려가 매우 크다.

7) 특수욕구를 가진 요보호청소년의 증대

다양한 청소년복지 욕구의 확대에 따라 새롭게 형성되고 있는 각종 청소년복지 전달체계가 구심점을 갖지 못하고 상호 간의 연계가 이루어지지 못하여 혼란을 가져올 우려가 있다. 특히 청소년복지의 욕구를 지닌 대상자와 전달체계 간의 초기 접촉 시 효과적인 사정과 의뢰체계가 확립되어 있지 못한 실정이다. 이러한 관점에서 청소년복지 전달체계의 구심이 되는 중심축을 형성하는 것이 매우 중요한 청소년 정책의 과제가 되고 있다.

대체로 청소년복지는 가정이나 사회로부터 버려지거나 적응하지 못하는 청소년들뿐만 아니라 모든 청소년의 안녕에 관심을 가진다. 청소년복지활동은 청소년들의 기본적인 욕구를 충족케 하고, 정신적 · 정서적 · 신체적으로 최상의 발달을 기하기 위해서 청소년 자신들에게 직접적으로 또는 가정이나 사회를 통해 간접적으로 제공되는 모든 사회제도적, 전문적 활동을 말한다.

정책의 대상으로서 청소년은 다양한 모습을 띨 수밖에 없다. 하나의 인구집단으로 범주화하기에는 청소년은 그의 연령, 성별, 인종, 계급 배경, 국적 등에 따라서 매우 다양한 하위집단으로 나뉠 수 있기 때문이다.

8) 출산율과 청소년복지와의 상관관계

아동 · 청소년복지지출과 출산율 사이에는 충분히 예상할 수 있듯이 양자 간에는 밀접한 관련이 있다. OECD 회원국 28개국 중에서 정부의 아동 · 청소년복지 재정지출 수준이 높은 나라 12개국을 뽑아 이 국가들의 출산율 개선율을 비교해 본 결과 이 국가 중 헝가리 등 3개국을 제외한 9개국의 출산율 개선율이 OECD 중간값보다 더 높은 것으로 나타났다.

이러한 결과는 청소년복지정책의 정부지출이 출산율에 긍정적 효과를 가져오며, 여성들의 노동시장에의 진입률도 높일 수 있다는 가능성도 함께 볼 수 있는 것이라 할 수 있다. 그러므로 저출산의 문제해결을 위해서 청소년복지정책에 대한 관심이 커질 수밖에 없는 상황이라 할 수 있다.

3. 청소년복지의 발전방향

청소년복지가 발전해야 할 방향을 제시해 보면 다음과 같다(고숙희, 2006).

첫째, 물질적 복지에서 정신적 복지로 바뀌어야 한다. 정신적 · 심리적으로 안정의 복지를 위한 대비가 더욱 강화될 필요가 있다. 청소년들에게 도덕적 · 정신적 방패를 쥐어주어야만 장차 사회악에 대항할 수 있다는 시각은 물질문명의 병리에서 벗어나야 한다는 현재의 시대정신이기도 하다.

둘째, 개별복지에서 종합복지로 바뀌어야 한다. 청소년의 성장발달은 부모의 물질적 · 정신적 자원에 의해 좌우되고, 청소년의 안녕과 복지가 부모의 안녕과 복지와 직결되며, 부모와 자녀의 분리가 청소년의 성격형성과 지적발달에 결정적 악영향을 미친다고 한다면, 청소년복지서비스 제공의 기본적인 철학은 부모는 부모대로, 청소년은 청소년대로의 서비스가 아니라 부모와 청소년을 하나의 단위로 묶어 서비스가 계획되고 제공되어야 한다. 복지서비스의 구체적 실천면에서는 청소년과 부모에 대한 서비스가 각각 다를 수 있지만 정책의 수립이나 프로그램 계획에는 항상 부모와 자녀를 하나의 서비스 단위로 생각하여야 할 것이다.

셋째, 시설복지에서 지역복지로 바뀌어야 한다. 지금까지 우리나라의 청소년복지는 대체로 시설 위주의 서비스에만 중점을 두었지만 사회의 변동추이에 따라서 앞으로는 지역을 거점으로 하는 복지서비스가 추진되어야 한다. 이와 같은 변화는 일반청소년에 대한 양육보호는 물론 기존의 가족기능이나 관계로는 지탱할 수 없는 장애청소년들의 양육보호까지 수행할 수 있는 사회적 보호가 절실히 요청되고 있다. 지역복지는 일차적으로 가족, 친척, 이웃을 통한 지원체계를 활용해야 하겠지만 밖으로 전문인력이나 자원인력의 참여를 통하여 청소년이 가정에서 생활하면서 치료와 교육 및 직업훈련 등의 서비스를 받을 수 있도록 하는 체계가 우선적으로 정립되어야 할 것이다. 지역주민으로서 청소년의 문제와 청소년복지는 지방자치단체와 지역주민의 주체, 참여에 의해 해결되어야 한다.

넷째, 상식적 서비스에서 전문적 서비스로 바뀌어야 한다. 복지서비스가 청소년의 필요에 초점을 맞추어야 하지만, 청소년복지는 전통적으로 기아, 고아, 빈곤가정의 청소년, 장애청소년 등 이른바 보호적 청소년에 대한 서비스라는 잔여적 개념의 시각이 지배적이었다. 이러한 시각은 청소년복지서비스를 보호나 물질적 지원에 그치는 경향을 낳았다. 그 결과 결손과 장애의 치료나 훈련, 교육의 서비스 질은 낮을 수밖에 없었다. 이제 청소년복지서비스는 과학적인 이론과 전문적인 기법으로 그들이 고통에서 벗어날 수 있도록 도와줄 수 있는 복지정책을 확립해야 한다.

4. 청소년복지 세부 추진방안

1) 청소년복지의 대상 정립

청소년기본법은 청소년의 복지 증진을 명시하였음에도 불구하고, 청소년복지와 청소년복지시설에 대한 정의가 누락되어 있다. 현재 이 법은 청소년복지사업을 실시하고 있는 청소년상담실, 청소년쉼터, 청소년공부방, 신설된 학대받은 아동에 대한 치료시설, 약물오남용 치료시설 등의 청소년복지시설만을 규정하고 있다. 그러므로 청소년복지의 대상과 정의를 좀더 명확히 할 필요가 있다.

2) 청소년복지 관련법의 정비

기본 이념은 이 법만의 이념이 아니라 이 법과 관련되어 탄생하는 모든 법의 이념이므로 청소년활동 · 복지 · 보호가 포함되는 확장된 이념으로 보완할 필요가 있다. 청소년기본법에서는 헌법의 원칙적 규정을 보다 구체화시켜야 하고, 청소년활동진흥법과 청소년복지지원법에서는 청소년들의 권리를 명확하게 구성할 수 있는 범주와 내용을 정하는 작업이 필요하다. 특히 청소년의 참여 보장을 통해 청소년이 그들과 관련된 국가, 지방자치단체, 청소년단체, 청소년시설의 의사결정기구에 구성원으로 참여할 수 있도록 그 체제를 갖추어야 한다.

3) 청소년의 인권보호 및 참여 확대

청소년들이 자치단체 정책 및 사업과정에 주체적으로 참여토록 함으로써 지역 청소년 시책의 현실성 · 효율성 제고 및 청소년 권익증진을 도모하도록 해야 한다. 청소년복지지원법 제4조에도 국가 및 지방자치단체는 청소년과 관련된 정책수립 절차에 청소년들의 참여 또는 의견수렴을 보장해 줄 수 있는 조치를 시행하여야 한다고 명시되어 있다.

청소년 참여 정책은 청소년들이 자신들에게 해당되는 정책에 대하여 직접적으로 참여할 수 있도록 지원해 주는 정책으로서의 의미로 사용될 수 있다. 청소년들이 다양한 사회적인 일에 참여하는 경험이 많아질수록 자신들을 위한 정책에 참여권을 좀더 발휘할 수 있으며, 나아가 자신들을 위한 정책에 참여권을 발휘하면 할수록 사회 전반에 대한 관심이 높아져 사회참여 활동이 활발해질 수 있다는 두 영역에서 이해할 수 있다.

이것은 청소년들과 직접적으로 관련 없어 보이는 사회적 문제도 궁극적으로 청소년들의 삶과 연관될 수 있다는 측면에서 이해할 수 있다. 청소년 참여 정책은 UN의 아동권리협약에서 말하는 '아동과 청소년은 자신에게 영향을 미치는 모든 문제에 대해 자신의 의견을 말할 권리가 있다'는 선언을 실현하는 기반이 된다.

4) 청소년 참정권

간접민주주의사회에서 한 집단이 자신의 권리를 주장하고 자신들에게 도움이 되는 실제적 정책을 실현하기 위해서 기본적으로 요구하는 행위는 선거권과 피선거권을 확보하는 것이다. 청소년들이 사회적인 존재로서 자신들의 주장을 통해 사회참여를 하기 위해서는 기본적으로 선거권을 가져야 한다. 그러나 선거권이 모든 연령대에 다 주어지는 것이 아니고 연령제한이 있다는 점을 고려할 때, 선거권을 갖는 최소연령을 어떻게 할 것인가는 청소년의 사회적 지위와 연관하여 중요한 쟁점이다. 선거권뿐만 아니라 피선거권도 제한 연령대를 낮추어야 실제적으로 청소년의 시민적 정치 참여 권리가 보장되는 것이기 때문이다. 우리나라의 경우 선거권과 피선거권 모두 만 18세 이상이다.

5) 국가와 민간의 협력체계 구축을 통한 청소년문제의 예방과 대책

(1) 부모, 가정의 역할

가정의 고유한 교육적 기능이 있지만 최근의 사회 변화로 인해 가정의 구조적 기능과 역할이 근본적인 변화를 겪고 있으며, 이에 따라 가정교육의 문제점이 증가하고 있다. 어느 개인이나 기관도 변화를 거부할 수는 없겠지만 그 변화를 바람직한 쪽으로 조정하고 관리하는 노력을 기울여야 할 것이다. 여기에서 가정의 정상화를 위한 노력이 절실히 요구되며, 이 일환으로 가정의 교육적 기능이 더욱 보강되어야 할 필요가 있다.

여기서 가정의 교육적 기능 보강이란 생활을 중심으로 한 구체적인 교육이어야 하며, 능력이나 기술이 아니라 삶의 태도와 인성을 기본적으로 다루어야 한다. 따라서 생활 자체가 교육이며, 무엇을 가르치느냐보다 어떻게 가르치느냐가 중요한 것이다. 즉, 표층구조의 지식 전수보다는 심층구조인 성격이나 태도 및 가치관 등에 관련되는, 암기할 내용보다는 가슴으로 느끼는 정적 요소들이

어야 한다는 것이다. 따라서 만남을 통해 보여주는 교육, 대화를 통해 스스로 통찰하게 하는 교육, 공동생활을 통해 본받게 하는 교육, 심성을 다듬는 교육이 가정 내에서 진행되어야 할 것이다.

(2) 학교, 교사의 역할

생활의 장으로서 학교교육이 정상화되려면 학교교육 여건이 대폭 개선되어 각 개인의 생활공간이 확장되어야 하고 입시 위주로 운영되어 온 결과 중심의 중 · 고등교육을 과정 중심의 교육으로 대전환시켜야 한다. 협동교육과정인 특별활동이 강화되어야 하고 평가체계가 다원화되어 학생들에게 보다 많은 성공을 경험하게 해주어야 한다. 그리하여 학교 성적에 관계없이 학교는 모든 학생들에게 유의미한 곳, 유익한 곳, 그리운 곳이 되어야 한다.

한편 청소년들이 학교생활을 즐겁고 보람 있게 하고 있는지, 아니면 고통스럽고 스트레스를 받고 있는지에 영향을 미치는 요소 중에는 교육내용의 난이도나 학습에의 적응뿐만 아니라 교사와의 인간관계도 매우 중요한 요소가 된다. 교사의 역할은 학문 내용을 잘 가르치는 데만 있는 것이 아니며, 학생들의 내면적 욕구를 이해하고 격려와 사랑을 줄 수 있는가 역시 대단히 중요하다. 따라서 교사와 학생은 진정한 인간관계로 사랑하고 존경하는 사이가 되어야 한다.

학교환경 중에서도 가장 밀도 있는 만남은 학급동료들과의 만남이다. 같은 공간에서 장시간 생활하다 보면 학생 상호 간에 좋아하고 싫어하는 관계의 질적 수준이 생기게 되고, 상호 간에 심리적 거리가 발생하게 되는 것은 필연적이다. 담임교사는 정기적으로 학급동료들의 보이지 않는 인간관계와 상호 친교 상태를 살펴야 한다.

지금까지의 학교교육은 여러 가지 내외적인 요인 때문에 굴절되고 파행적인 면이 있어 왔다. 학교교육이 정상화되려면 장학행정영역, 교수학습영역 그리고 생활지도상담영역이 상보적으로 균형을 이루어야 한다.

(3) 지역사회와 국가의 역할

교육에 대한 지역사회와 국가의 역할에 대한 중요한 기본방향으로는 청소년의 건전 육성을 위한 건전한 청소년상의 정립, 생산적인 여가 이용, 사회 발전의 주역으로서의 역할 수행 등을 들 수 있다. 지역사회는 자체적으로 중앙정부의 정책을 수용할 태세와 능력을 확보하여야 한다.

첫째, 지역사회의 조직화 작업에 주력하여 지역사회의 역량을 결집시키고 이들이 유기적으로 상호 협력할 수 있는 체계 구축에 힘써야 한다.

둘째, 이들 지역사회들의 역량이 흔쾌히 참여할 수 있도록 지방 의회를 비롯한 관계당국은 제도적으로 이를 뒷받침해야 한다.

셋째, 중앙의존적인 획일성보다는 지역의 특수성을, 단기적 효과발생보다는 미래지향적이고 가치지향적인 효용성 개발에 주력하되 의욕만 앞세우다가 그 실현 가능성의 토대를 망각하는 일이 없도록 착실한 추진 태세를 갖추어야 한다.

넷째, 청소년 건전육성사업은 막대한 재정과 시설 및 인력을 필요로 하므로, 이들 중에서 재정의 중앙 의존도를 낮추고 민간참여의 기회를 확대하기 위하여 민간 투자의 활성화를 검토할 필요가 있다.

다섯째, 이제껏 지역사회의 차원에서 전개되어 온 사업이나 활동이 중앙편중화되거나 아니면 청소년단체, 기관 중심이던 폐해를 거울삼아 형평의 원칙이 적용될 수 있도록 사업이나 활동의 폭과 내용을 재조정하여야 한다.

여섯째, 청소년정책의 새로운 정책은 지역사회 중심이 되어야 하며 이를 활성화시키기 위한 지역사회 단위의 청소년활동조직 설치가 요망된다. 일곱째, 청소년 지도 프로그램이 주로 레크리에이션 중심이었으나, 이제는 법적 보호를 받지 못하거나 사회적 기회가 박탈된 청소년, 즉 문제 청소년을 위한 사회교육, 고용, 스포츠, 레크리에이션, 상담과 같은 정책 및 프로그램이 모색되어야 한다. 여덟째, 청소년단체 중심에서 청소년센터 또는 청소년정보센터 중심의 청소년 행정이 이루어져야 한다.

(4) 청소년지도사, 청소년상담사, 청소년대상 사회복지사의 역할과 과제

청소년지도사, 청소년상담사 혹은 청소년대상 사회복지사의 역할은 국가 목적의 달성과 청소년의 욕구충족 및 문제해결의 차원에서 모색되어야 하는데, 그 내용은 다음과 같다.

첫째, 청소년을 위한 격려자로서의 역할로 이는 청소년들이 인격의 형성기에 있기 때문에 항상 불안정할 수밖에 없는 청소년들에게 가장 필요한 역할이다.

둘째, 상담자로서의 역할로 이것은 청소년기야말로 미래에 대한 두려움과 현재의 결정에 대한 머뭇거림으로 가득 차 있는 시기이기 때문에 중요하다.

셋째, 매개자로서의 역할로 청소년과 성인세대 및 사회와의 매개자 기능을 말한다.

넷째, 조직자로서의 역할로 이것은 주로 각종 청소년활동을 위한 프로그램을 개발하고 구성하여 실천에 옮기는 일이다.

다섯째, 안내자의 역할로 이것은 조직자로서의 역할을 효과적으로 수행하기 위한 보조적 기능으로서 청소년단체나 기관이 목표를 구현하는데 지엽적인 문제에 빠져들거나 목표와 먼 행동으로 목표에서 일탈되지 않도록 행정지원적 기능을 수행하는 일이다.

여섯째, 정보제공자로서의 역할로 이것은 청소년들의 요구를 규명하고 이에 필요한 정보자료를 제공하는 것이다.

일곱째, 조정자로서의 역할로 여러 입장과 관점을 고려하여 의도하는 목표에 타당한 방향으로 의견의 차이를 조정하고 합의점을 찾아 성원 간의 융화와 단결에 힘쓰고 사기를 높이는 역할을 한다.

여덟째, 교사로서의 역할로 부모로서의 역할, 친구 또는 조력자 등 여러 입장에서 역할을 수행함으로써 모델로서의 역할을 하는 것을 말한다.

아홉째, 성실한 전달자로서의 역할로 국가 발전의 이념과 사회적 목표를 충실히 이행하여 청소년들에게 성실하게 전달하는 것을 말한다.

열째, 요보호청소년의 보호 역할로 이는 민간차원에서 모색해 볼 수 있다.

열한째, 청소년을 지도하는 사회복지사는 건전한 가치관을 가지고 지도해야 한다. 청소년들의 가치관은 지도자의 가치관에 의하여 많은 부분이 형성되기 때문이다.

열두째, 현장체험의 체득을 위한 역할로 이를 위해 청소년을 지도하는 사회복지사나 학교사회복지사는 현장체험적 교육방법을 도입해야 한다.

이상의 역할을 종합해 보면, 청소년을 지도하는 사회복지사는 그들을 위하여(for them) 그들 속에서(among them) 그리고 그들을 통해서(through them) 청소년과 함께 사는 근본정신 위에서 지도해야 한다. 더불어 청소년과의 만남 그리고 그 만나는 일에 자신의 삶을 투입함에 있어서 기쁨을 가지는 지도자여야 한다.

6) 청소년복지시설의 접근성 증진

청소년복지시설의 이용 극대화를 위해서는 첫째, 청소년복지시설 확보 및 건립에 있어 청소년의 인구특성과 접근 가능성 및 대중교통의 이용 편의성을 고려한 행정구역 단위별 입지선정 후, 건립을 추진하는 것이 바람직하다(주재분, 2006). 둘째, 지역사회 내에 위치한 학교 및 관련 단체와의 활발한 연계활동을 통해 청소년들의 접근통로를 보다 넓게 만들어야 한다. 즉, 청소년들과 밀접한 관계를 갖는 학교 및 학원과 지역사회의 중심적 복지기관과의 연계활동으로 점차 심각성을 더해가고 있는 학교폭력이나 각종 청소년 비행으로부터 청소년 등을 보호하고 치료 · 재활할 수 있는 서비스를 적시성 있게 제공할 수 있어야 한다. 셋째, 수도권 중심의 복지시설 구축을 지양하고 청소년들의 입지와 특성을 감안하여 복지시설을 지역적으로 고루 배치할 필요가 있다. 이를 위해 청소년들의 욕구를 비롯하여 지역 내 청소년과 관련한 인적 · 물적 자원에 대하여 종합적인 조사 및 연구가 선행되어야 할 것이다.

7) 수혜자 중심의 청소년복지서비스 제공

청소년복지서비스는 각 개인마다 필요로 하는 욕구와 수준이 다르기 때문에 수혜자 중심의 차별화된 보급과 제공이 필요하다. 하지만 앞서 살펴본 바와 같이 우리나라의 청소년복지서비스는 그 수급절차의 간편성을 위해 이러한 원칙을 무시하고 획일적으로 제공하는 실정이다. 이와 관련하여 주재분(2006)은 청소년 수련시설의 효과적인 운영을 위한 자신의 논문에서 다음과 같은 개선방안을 제시하고 있다.

첫째, 청소년들의 요구와 선호도 조사를 바탕으로 한 효율적인 프로그램의 제품화를 위해 청소년들의 욕구에 맞고 학교와 함께 참여하는 프로그램 개발과 지역특성에 맞고 각 수련시설마다의 특성을 살린 프로그램의 개발이 요구된다.

둘째, 청소년 수련시설의 조직 및 인력관리의 효율화를 위해 이용대상의 증감에 따른 신축성 있는 조직운영과 인력의 관리에 있어 청소년지도사 및 사회복지사 등 각 분야별 전문인력 확보가 필요할 뿐만 아니라 직원 근무조건 향상을 통한 효과적인 운영과 관리개선이 필요하다.

셋째, 청소년들의 욕구를 비롯하여 지역 내 청소년과 관련한 인적 · 물적 자원에 대해 종합적 조사 및 연구를 통해 중 · 장기계획을 세우고 실행을 위한 추진체계를 정비하고 실행에 대한 평가와 환류체계 등이 포함된 지역단위의 종합적인 청소년수련시설 운영계획이 수립되어야 한다.

넷째, 국가적 · 사회적 차원의 청소년에 대한 의식개혁과 청소년 수련시설에 대한 의식교육이 요구된다. 즉, 청소년들에게 입시 위주의 교육만을 강조하는 것이 아니라 좀더 열린 사고방식으로 우리의 미래인 청소년들을 육성하기 위해서 가정 · 사회 · 학교에서의 근본적인 의식 전환이 요구된다고 하였다.

8) 청소년복지기관 간의 통합적 전산망 구축

현재 청소년을 위한 복지서비스는 기관 간의 정보 부족으로 인해 서비스가 중복되어 제공되고 있으며, 또한 비행청소년에게 필요한 효율적인 서비스가 제공되지 못하고 있는 실정이다(임령택, 2007). 이러한 문제점을 개선하고 현대사회의 발달된 정보화 인프라에 발맞춘 청소년복지서비스로 성장 · 발전하기 위해서는 전문성과 효율성을 꾀할 수 있는 기관 간의 정보교환과 공유를 위한 정보공유시스템 구축이 필요하다. 정보공유시스템을 통해 기관 내에서 일어나는 모든 일들을 기록할 수 있어야 하며, 그 범위는 수혜자 정보, 각 기관에 대한 정보, 서식 공동프로그램 내용 등이어야 한다. 또한 이 모든 정보를 공유할 수 있도록 해야 한다.

그러나 정보공유시스템의 부작용도 발생할 수 있음을 간과해선 안 된다. 개인 자료 공유로 인해 발생할 수 있는 개인정보 유출과 비밀 보장의 어려움이 발생할 수 있기 때문에 그 부작용에 대한 신중한 검토와 보완대책이 함께해야 할 것이다.

9) 예산 및 전문인력의 확충

예산 및 운영기금의 상당 부분을 정부의 지원에 의존하는 복지시설의 특성에 기인하여 많은 복지시설들은 만성적인 재정적자에 시달리고 있다. 따라서 청소년복지시설이 본래의 기능을 다할 수 있도록 중앙정부와 지방정부의 적절한 예산 지원이 필요하다.

특히 정부에서 위탁한 청소년쉼터뿐만이 아니라 종교법인, 단체, 개인이 설치 운영하는 비인가청소년쉼터에 대한 정부의 지원이 필요하다. 낮은 인건비로 인해서 전문성이 낮아지고 있는 점을 문제점으로 인식할 때, 청소년쉼터의 인건비, 운영비, 사업비 등 기본적인 재정은 현실에 맞게 국가와 지방자치단체가 지원해야 할 것이다. 그리고 청소년쉼터에 대한 적극적인 홍보를 통해서 청소년쉼터에 대한 긍정적인 인식을 심어주고, 후원금을 많이 모을 수 있는 발판을 마련해 주어야 한다.

5. 청소년정책 기본계획

1) 청소년정책 수립방향

● 현재의 주인공으로서의 청소년 성장을 함께하는 기본계획

- 기존 미래세대라는 관점 중심으로 다뤄진 청소년을 넘어 현재의 주체로서 성장할 수 있는 기반이 되는 기본계획 수립
- 정부 국정비전인 '함께 잘 사는 국민의 나라' 기조에 따라 신 소외대상 발굴 등 정책대상 범위를 확대하고, 체감도 높은 정책과제 추진

● 시의성 높은 변화 대응과 청소년 목소리에 귀 기울이는 정책 추진

- 「청소년기본법」상 '기본이념'에 따른 4개 분야와 정책기반을 포함한 총 5개 분야를 선정하고, 분야별 중점과제 선정 및 추진
  - (활동) 사회의 디지털화와 연계하여 청소년의 역량제고 등 지원 강화 및 활동기반을 용이하게 개편, 청소년의 수요를 반영한 활동분야의 다양성 강화
  - (복지) 위기청소년의 생애주기별 특성을 고려한 자립 지원 확대, 새로운 위기 심화에 대응하여 사각지대 해소 위한 지원체계 내실화 및 고도화
  - (보호) 신(新) 유해매체 등 유해요소 · 행위로부터 청소년을 보호하기 위한 보호망을 강화하고 안전한 성장을 위해 청소년 친화적 환경 조성

- (참여 · 권리) 청소년의 욕구 · 수요 등 반영하여 참여 기회 다변화 및 청소년 주체성 확립 위해 권리보장과 정책추진 전반 대표성 강화
- (추진기반) 청소년정책이 효과적으로 작동하기 위해 정책 인프라를 대폭 개선하고 현장감 제고를 위한 지역 중심의 청소년 정책 활성화

2) 비전 및 목표

(1) 비전

행복한 일상을 누리는 청소년, 현재와 미래를 주도하는 청소년

(2) 목표

- 모든 청소년이 건강하고 안전하게 성장할 수 있는 환경 조성
- 보다 두텁고 촘촘하게 청소년 보호 지원

(3) 정책영역 및 중점과제

① 청소년의 다양한 성장기회 제공

- 디지털 역량 제고 및 활동기반 체계화
- 분야별 청소년 활동 다변화
- 청소년 활동 연계 강화 및 공간 혁신

② 사각지대 없는 촘촘한 청소년 지원망 구축

- 청소년복지지원 인프라 고도화
- 청소년 특성별 자립 지원
- 차별과 소외 없는 청소년 지원체계 마련

③ 청소년 성장환경의 안전성 제고

- 디지털 환경 속 청소년 유해환경 개선
- 유해행위 방지 및 안전환경 조성
- 청소년 근로보호 강화

④ 청소년의 주도성 강화

- 청소년 참여활동 저변 확대
- 청소년 권리강화 기반 구축

⑤ 정책기반의 추진동력 강화

- 청소년정책 추진 인프라 고도화
- 지역 중심의 정책 추진체계 강화

비전	행복한 일상을 누리는 청소년, 현재와 미래를 주도하는 청소년
목표	• 모든 청소년이 건강하고 안전하게 성장할 수 있는 환경 조성 • 보다 두텁고 촘촘하게 청소년 보호 지원
정책영역 및 중점과제	
① 청소년의 다양한 성장기회 제공	• 디지털 역량 제고 및 활동기반 체계화 • 분야별 청소년 활동 다변화 • 청소년 활동 연계 강화 및 공간 혁신
② 사각지대 없는 촘촘한 청소년 지원망 구축	• 청소년복지지원 인프라 고도화 • 청소년 특성별 자립 지원 • 차별과 소외 없는 청소년 지원체계 마련
③ 청소년 성장환경의 안전성 제고	• 디지털 환경 속 청소년 유해환경 개선 • 유해행위 방지 및 안전환경 조성 • 청소년 근로보호 강화
④ 청소년의 주도성 강화	• 청소년 참여활동 저변 확대 • 청소년 권리강화 기반 구축
⑤ 정책기반의 추진동력 강화	• 청소년정책 추진 인프라 고도화 • 지역 중심의 정책 추진체계 강화

[그림 13-1] 청소년정책기본계획

연구문제

01. 현재 우리나라 청소년복지정책의 문제점을 여덟 가지 이상 나열하고, 그 이유를 설명하시오.

02. 우리나라 청소년복지 전망의 특성을 여덟 가지 이상 설명하고, 그 이유를 설명하시오.

03. 청소년복지의 발전방향을 다섯 가지 이상 설명하고, 그 이유를 설명하시오.

04. 국가와 민간의 협력체계 구축을 통한 청소년문제의 예방과 대책을 부모 및 가정의 역할, 학교 및 교사의 역할, 지역사회 및 국가의 역할, 청소년 대상 사회복지사, 청소년지도사의 역할로 구분하여 설명하시오.

참고문헌

강명순 (2008). **찾아가는 사례관리**. 서울: 학지사.

강문희 외 3명 (2006). **가족상담 및 심리치료**. 서울: 신정.

강석원 (2003). 가출청소년 조기발견을 위한 청소년보호기관의 활성화방안에 관한 연구. 서울시립대학교 행정대학원 석사학위논문.

고수현 (2008). **청소년유해환경론**. 서울: 교육과학사.

고숙희 외 2명 (2006). **21세기 사회변화와 청소년정책의 중요성**. 한국청소년개발원.

구혜영 (2022). **인간행동과 사회환경(3판)**. 서울: 신정.

구혜영 (2021). **사회복지실천기술론(3판)**. 서울: 신정.

구혜영 (2024). **자원봉사론(3판)**. 서울: 신정.

권일남 외 3명 (2012). **청소년활동론**. 서울: 학지사.

권중돈 (2005). **인간행동과 사회환경**. 서울: 학지사.

금명자 외 (2005). **학교폭력예방 및 대처를 위한 연계체계 구축방안**. 한국청소년상담원.

김건태 (2012). **청소년복지와 문화활동**. 경기: 한국학술정보.

김경희 (2004). **정서심리학**. 서울: 박영사.

김기태 (2006). 인터넷이 청소년에게 미치는 영향 및 대안연구, 통권 제20호. 한국청소년개발원.

김도환 (2002). **청년기의 자기탐색(전 생애 발달심리학 접근)**. 서울: 동인.

김동배 (2005). **인간행동이론과 사회복지실천**. 서울: 학지사.

김만숙 (2006). **교육심리학**. 서울: 교육과학사.

김명희 (2011). **아동청소년 사회성 개발과 상담**. 파주: 교문사.

김미숙 (2007). **한국의 아동빈곤실태와 빈곤아동지원방안**. 한국보건사회연구원.

김애순 (2005). **청년기 갈등과 자기 이해**. 서울: 시스마프레스.

김영진 (2003). **상담과정과 문제행동상담**. 서울: 교육과학사.

김영진 (2007). **학습상담연구**. 파주: 양서원.

김영화 (2012). **학교폭력 청소년문제와 정신건강**. 한울아카데미.

김예성 (2008). **청소년의 아르바이트 경험과 적응**. 한국학술정보.

김완래 외 2명 (2010). **청소년복지론**. 서울: 동문사.

김준호 외 4명 (2009). **청소년비행론**. 서울: 청목출판사.
김진호 외 (2009). **청소년활동론**. 서울: 한국방송통신대학교 출판부.
김춘경 외 2명 (2006). **청소년상담**. 서울: 학지사.
김현호 (2005). **청소년복지론**. 서울: 혜진서관.
노용오 (2005). **청소년복지론**. 경기: 구상.
노혁 (2010). **청소년복지론**. 서울: 교육과학사.
류동훈, 이승재 (2005). **청소년수련활동총론**. 파주: 양서원.
류종훈 (2005). **인간행동과 사회환경**(사회복지총서8). 서울: 동인.
문영희 (2005). **학교와 사회복지**. 서울: 유풍.
박경애 외 2명 (2010). **청소년 심리 및 상담**. 고양: 공동체.
박승민 외 2명 (2011). **청소년 인터넷중독의 이해와 상담**. 서울: 학지사.
박영숙 (2010). **정신건강의 실제**. 서울: 하나의학사.
성윤숙, 김영한 (2011). 가족유형에 따른 아동청소년 생활실태 분석 및 대책연구. 한국청소년정책연구원.
송명준, 권정혜 (2006). 대학생의 인터넷중독 현황 및 인터넷중독이 대학 생활적응에 미치는 영향. 2000년 하계임상심리학회 발표논문집.
안정선 외 3명 (2010). 학교사회복지 현장실습지도 매뉴얼.
안향림, 홍미기 (2010). **이혼가정의 아이들 어떻게 도울까**. 서울: 신정.
엄신자 (2007). **인간행동과 사회환경**. 서울: 인간과복지.
여성가족부 (2023). 제7차 청소년정책 기본계획.
오영재 (2004). **뉴밀레니엄시대의 청소년복지론**. 서울: 대왕사.
오윤선 (2006). **청소년의 이해와 상담**. 서울: 예영비앤피.
온재천 (2005). 가출청소년의 비행 예방과 청소년 쉼터의 역할에 관한 연구. 호서대학교출판부.
윤기종 (2009). **청소년자원봉사활동론**. 서울: 이담북스.
윤두인 (2002). 나 그리고 우리의 참만남 프로그램이 자기존중감과 사회성 증진에 미치는 영향. 공주교육대학교대학원석사논문.
윤철겸 외 (2005). **청소년보호정책 실태와 발전방안**. 한국청소년개발원.
은하출판사편집부 (2011). **청소년인권**. 서울: 은하출판사.
은하출판사편집부 (2011). **청소년 건강과 간호**. 서울: 은하출판사.
이경상 (2007). **청소년비행의 발전형태에 관한 연구**. 한국청소년정책연구원.
이경상 외 3명 (2011). 한국아동 청소년 패널조사 2010. 한국청소년정책연구원.
이난 (2011). **청소년 심리상담**. 서울: 태영출판사.
이복희, 유옥순 (2009). **청소년심리 및 상담**. 서울: 유풍.
이복희 외 2명 (2005). **청소년복지론**. 서울: 유풍.

이성구 (2000). **비행청소년의 이해.** 제3공간.

이성식 (2011). **청소년 비행과 범죄 연구.** 서울: 청목.

이소희 외 4명 (2009). **청소년복지론.** 파주: 나남.

이수광 (2000). 학생인권 신장 방안 연구. 강원대학교대학원박사학위논문.

이영숙 외 2명 (1994). 외국의 청소년복지정책의 연구–미국과 일본을 중심으로. **한국청소년연구,** 통권 제16호.

이용교 (2012). **한국청소년복지론.** 파주: 정민사.

이철수 (2010). **청소년법제.** 서울: 블루피쉬.

이춘배 (2006). **청소년의 성.** 서울: 세종출판사.

이현주 외 (2000). 지역단위 사회복지 연계서비스 전달체계 모형 개발. 한국보건사회연구원.

이혜경, 방기연 (2011). **청소년 성교육과 상담.** 파주: 양서원.

이혜연 외 (2006). 청소년 정보화 현황과 대응방안(국내외 청소년정보화 정책연구). 한국청소년개발원.

이혜원 외 4명 (2009). **학생권리와 학교사회복지.** 서울: 한울아카데미.

이호근 외 2명 (2011). 아동 청소년 정신건강 증진을 위한 지원방안 연구. 한국청소년정책연구원.

임령택 (2007). 비행청소년을 위한 복지서비스 연계방안에 관한 연구. 세종대학교행정대학원석사학위논문.

임상록 외 4명 (2010). **청소년복지론.** 서울: 학지사.

임선영 외 2명 (2010). **청소년문제와 보호.** 경기: 구상.

장수한 (2010). **학교사회복지의 이론과 프로그램 실제.** 파주: 양서원.

장휘숙 (2004). **청년심리학.** 서울: 박영사.

전길양 외 3명 (2010). **현대사회와 청소년.** 경기: 구상.

전재일 외 4명 (2011). **학교사회복지론.** 파주: 양서원.

정성태 (2023). 죽음의 덫, 교사인권 침해 심각... 가이드 라인 시급하다!. 정성태칼럼집

정옥분 (2007). **인간발달의 이론.** 서울: 학지사.

정혜원 (2010). **청소년 비행의 그 시작과 예방.** 경기: 한국학술정보.

조선화 외 6명 (2005). **청소년복지론.** 파주: 교문사.

조성연 외 4명 (2008). **청소년복지론.** 서울: 창지사.

조용하 (2004). **청소년 수련활동론.** 서울: 동문사.

조학래 (2023). **청소년복지론.** 서울: 신정

주재분 (2006). 청소년 수련시설의 이용실태와 만족도에 관한 연구. 대구대학교사회복지대학원석사학위논문.

지현주 (2009). 장애아동 청소년 삶의 질 향상을 위한 지원방안 연구. 한국청소년정책연구원.

천정웅 (2012). **청소년복지론.** 파주: 양서원.

천정웅 외 3명 (2011). **청소년활동론**. 파주: 양서원.

천정웅 외 3명 (2012). **청소년복지론**. 서울: 신정.

최원석 외 3명 (2012). **청소년복지론**. 파주: 정민사.

최은영 (2005). **청소년 비행 및 약물중독 상담**. 서울: 학지사.

최은진 외 3명 (2011). 아동청소년 정신건강 증진정책 현황 및 개선방안 연구. 한국청소년정책연구원.

최인재 외 2명 (2011). 아동청소년 정신건강 증진을 위한 지원방안 연구 총괄보고서. 한국청소년정책연구원.

통계청 (2019). 인구동태통계연보. 통계청.

표갑수 (2010). **아동청소년복지론(개정2판)**. 파주: 나남

한국청소년개발원 편집부 (2006). **청소년문제론**. 서울: 교육과학사.

한국청소년개발원편집부 (2001). **유럽 국가의 청소년정책**. 한국청소년개발원.

한국청소년문화학회 (2003). **한국의 청소년문화**. 서울: 수덕문화사.

한국청소년상담원 (2004). 학교 밖 청소년의 이해 및 개입방향. 학교 밖 청소년지원센터 운영보고대회 자료집.

한국청소년정책연구원편집부 (2008). 청소년 성의식 및 행동실태와 대처방안 연구. 한국청소년정책연구원.

한상철 (2008). **청소년학: 청소년 이해와 지도**. 서울: 학지사.

한상철 외 (2012). **청소년 심리 및 상담**. 파주: 정민사.

한영옥 (2005). **비행청소년의 문제상황에 대한 인식과정**. 경기: 한국학술정보.

한인영 외 2명 (2004). **학교와 사회복지실천**. 파주: 나남.

홍봉선 (2010). **청소년복지론**. 고양: 공동체.

홍봉선, 남미애 (2011). **학교사회복지론**. 고양: 공동체.

Grasby (1998). Evidence for striatal dopamine release during a video game. Nature Ref: 393(6682).

Edward, L. W., & Gerald Marwell. (1976). *Self-esteem: its conceptualization and measurement*. Beverly Hills, Calif: Sage Publications.

NASW (2012). *Standards for School Social Work Service*(2012). NASW.

Shaffer, H. J. (2006). Computer addiction: a critical consideration. *American Journal of Orthopsychiatry, 70*(2).

Shapira, N. A. (2006). Psychiatric features of individuals with problematic internet use. *Journal of Affective disorder, 57*(1-3).

Sprinthall, N., & Collins, A. W. (1984). Adolescent Psychology: A developmental view(2nd ed.). Europe: McGraw Hill Education.

Young, K. (1998). *Caught in the Net*. NY: John Wiley and sons.

구혜영 이화여자대학교 정치외교학 학사
이화여자대학교 대학원 사회복지학 석사
가톨릭대학교 대학원 사회복지학 박사

현) 한양사이버대학교 사회복지학과 교수
현) (재)평화통일장학회 상임이사

전) 여성가족부 산하 농어촌청소년육성재단 이사장
전) 광진구 광진복지재단 이사장
전) 한국청소년상담복지개발원 선임상담원
전) 대통령임명 여성가족부 청소년보호위원회 위원
전) 국가인권위원회 사회권위원회 자문위원

청소년복지론(3판)

1판발행 2013년 5월 20일 **1쇄 발행** | 2014년 3월 10일 **2쇄 발행** | 2015년 3월 10일 **3쇄 발행** | 2017년 9월 10일 **4쇄 발행** | 2018년 3월 10일 **5쇄 발행** | 2019년 3월 10일 **6쇄 발행** | 2019년 9월 10일 **7쇄 발행**
2판발행 2020년 5월 15일 **1쇄 발행** | 2021년 9월 10일 **2쇄 발행**
3판발행 2025년 3월 10일 **1쇄 발행**

지은이 구혜영
펴낸이 최용구 | **펴낸곳** 도서출판 **신정**
주 소 (04316) 서울시 용산구 원효로 89길 19 (원효로1가)
전 화 02)3211-4782, 0266(영업부), 3211-4783(편집부), 3211-4784(팩스)
이메일 shinjeong72@naver.com | **홈페이지** www.sjbook.co.kr
등 록 2001년 5월 11일 제13-702호
마케팅 최용구 장만동 최충구 송대용 | **편집** 석기은 황가연

ISBN 978-89-5912-927-0 93330
정가 22,000원